창업금융론

문성훈 백승민 김준국 최규환

도서출판 청람

머리말

급변하는 경제환경하에서 고용의 안정성이 악화되고 있으며, 특히 가중되는 취업난은 창업을 선택이 아닌 필수로 만들고 있는 상황이다. 평생고용이라는 안정적인 울타리의 붕괴는 직장인들로 하여금 새로운 경제활동에 대한 동기를 제공하고 있으며, 사회에 첫발을 내딛는 청년들도 취업 대신 창업의 길에 들어서도록 하고 있다.

이러한 환경 속에서 창업을 희망하는 사람의 숫자는 급증하고 있으나, 창업이 생각처럼 쉬운 일이 아니며, 실제 창업을 통해서 성공하는 확률도 그리 높지 않다. 창업에 성공하는 경우에 창업자 본인은 많은 부를 얻을 수 있고, 일자리 창출과 같은 사회적인 기여도 가능하나, 만일 실패하게 된다면 본인의 경제적 손실은 차치하더라도, 다른 사회적 갈등을 야기할 수 있는 불씨가 될 수도 있다. 창업이 새로운 도전인 것은 확실하지만, 이 도전의 성공 여부에 따라 많은 것이 달라지게 된다는 것이다.

아무 준비 없이 창업을 선택하는 경우는 없을 것이다. 나름대로 유망한 아이템을 선정하고, 창업에 필요한 자금조달방법을 연구하고, 이를 어떻게 운영해 나갈지를 고민한 후에 창업시장에 뛰어들 것이며, 아마도 창업자는 이것을 완벽하다고 생각할 것이다. 자신의 준비가 완벽하다고 생각하지도 않으면서 일단 창업부터 하는 것은 실패를 예정하고 달려가는 것과 다름없다. 창업의 성공과 실패는 이러한 과정이 얼마나 완벽하고 철저하냐에 달려있다고 해도 과언이 아니다. 특히 남들이 생각하지 못한 독특한 아이템만을 가지고 있다고 해서 창업에 성공할 수 있는 것이 아니다. 하지만 주위의 많은 창업자들을 보면, 자신의 아이템에 매몰되어 많은 문제들을 그냥 간과하는 모습을 흔히 볼 수 있다. 자신이 발굴한 아이템을 사업화하기 위해서는 많은 요소들이 고려되어야 하며, 여기서 특히 중요한 것이 돈의 문제이다.

대중들의 관심과 사랑을 받을 수 있는 아이템을 사업화하는 데 있어서 중요하게 고려되어야 하는 것이 바로 돈, 자금의 문제이다. 아이템이 좋아서 매출이 많이 나더라도 이 부분에 대한 계획과 통제가 제대로 이루어지지 않는다면, 그 사업은 실패할 확률이 매우 높다. 하지만 창업자들이 간과하고 있는 부분이 바로 돈의 문제이다. 물론 창업자금에 관련된 문제는 열심히 고려하지만, 대부분의 창업자들이 이에 관한 전문적인 지식이 없는 것이 현실이고, 실제 조달된 자금을 어떻게 배분할지에 대한 고려는 거의 하지 못하고 있다. 원활한 사업의 진행을 위해서는 자금의 조달 못지않게 중요한 것이 조달된 자금의 운영, 회사로 유입 · 유출되는 자금의 모습을 보여주는 회계, 그리고 이에 수반되는 각종 세금이슈들이다.

저자들은 이러한 점에 착안하여 창업의 시작단계부터 사업의 진행단계, 투자단계에 걸쳐서 전문가의 입장이 아닌 일반인의 입장에서 필요한 창업자금의 조달방법 및 투자유치방법, 조달된 자금의 운용에 필요한 금융지식(금융시스템 및 금융상품), 기초적인 회계 및 세법지식을 다루고자 본 교재를 출판을 집필하게 되었다. 물론 창업에 필요한 기초적인 지식인 아이템의 선정 및 타당성분석, 사업계획서의 작성, 창업행정절차, 창업기업 지원책 같은 부분도 다루고 있다. 또한 본 교재는 일반인들뿐만 아니라 대학생들이 창업을 계획함에 있어서 여러 가지 문제를 사전에 고민하고 공부함으로써 실제로 창업을 할 때 불안해하지 않도록 다양한 이슈에 대해서 검토하고자 하였다.

지난 1년 동안 이 책을 집필하는 데 도움을 주신 많은 분들께 감사의 마음을 전하며 이 책의 출간을 위해 수고해 주신 도서출판 청람의 이수영 사장님과 임직원 여러분, 특히 최윤석 부장님께 감사의 말씀을 드린다. 마지막으로 이 책을 보면서 창업을 준비하시는 많은 예비창업자들의 미래에 건승을 기원한다.

2015년을 마무리하며 춘천에서

저자들 씀

| 차　례 |

제7장 | 창업기업 지원책

제 1 장

창업개론

1. 창업개요
2. 사업타당성분석
3. 사업계획서 작성

1. 창업개요

가. 창업이란

□ 창업이냐 창조냐

2000년대 초반부터 정부에서는 '일자리 창출, 신산업 육성' 이라는 명분으로 창업을 활성화하기 위해 지식인들이 앞장서기를 원했으며, 이에 교수창업, 연구원창업, 대학생창업 등 정부의 지원을 힘입은 많은 지식인들이 창업의 대열에 뛰어들었지만 그 결과는 만족스럽지 못했고 상당수가 신용불량자로 전락하고 말았다.

왜 이런 결과를 양산해 내었을까. 그 원인을 단어적인 의미에서부터 찾아보자.

'창업(創業)' 의 국어사전적 표현은 '사업 따위를 처음으로 이루어 시작함' 을 의미한다. 그럼 '창조(創造)' 의 사전적 의미는 무엇일까. '전에 없었던 것을 처음으로 만듦' 을 말한다. 사업을 시작함에 있어 이 두 단어는 별개인 것인가?

창업이란 창조가 바탕이 되지 않고는 창업 초기부터 어려움의 연속이다. 단지 생계를 위한 호구지책(糊口之策)의 수단으로 창업을 준비해도 쉽지 않은 것이 창업으로, 처음부터 준비되지 아니하고 시작한 창업이 잘될 거라 생각한다면 큰 오산이다. 하물며 자영업 형태의 창업이 아니라면 창조적인 사고의 바탕 아래 기초공사부터 충실히 이행해도 성공확률이 높지 않은 것이 현실이다.

남들과 똑같은 제품에 그것도 이미 레드오션인 시장을 타깃으로 창업한다면 그 결과는 명확하지 않겠는가. 사업을 시작하려는 사람들(이하 '창업자' 라 한다)에게 창업과 창조의 두 단어는 하나로 인식되어야 한다. 즉, 창업은 창조적인 사고를 바탕으로 창조적인 일을 통해 창조적인 사업을 하는 것을 말한다.

창업의 의미

□ 창업의 정의

중소기업의 발전과 지원을 위해 정부가 제정한 「중소기업창업지원법」(이하 '창지법' 이라 한다)상의 창업의 정의에 대해 참고할 필요가 있다. 창지법에서 말하는 창업은 '사업을 새로이 개시하는 것으로 영리법인 또는 개인사업자 형태, 대표의 겸직 여부, 사업장의 위치를 불문하고 기존의 사업을 승계(상속, 증여, 합병, 영업양수 · 양도 등)하지 않고, 새로운 사업을 시작하는 것' 을 말한다.

창지법상의 정의가 중요한 이유는 창업자 및 창업회사에 대한 정부의 각종 지원체제가 이 정의에 근거해 진행되기 때문이다. 새로운 사업이 아닌 기존사업의 승계 형태로 또는 합병이나 영업양수도로 사업을 시작하는 것은 창업에 해당되지 않는다는 것을 유념해야 한다.

□ 창업의 핵심요소

창업과 관련하여 가장 중요한 핵심요소는 사람(Man)과 자본(Capital)이다. 이 외에 제품(Item) 또는 시장(Market)이 추가되어 3요소 또는 4요소라고 한다. 이러한 창업의 핵심요소는 사업타당성분석의 대상으로서 다음과 같은 질문에서 시작되며, 각각의 질문에 대해 객관적 사실과 검증을 통해 창업 여부를 검토하는 것이다.

- 창업자의 기질(氣質)을 갖추었는가
- 창업아이디어는 경쟁력이 있는가
- 타깃시장은 명확하며 성장성이 있는가
- 소요자금은 확보할 수 있는가

나. 창업의 종류

□ 창업의 목적

창업의 가장 원초적인 목적은 수익창출이지만 수익창출을 위한 방법과 규모 등에 따라 그 형태를 개인사업자 또는 법인사업자로 구분할 수 있다.

창업목적을 생계유지형과 자아실현형 창업으로 분류한다면, 대체적으로 개인사업자 형태의 자영업, 소자본창업 등은 생계유지형 창업이라 할 수 있고, 법인사업자 형태의 회사 설립은 자아실현형으로 볼 수 있다.

□ 개인사업자와 법인사업자

일반적으로 개인사업자라고 하면 자영업자, 소상공인, 소자본창업자 등을 일컬으며, 최근에는 정부가 지식창업 육성을 위해 2013년부터 '1인 창조기업'을 활성화하여 개인 또는 법인사업자로 등록할 수 있도록 하였다.

법인사업자라고 하면 주식회사의 형태를 취하며 「상법(商法)」상 회사법(會社法)을 따른다.

참고 소상공인이란

생업적 업종을 영위하는 자영업자들로서 광업, 제조업, 건설업 및 운수업의 경우는 상시근로자 10인 미만 사업자, 도 · 소매업, 음식업, 숙박업, 서비스업과 같은 업종의 경우 상시근로자 5인 미만 사업자(관련법: 「소상공인 보호 및 지원에 관한 법률 및 시행령」)

참고 1인 창조기업이란

지식서비스 및 제조업(전통식품 제조, 공예품 등)분야에서 창의적인 아이디어 · 전문기술, 지식, 지식재산권을 사업화하는 개인과 개인사업자 또는 법인으로 대표자를 포함한 종사자가 1명인(공동경영인 경우 5인 미만) 기업(관련법: 「1인 창조기업 육성에 관한 법률 및 시행령」)

창업목적 이외에 중요하게 고려할 사항은 설립절차, 관련법, 의사결정체제, 세금 등이다. 특히 세금 부분에 있어 사업규모가 작을 경우에는 개인사업자가 유리할 수 있으나 사업의 성장규모에 따라 적용세율이 다르므로 사업규모를 판단할 필요가 있다.

| 표 1-1 | 개인사업자와 법인사업자의 특징 비교

구분	개인사업자	법인사업자
관련법	「소득세법」	「법인세법」
사업인증서	사업자등록증	법인등기부등본
과세기간	매년 1. 1 ~ 12. 31	정관에 정한 회계기간
과세소득	총수입금액 – 필요경비	익금총액 – 손금총액
이중과세	×	○
세율구조	세율 6~38%	세율: 10~22%
납세지	개인기업 주소지	등기부상의 본점
외부감시제도	×	○
재무제표 공고	38%	○
대표자 변경	×	○

| 표 1-2 | 개인사업자와 법인사업자의 장 · 단점 비교

	개인사업자	법인사업자
설립절차 및 비용	관할관청에 인허가(인허가가 필요한 사업인 경우)를 받고 세무서에 사업자등록을 신청하면 된다.	법원에 설립등기를 해야 하며 등록세, 채권매입비용 등 설립비용이 필요하고, 보통 법무사를 통하기 때문에 수수료가 추가된다.
자금조달 및 이익분배	개인 한 사람의 자본에 의지하므로 자본조달에 한계가 있으며, 사업에서 발생한 이익을 사업주가 사용하는 데 제약이 없다.	주주를 통해 자금을 조달하므로 여러 사람을 통해 자금조달이 가능하며, 법인과 주주는 별개이므로 일단 자본금으로 들어가면 배당 등의 형태로만 인출이 가능하다.
사업의 책임성 및 신뢰도	사업상 발생하는 모든 문제, 부채, 손실에 대해 사업주가 전적으로 책임져야 한다.	법인의 주주는 출자한 지분한도 내에서만 책임을 지고, 개인에 비해 대외신뢰도가 높다.
지속성	대표자가 바뀌는 경우 폐업 후 다시 사업자등록을 해야 하므로 계속성에 한계가 있다.	대표자가 변경되는 경우에도 법인은 그대로 존속하는 것이므로 기업의 계속성이 보장된다.
기타	소규모 사업자의 경우 간단하게 세무신고를 할 수 있다. 사업자의 변동사항에 대해 세무서 등에 신고만으로 처리된다.	복식부기의무가 있으므로 세무회계 처리능력이 필요하고 만약 대행을 의뢰하는 경우 수수료가 추가된다. 또한 법인관련 변동사항에 대해 등기를 해야 한다.

출처: Platum

창업 이후 사업의 성장에 따라 외부투자자의 자본유치가 필요한 경우는 법인사업자가 유리한데 이는 외부감사제도를 통한 투명성 및 주식발행을 통한 자본유치의 다양성에 기인한다.

의사결정체제와 관련하여 개인사업자는 대표 개인이 의사결정의 전권을 가지는 반면 채무에 대한 무한책임의 의무가 있고, 법인은 주주 및 이사회의 의사결정체제로 과정은 복잡하나 유한책임 형태이다.

□ 벤처기업

벤처기업은 첨단의 신기술과 아이디어를 개발하여 사업에 도전하는 창조적인 기업으로서 벤처기업협회는 '개인 또는 소수의 창업자가 위험성은 크지만 성공할 경우 높은 기대수익이 예상되는 신기술과 아이디어를 독자적인 기반 위에서 사업화하려는 신생중소기업' 으로 정의하고 있다.

정부에서는 첨단기술과 아이디어로 창업한 기업을 세계적인 일류기업으로 성장시키기 위해 세제혜택, 자금지원 등 각종 지원 · 육성체제를 갖고 있으며, 이런 혜택을 보기 위해서는 벤처기업으로 확인받는 절차가 요구된다.

「벤처기업육성에 관한 특별조치법」(이하 '벤특법' 이라 한다)상의 벤처기업의 요건을 충족할 경우 벤처확인기관으로 지정된 기술보증기금의 벤처확인 공시시스템인 '벤처인' 을 통해 벤처기업 확인을 받으며, 유효기간은 2년으로 2년마다 재확인절차가 필요하다.

벤처기업의 요건으로는 벤처투자기업, 연구개발기업, 기술평가보증기업, 기술평가대출기업의 4가지 유형이 있어 이 중 하나에 해당되어야 하며, 2015년 6월 말 기준 벤처기업 30,038개 중 약 84%는 기술평가보증기업의 요건으로 벤처확인을 받았다.

벤처기업의 요건 및 각종 혜택은 벤처인(http://www.venturein.or.kr) 사이트를 통해 세부적인 내용들을 확인하기 바란다.

2. 사업타당성분석

가. 사업타당성분석의 의의

사업타당성분석은 창업을 하기에 앞서 해당 사업에 대해 객관적인 정보를 바탕으로 단계별 체계적인 분석을 거쳐 실패확률을 줄이고 성공가능성을 높이는 총체적인 과정이다.

사업타당성을 분석하는 과정에서 각 단계별로 분석결과에 따라 사업을 지속할 것인지, 중단할 것인지 판단하게 되며 이 과정을 통해 사업의 추진 여부를 판단하는 기준으로 삼을 수 있다.

또한 사업타당성분석은 창업자에게만 해당되는 것이 아니라 기존사업자가 신규사업에 진출하고자 할 경우에도 필수적으로 거쳐야 하는 것으로 처음 접하는 창업자에게는 어려운 과정일 수 있으나 창업의 핵심요소들에 대한 검증 및 확인작업을 통해 해결해 나가야만 한다.

나. 사업타당성분석의 절차

□ 5W 1H

사업타당성분석은 객관적 사실을 바탕으로 창업의 핵심요소 각각에 대한 검증작업이며 창업자, 사업아이디어, 시장성, 기술성, 재무상태를 통해 최종의사결정을 도출해 내는 과정으로 다음의 절차에 따라 진행한다.

○ Who(창업자)

창업을 결정하고 사업방향을 설정하는 사람을 창업자라 하며 창업 시 이들의 대부분은 대표 또는 대표이사가 된다. 이는 사업의 시작과 동시에 발생하는 모든 방향성 및 변화에 대해 의사결정권한을 가지고 있으며 동시에 막중한 책임도 따르는 자리이다.

이에 단순히 창업에 대한 호기심이나 돈을 벌기 위한 욕심으로 쉽게 창업을 하다가는 신용불량자가 되거나 귀중한 사람과 시간을 모두 잃을 수 있으므로 창업을 생각하기에 앞서

사업타당성분석의 절차

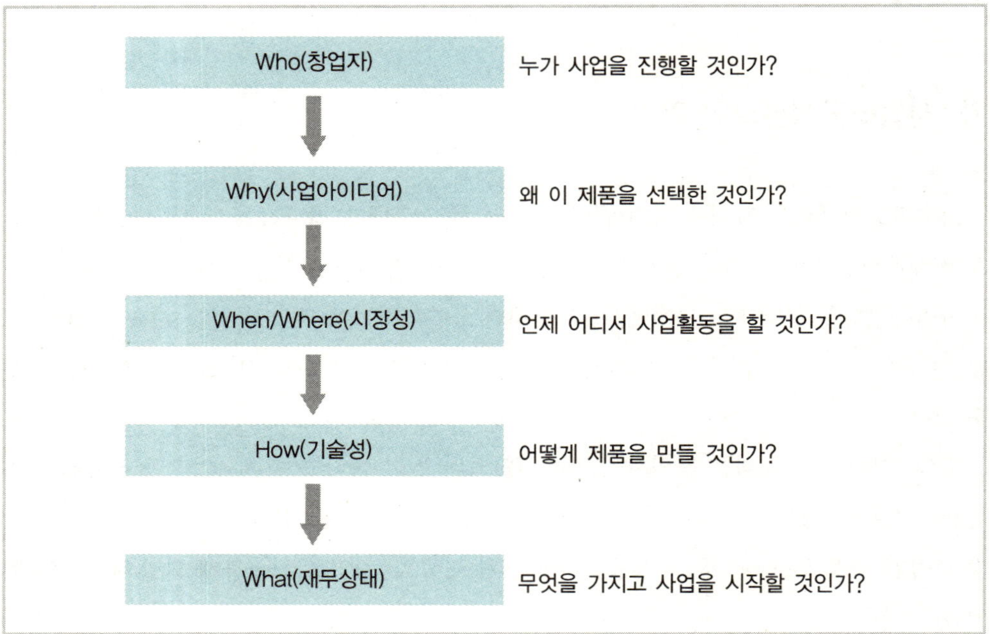

본인 스스로를 판단할 필요가 있다.

창업자의 필수요소 중 하나는 창업자의 기질(氣質, Temperament)이다. 남들로부터 '당신은 사업하면 잘할 거 같아' 라는 제3자 관점의 기질이 아닌 주관적 관점에서의 기질을 말하며 스스로 심사숙고하여 자신이 창업에 적합한 사람인지 고민하여야 한다.

창업은 취미생활이 아닌 생존이기 때문에 사업의 주요 요소인 개발, 영업, 자금 중 하나는 창업자의 전문분야여야만 한다. 또한 자영업 형태의 창업이 아니라면 창업자가 갖고 있지 못한 능력을 가진 해당 분야의 전문가를 동원할 수 있는 인적 네트워크가 준비되어야 한다. 그래야만 창업 시 또는 창업 이후 필요에 따른 인력충원을 통해 사업을 성장시킬 수 있다.

창업 시 바람직한 창업자상은 다음과 같이 정리할 수 있으며, 이 중 한두 개가 아닌 모두를 갖추고 있어야 한다.

- 창업자 기질(Temperament)이 있을 것
- 개발, 영업, 자금 중 전문분야가 있을 것
- 창업자의 부족한 분야를 채워줄 수 있는 팀을 구성할 것 또는 향후 보완을 위한 인적

네트워크를 준비할 것

- 창업비전과 성과분배에 대해 팀과 공유할 것
- 사업 전반에 대해 고민하고 상담할 수 있는 외부전문가를 멘토(Mentor)로 둘 것

○ Why(사업아이디어)

창업자에 대한 분석을 거치고 나면 다음은 사업아이디어에 대한 고민이 필요하다. 창업을 하고자 할 때는 사업을 할 만한 대상이 있기 때문인데 여기서 스스로 질문을 해야 한다. 왜 이 아이템을 선택한 것인지, 선택한 판단기준이 무엇인지, 창업자가 좋아해서인지, 시장진입이 쉬워서인지, 마진이 많이 남아서인지 등의 질문을 스스로에게 해보아야만 한다.

아이템을 선정할 때 제일 중요한 것은 다음에 다룰 시장성이다. 창업자의 전문성과 경험을 바탕으로 사업아이템을 선정하였어도 타깃시장이 포화상태(레드오션)이거나 진입장벽이 높지 않은지 확인하여야 한다. 또한 한때 유행하는 아이템(패션 등)은 아닌지도 판단하여야 한다.

또한 시장진입이 쉬운 아이템은 그만큼 진입장벽이 낮기 때문에 마진을 확보하기 어렵고, 마진이 많이 남는 아이템은 시장이 협소하거나 판매채널을 확보하기 어려울 수 있으므로 다음과 같이 여러 경우의 수를 검토하여야 한다.

- 유행을 따르는 아이템인가
- 시장이 포화상태이거나 협소하지 않은가
- 판매채널 및 진입장벽을 확보할 수 있는가
- 사업아이템은 확장성이 있는가

○ When/Where(시장성)

창업을 준비하는 사람들은 시장성을 언급할 때 레드오션과 블루오션이란 단어를 이미 숱하게 들어 왔다. 창업자가 사업을 위해 선택한 사업아이템은 이 중 어디에 해당하는가를 가장 먼저 생각해 봐야 한다.

① 시장(Market)에 대한 오해

레드오션은 무조건 나쁜 것이고 블루오션은 무조건 좋은 것인가?

레드오션(Red Ocean)이란 기존에 존재하는 산업을 뜻하는 것으로 시장의 경계가 이미

정해져 있고 경쟁자도 많기 때문에 치열한 경쟁이 필요한 시장을 말한다. 역발상으로 보면 경쟁은 치열하지만 이미 확정된 시장이 존재해 타깃을 명확히 설정할 수도 있고, 시장조사도 확실한 데이터를 근거로 확인할 수가 있다.

블루오션(Blue Ocean)은 현재 존재하지 않거나 알려져 있지 않아 경쟁자가 없는 유망한 시장으로, 여기서는 시장수요가 경쟁이 아닌 창조에 의해 얻어지므로 높은 수익과 성장성을 기대할 수 있는 시장을 말한다. 역발상으로 보자면 경쟁은 없지만 확정되지 않은 시장을 창출해 내야 된다는 것이다. 타깃시장도 불명확하여 진입장벽이 없는 듯 보이나 상당한 진입비용이 요구되는 시장이다.

| 표 1-3 | 각 오션의 특이점에 대한 창업자 입장에서의 접근

구분	특이점	창업자 입장
레드오션	• 시장은 포화상태 • 경쟁은 치열함 • 수익성 낮음	• 타깃시장 확인 가능 • 시장조사 가능 • 진입비용 추정 가능
블루오션	• 시장은 미생성 • 경쟁은 없음 • 수익성 높음	• 타깃시장 확인 어려움 • 시장조사 어려움 • 진입비용 추정 어려움

참고로, 퍼플오션(Purple Ocean)은 레드오션과 블루오션을 조합한 말로 기존의 레드오션에서 발상의 전환을 통하여 새로운 가치의 시장을 만드는 것으로 창조적인 아이디어에 기반한 창업의 좋은 모델이라 할 수 있다.

② 시장성분석 시 고려사항

창업자 입장에서 어떤 시장으로의 접근이 필요할지 검토하는 데 있어 중요한 요소 중 하나는 시장의 진입비용이다. 물론 S/W관련 업종 창업의 경우는 대부분의 비용이 인건비에 한정되어 예외일 수 있지만 일반 업종의 경우는 창업 시 창업리스크의 가장 큰 부분은 자금이다. 이를 최소화하기 위해서는 사업아이템의 타깃시장이 명확하고 아이템의 산출자금을 추정할 수 있어야 자금계획을 세우고 시장에 접근할 수가 있다.

시장성분석 시 주요 고려사항은 다음과 같다.

첫째, 시장의 특성을 파악하라.

타깃시장의 성숙 정도, 아이템의 시장론칭시기, 진입비용, 시장의 향후 트렌드 등을 파악해야 한다.

둘째, 수요와 공급분석을 통해 생산 · 유통경로를 파악하라.

생산을 위한 원재료 구매부터 최종고객까지의 유통경로를 파악해야 아이템의 판매단가를 책정할 수 있다.

셋째, 시장 내 경쟁사(아이템)를 파악하라.

경쟁상황을 분석하여 사업아이템의 시장 내 포지셔닝을 파악하고 시장점유율 및 향후 변동성을 추정할 필요가 있다.

넷째, 내부 · 외부환경을 분석하라.

창업회사가 경쟁사 대비 시장접근성에 있어서 비교우위분야가 어딘지 강점과 약점을 인지하여야 하며, 타깃시장의 대외적인 변수가 무엇인지 거시환경, 산업환경, 경쟁환경, 고객환경 측면에서 파악하여야 기회와 위협요소 발생 시 대응할 수가 있다.

○ How(기술성)

창업자의 전문분야일 경우 가장 쉬운 분야로 느껴지지만 실제 개발 및 제조과정에서 가장 어려움을 주는 분야이다. 전문분야가 아닐 경우는 팀 내에 전문가가 무조건 필요한 분야로, 많은 시행착오와 비용이 소모되는 분야이다. 또한 타사(인)의 지적재산권 침해에 해당될 소지가 있으므로 유념할 부분이기도 하다.

① 기술성분석의 핵심사항

기술성분석에서의 핵심사항은 개발가능성뿐만이 아니라 설비당 회전율과 수율에 있는데, 이는 결국 생산된 아이템의 수익성에도 직결되는 것으로 개발이 가능해도 생산성이 낮으면 사업아이템으로서 가치가 없기 때문이다.

여기에는 많은 요소들이 있는데 요약하면 다음과 같다.

- 제조공정상의 문제
- 원 · 부자재 조달상의 문제
- 생산공정상의 문제
- 공장 및 장비시설의 감가상각에 따른 비용 문제

제조업관련 창업자들은 창업 시 사업아이템의 개발가능성에만 초점을 맞추는 것만이 아니라 실제 양산가능성을 고려해야만 한다. 개발을 완성하고도 양산제품이 출시되지 않아 맘고생하는 창업자들이 적지 않다. 창업자의 전문분야라고 해도 예외가 아니다.

② 기술성분석의 고려사항

창업자는 기술성을 분석함에 있어 다음의 사항들을 파악하여야 한다.

- 기술경쟁력: 보유기술의 특징, 활용범위, 경쟁기술과의 차별성, 향후 유용성 등
- 제약조건 및 유익조건: 공장설립 시 입지조건 및 법률상 세제혜택(취득세, 법인세 등), 정부지원자금 등
- 공장시설 및 설비계획: 공장규모의 적정성, 설비배치의 효율성, 향후 확장성 및 변동성 등
- 생산계획: 공정의 효율성, 원재료 조달의 편리성, 자원관리의 적정성(인력, 재고, 원·부재료 등) 등

③ 지적재산권

지적재산권(Intellectual Property Right)이란 법령 또는 조약 등에 따라 보호되거나 인정되는 지식재산으로서 인간의 정신적인 창작활동 또는 경험의 소산에 의해 창출되거나 발견되어 재산적 가치가 실현될 수 있는 것에 관한 권리로, 크게 저작권과 산업재산권(특허권, 실용신안권, 의장권, 상표권)으로 분류한다.

| 표 1-4 | 지적재산권의 분류

구분	특징	보호기간
특허권(Patent)	발명에 대한 권리	20년
실용신안권	실용적인 발명이나 고안	10년
디자인권	상품의 외관적 독창성	15년
상표권	상품의 상징성	10년

이 중 특허권의 심사처리기간은 약 1년 이상 소요되나 우선심사제도를 통해 기간을 단축할 수 있는 분야도 있으므로 참고할 필요가 있다.

○ What(재무상태)

창업자들이 창업을 하고자 할 때 가장 큰 문제로 다가오는 분야이다. 통계청 자료에 의하면 자영업자 기준 평균 창업자금은 2억 1천만 원이며, 손익분기점(Break Even Point: BEP) 도달시기는 평균 14개월이라고 한다. 그럼 자영업이 아닌 법인 형태의 창업을 위해서는 얼마가 있어야 할까, 또한 언제쯤 BEP에 도달할 수 있을까.

창업을 위한 사업타당성분석에 있어 재무분야의 중요성은 창업의 시작이자 끝이라 할 수 있다. 재무분석에 있어 가장 우선적으로 해봐야 할 부분은 재무추정이다. 어디에 얼마의 비용이 필요한지에 대한 추정, 그 다음에는 자금조달에 대한 방안을 수립하는 것이다. 그런데 이 과정에서 간과하지 말아야 할 중요 요소가 BEP에 대한 시점과 예비비에 대한 부분이다.

사업성이 좋은 아이디어를 가져도 자금 없이는 할 수 있는 것이 없다. 재무분석을 어떻게 할지 순서대로 검토해 보자.

재무분석의 절차

재무추정 → 자금조달 → 타당성평가

① 재무추정

창업단계부터 창업 이후 소요되는 비용에 대한 추정으로, 창업시점부터 영업을 통한 매출이 발생하기 전까지의 재무수지에 대한 추정과 매출발생 이후에는 영업수지에 대한 추정이 추가되어 진행한다. 재무수지는 영업과는 상관없이 순전히 자금의 유입 · 유출로만 산정하는 것이고, 영업수지는 영업이 개시됨에 따라 제품의 매출발생에 따른 자금의 유입 · 유출을 산정한 것이다.

재무추정은 결국 현금흐름(Cash Flow: CF)에 기반한 것으로 [표 1-5]를 참조해 보자.

재무추정의 핵심요소는 BEP 도달시기까지 회사가 생존하는 것으로 BEP까지는 재무수지의 '자금 In'을 확보하여 영업수지의 '자금 In'으로 BEP를 맞추는 시점까지 운영하도록 해야만 한다.

| 표 1-5 | 재무추정(자금수지표)

(단위: 원)

구분	금월 기준 시	
전월 말(또는 전분기, 전기)	전월 말 잔액	
재무수지	자금 In	
	자금 Out	
소계 1	In – Out	
영업수지	(매출발생 전) 해당 사항 없음	(매출발생 후) 자금 In
	자금 Out	자금 Out
소계 2	Out	In – Out
합계(금월 말)	잔액+소계 1+소계 2	잔액+소계 1+소계 2

[표 1–5]를 기준으로 볼 때 최소한 매출발생 전까지는 재무수지의 소계 1의 수치가 '+' 상태로 소계 2의 '–'를 커버하여 합계는 항상 '+'를 유지하여야 하며, 영업수지의 소계 2가 '+'가 되는 시점에서 매출을 통해 발생한 수익이 비용을 커버하여 BEP에 도달한 것으로, BEP 이후부터는 소계 2의 '+' 수치가 누적적으로 점차 커져서 합계의 '+' 수치를 높여야 한다.

[표 1–5]는 연별, 분기별, 월별로 세분화하여 CF를 파악해야 하며 표 작성을 위해 우선 매출추정분을 작성한 후 이에 따른 현금흐름을 추정하여 비교 · 검토하면 유용하다. 위에 해당하는 항목들은 현금주의지 매출발생주의가 아님에 유의해야 한다. 예를 들면 매출이 당월에 발생했어도 결재시점이 3개월 후라면 당월의 영업수지관련 '자금 In'은 '0'인 것이다.

그럼 재무수지 및 영업수지의 주요 과목들은 무엇인지 간단히 알아보자.

| 표 1-6 | 재무수지 및 영업수지의 내용

구분		내용
재무수지	자금 In	자본금, 차입금, 정부지원금, 이자수입 등
	자금 Out	차입금 상환, 이자비용, 대여금, 투자금 등
영업수지	자금 In	매출액, 선수금 등
	자금 Out	원재료비, 판매관리비(인건비, 운영비, 임차보증금 등), 선급금 등

비용은 매출 여부에 상관없이 일정하게 소진되는 고정비용(고정비)과 매출발생에 따라 변동되는 변동비용(변동비)으로 구분되는데 이 중 창업과 관련해 일반적으로 필요한 고정비는 어떤 것이 있는지도 간단히 살펴보자. 일반적으로 창업자들이 간과하는 부분이 임직원의 급여와 관련된 부분이다. 급여산정 시 4대보험의 회사 부담금에 대한 부분을 고려해야만 함을 잊지 말자.

| 표 1-7 | 재무추정 시 고려해야 할 비용

구분	내용
창업 시 비용	사무실 보증금, 사무집기 구입비, 각종 등기비용 등
창업 후 비용 (운전자금)	사무실 임대료 및 운영비, 사무비용, 영업비용, 임직원 급여 및 4대보험료 등

재무추정의 핵심요소를 정리하면 다음과 같다.

- 재무수지와 영업수지로 구분하여 CF를 작성한다.
- BEP 도달시기 및 그 시점까지의 소요자금을 추정하자.
- 수익은 생각보다 낮음을, 비용은 생각보다 높음을 감안하여 예비비를 책정하라.

② 자금조달

재무추정을 통해 예상되는 BEP 시점과 이에 필요한 소요자금이 추정되었다. 그럼 이 자금을 어디서, 어떤 형태로, 어떻게 조달할 것인지 살펴보기로 하자.

■ 자금조달의 원천

우선적으로 생각할 부분이 본인자금으로 할 것인지, 타인자금을 조달할 것인지를 판단해야 한다. 자본력이 있는 창업자라면 100% 본인자금으로 창업도 가능하겠지만 바람직한 창업의 형태는 아니다.

자본주의에서 회사의 이윤창출구조는 가능하다면 레버리지효과(Leverage Effect)를 극대화하는 것으로 타인자금을 통해 시너지(Synergy)도 얻고, 리스크(Risk)를 최소화할 수도 있다.

타인자금의 대상은 창업자를 제외한 모두가 될 수 있다. 가까이는 친인척부터 공공기관,

| 표 1-8 | 자금조달의 원천별 특징

구분	특징	창업자 입장
공공기관	• 다양한 창업 프로그램을 활성화하여 창업지원(주관기관: 중소기업청) • 창업 시부터 일정기간 동안 사무공간, 자금, 멘토링 등 지원	• 선정과정을 거쳐야 하나 최고의 자금조달원임. 또한 멘토링 등 다양한 창업지원혜택을 받을 수 있음 • 출연금 성격의 자금
유관기관	신용보증기금, 기술신용보증기금 등에 창업자 지원 프로그램이 있음	기술성평가로 자금조달가능
금융기관	대출 형태의 자금을 지원하나 담보를 요함	• 담보 유무에 따른 선택이 필요함 • 부채 형태의 자금
개인투자자 (Angel)	최근 엔젤을 활성화하는 정부정책을 통해 엔젤매칭펀드, 전문엔젤제도 등 활용가능	• 창업자(팀)의 능력과 향후 비전이 좋을 경우에 해당되며, 자금조달규모로는 가장 우수함 • 자본 형태의 자금
벤처캐피탈 (VC)	창업 초기단계부터 지원가능한 청년창업펀드 등이 있으나 질적 요건이 까다로움	• 개인투자자 유치 이후의 단계에서 검토해 볼 수 있음 • 자본 + 부채 형태의 자금

금융기관, 개인투자자(Angel: 엔젤), 벤처캐피탈(Venture Capital: VC) 등이 있다. 이 중 창업 시에 자금을 지원받을 수 있는 곳은 일반적으로 정부기관과 엔젤로 제한되는 것이 현실이고 이 또한 쉽지는 않다.

■ 자금조달의 형태

자본(Equity)으로 조달할 것인가, 부채(Liability)로 조달할 것인가의 문제이다. 창업 시 필요자본금으로 설립등기를 한 이후 자금추정에 따른 소요자금에 대해 자본과 부채를 어떤 비중으로 할 것인지 고민해야 한다.

자본 형태의 조달은 상환의무는 없지만 타인자금의 자본조달 시 주식회사의 경우 보유지분율이 희석(Dilution)될 수 있음을 감안해야 하며, 부채 형태의 조달은 반대로 지분율 희석의 리스크는 없지만 원금상환 및 이자부담에 따라 자금수지에 악영향을 미칠 수가 있다.

자본과 부채의 장 · 단점을 적절히 결합한 채권 형태로 전환사채(Convertible Bond: CB, 주식으로 전환이 가능한 채권)와 신주인수권부사채(Bond with Warrant: BW, 신주

인수권이 포함된 채권) 등이 있어, 이에 대한 적절한 활용 또한 매우 중요하나 기관투자자들의 투자패턴으로 창업단계의 창업자가 활용하기에는 어려움이 있다.

조달 형태의 판단기준은 지분율 희석의 최소화와 상환부담의 최소화를 조율하는 것으로 사업타당성분석의 재무추정에 근거한 판단이 필요하다. 또한 부채와 채권 형태의 자금조달은 재무제표상 부채비율이 높아지므로 관리가 요구된다.

| 표 1-9 | 자금조달의 형태별 장 · 단점

구분	장점	단점
자본(Equity)	원금상환 및 이자부담 없음	지분율 희석(Dilution)
부채(Liability)	지분율 변동 없음	원금상환 및 이자부담
채권(Bond)	주식전환 시 자본으로 편입	• 주식전환 시 지분율 희석 • 상환청구 시 원금, 이자부담

■ 자금조달의 방법

정부(유관)기관의 자금지원을 받으려면 중소기업청과 친해져야 한다. 매년 또는 수시로 각종 창업지원과 관련된 프로그램들이 공지되므로 자주 홈페이지를 방문하거나 담당자와의 연락을 통해 내용을 체크해야 한다. 해당사항이 있을 경우 선정조건을 확인하고 프로세스에 맞춰 진행한다.

엔젤의 자금을 유치하기 위해서는 (사)한국엔젤투자협회를 통해 IR(Investor Relationship)에 참여하거나, 전문엔젤을 소개받아 진행하면 되며, 이 경우 구체적인 사업 실행계획이 포함된 IR자료를 준비해야만 한다.

외부자금을 유치하기 위해서는 최소 2~3개월에서 6개월 이상의 기간이 소요될 수 있으며, 심사과정에서 상세한 추가자료와 증빙 등이 요구되어진다. 그러나 최종단계에서도 거절가능성이 높다는 점을 유념하여 자금조달에 대한 우선순위 및 대안을 준비하고 있어야

| 표 1-10 | 자금조달관련 유관기관

구분	관련기관	홈페이지
정부기관	중소기업청(창업넷)	http://www.startup.go.kr
Angel	한국엔젤투자협회	http://home.kban.or.kr
VC	한국벤처캐피탈협회	http://www.kvca.or.kr

만 한다.

③ 경제적 타당성평가

자금추정을 통해 소요자금을 예측한 후 자금조달방안이 수립됐다면 이들을 근거로 모의실험(Simulation)을 해보도록 하자. 자금수지표를 엑셀 프로그램을 활용, 월별로 세분화하여 월별 자금의 In - Out과 매출발생에 따른 In - Out을 최상(Best), 최악(Worst)의 상태를 가정하여 수치를 조정하며 다각도로 검토하자.

이런 일련의 과정을 통해서 계획대로 사업이 진행되지 않을 경우에 대비해야 막상 그 상황이 닥쳤을 때 당황하지 않고 대응할 수가 있으며 난관을 극복할 수가 있다.

그럼 창업을 하고 매출이 발생하면 계획대로 진행되는 것인가? 예를 들어, 1,000원을 투자해서 1,100원을 회수한다면 100원의 수익이 발생한 것이므로 사업을 잘하고 있는 것인가? 단지 숫자만 가지고는 판단할 수가 없다. 여기에서 기회비용과 현가(現價: 현재의 가치)라는 개념을 알아야만 한다.

■ 기회비용(Opportunity Cost)

기회비용의 사전적 의미는 '어떤 재화의 여러 가지 용도 중 어느 한 가지만을 선택한 경우, 나머지 포기한 용도에서 얻을 수 있는 이익의 평가액' 으로 상대적인 가치의 비교이다.

예를 들어, 1,000원으로 은행 등에 예금하여 안전하게 10%의 이자수익을 얻고 사업에 투자하여도 수익률이 은행이자율과 같은 10%라면 굳이 위험을 감수하면서까지 투자할 필요가 없이 은행에 예금하면 되는 것이다.

이때의 이자율이 바로 기회비용이고, 다음에 언급할 NPV의 할인율(Discount Rate)이며, IRR의 기준이 되는 것으로 이 비율을 넘어서야 비로소 투자의 경제성이 있는 것이다.

■ NPV와 IRR

NPV(Net Present Value: 순현재가치)는 투자한 각 연도에 발생한 투자비용과 현금흐름을 적절한 할인율(보통은 시장이자율)로 할인하여 현재가치를 구하는 것으로 요약하면 현재의 1,000원과 미래 어느 시점의 1,000원은 가치가 다르다는 것이다.

다시 예를 들어 보자. 1,000원을 은행에 예금할 경우 10%의 이자가 발생한다면, 1년 뒤의 1,100원이 현재가치로 1,000원인 것이다. 이 경우 이자율 10%가 미래현금흐름을 현재가치로 계산하기 위해 사용하는 비율로 할인율이라 한다.

또한 회사에서 신규사업 진행 시 사업타당성 검토를 위해 경제성 여부를 결정하는 중요 요소로 IRR을 활용한다. IRR(Internal Rate of Return: 내부수익률)은 신규사업으로 기대하는 수익률의 최솟값을 의미하는 것으로, 이 수익률이 투자로 인한 비용(WACC)보다 크면 수익성이 있고 작으면 수익성이 없는 것이다. 즉, IRR은 신규사업을 위해 투자에 소요되는 현금유출액의 현재가치와 현금유입액의 현재가치를 동일하게 하는, 다시 말하면 소요되는 비용과 그 결과 미래에 발생할 수익의 차이를 일치하게 하는 할인율로서, NPV값을 '0'으로 만드는 값이다.

참고 WACC(Weighted Average Cost of Capital)이란

가중평균자본비용으로 회사가 조달한 다양한 자금에 대하여 지불하여야 하는 평균비용(이율)으로 자본의 경우 배당금, 부채의 경우 이자를 말한다.

NPV를 계산해서 '0'을 기준으로 '+'의 값이 높을수록 투자할 가치가 있고, '−'의 값이면 투자가치가 없는 것이다.

NPV = 현금유입액의 현재가치(M2) − 현금유출액의 현재가치(M1)

여기서, M2: $M1 \times (1-t)/(1+r)^n$

t: 소득세율

r: 할인율

n: 기간

예를 들어 보자. 1,000원을 투자해서 4년에 걸쳐 수익금이 총 1,600원이 예상되는 사업의 타당성 검토를 할 때 NPV를 적용하면 시간에 따라 경제성 여부가 달리 평가된다. **예 1**과 **예 2**를 비교해 보자.

예 1 총수익금 1,600원이 4년에 걸쳐 매년 250원, 350원, 450원, 550원의 순으로 들어올 때(할인율 10%, 수익에 따른 소득세율 20%를 적용, 소수점 이하는 반올림)

Cash Flow (단위: 원)

		y_0	y_1	y_2	y_3	y_4
M1	1,000		250	350	450	550
	181 ← y_1					
	231 ← y_2					
	270 ← y_3					
	300 ← y_4					
M2	982					
NPV	−18					

계산식

M1 = 1,000

M2 = 982 = 181 + 231 + 270 + 300

$= 250 \times (1-0.2)/(1+0.1)^1 + 350 \times (1-0.2)/(1+0.1)^2 +$

$450 \times (1-0.2)/(1+0.1)^3 + 550 \times (1-0.2)/(1+0.1)^4$

NPV = M2 − M1 = 982 − 1,000 = −18

예 2 총수익금 1,600원이 4년에 걸쳐 매년 550원, 450원, 350원, 250원의 순으로 들어올 때(동일조건 적용)

Cash Flow (단위: 원)

		y_0	y_1	y_2	y_3	y_4
M1	1,000		550	450	350	250
	400 ← y_1					
	298 ← y_2					
	210 ← y_3					
	137 ← y_4					
M2	1,045					
NPV	45					

계산식

$$M1 = 1,000$$

$$M2 = 1,045 = 400 + 298 + 210 + 137$$

$$= 550 \times (1 - 0.2)/(1 + 0.1)^1 + 450 \times (1 - 0.2)/(1 + 0.1)^2 + 350 \times (1 - 0.2)/(1 + 0.1)^3 + 250 \times (1 - 0.2)/(1 + 0.1)^4$$

$$NPV = M2 - M1 = 1,045 - 1,000 = 45$$

NPV를 활용, 투자 이후 4년에 걸쳐 매년 들어오는 수익을 할인율을 적용하여 현재가치로 조정해 본 결과 총수익액은 1,600원으로 일치하지만 매년 발생하는 수익액에 따라 NPV값이 각각 −18, 45로 다르게 산출되었다. 이 경우 결과값이 'NPV > 0' 인 예 2의 안이 투자대상으로 적합한 것이다.

창업을 해서 자금을 투자한다는 것은 시간과 위험과의 싸움이다. 회수기간이 길수록, 위험이 클수록 투자에 대한 회수기대치는 높아야만 하며, 다른 투자처에 대한 기회비용을 상실한 만큼의 대가(代價)가 주어져야만 한다. 즉, NPV 공식에서 변수(Variable)들은 결국 자본의 기회비용인 것이다. NPV는 변수값에 따라 다른 결정에 이를 수 있으므로 변수에 대한 변화를 통해 다각도로 투자타당성을 평가해 봐야만 한다.

경제적 타당성평가의 핵심사항을 정리하면 다음과 같다.

첫째, 추정된 현금흐름을 바탕으로 위험에 대한 모의실험을 하자.

둘째, 기회비용과 기간, 위험할인율에 대한 변수를 고려하자.

○ 종합분석

창업자부터 재무상태까지의 단계별 분석과정을 거쳤다면 이제는 분석결과에 대해 종합적인 평가가 필요한 시점이다. 일반적으로 사용되는 SWOT분석의 틀을 활용해 보자.

SWOT분석이란 내부환경을 분석하여 강점과 약점을 발견하고, 외부환경을 분석하여 기회와 위협을 찾아내어 이를 토대로 강점은 극대화시키고 약점은 보완하며, 기회는 최대한 활용하여 위협을 극복(억제 또는 회피)할 수 있도록 방안을 모색하는 것을 말한다.

내부요인(S, W)과 외부요인(O, T)에 해당하는 부분을 정확히 파악한 후 서로를 결합한 전략을 [표 1-11]과 같이 구사한다.

SWOT분석의 구조

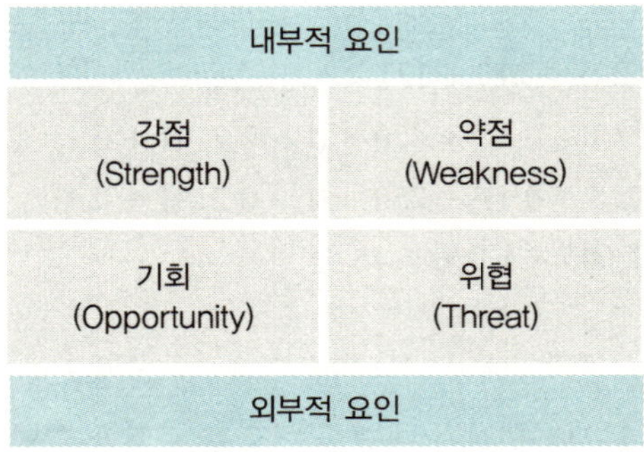

| 표 1-11 | SWOT분석에 따른 전략적 선택방안

구분	전략방안	내용
SO	적극활용	강점을 기반으로 기회를 극대화함
ST	정면대응	강점을 기반으로 위협을 억제함
WO	기회탐색	약점을 보완하여 기회를 살림
WT	위험회피	약점을 보완하여 위협을 회피함

다. 인터넷 활용방안

창업자는 창업을 준비함에 있어 사업타당성을 검토하고 분석하는 과정을 통해 배우고 느끼는 부분이 상당하다. 가장 중요한 것은 본인이 잘할 수 있고, 잘될 거라 막연히 생각하던 부분들을 확인해 감에 따라 현재 상태를 객관적인 시각으로 볼 수 있는 점이다.

그럼 사업타당성분석을 처음 접하는 창업자 입장에서는 어디에서 도움되는 관련정보를 얻을 수 있을지 다음의 사항들을 참고하자.

□ 전자공시시스템

흔히들 Dart라 부르는 사이트(http://dart.fss.or.kr)로 금융감독원이 운영한다. 대차대조표상의 총자산(Asset) 규모가 100억 원 이상이면 의무적으로 외부감사(외부 회계감사기관의 감사)를 받아야만 하며, 외부감사를 받는 모든 기업(이하 '외감기업' 이라 한다)은 예외 없이 Dart에서 조회해 볼 수가 있어 내용 참고가 가능하다.

또한 거래소나 코스닥 상장사들은 내부의 변동사항에 대해 공지하도록 하고 있는데 의무적으로 해야 하는 의무공시와 자율적으로 시행하는 자율공시가 있으며, 이러한 공시자료를 통해 일반인은 기업의 중요사항에 대해 정보를 확인할 수 있다. 창업자들이 참고할 만한 부분을 정리하면 다음과 같다.

○ 사업보고서

사업보고서 본문 중 '사업의 내용' 에 해당되는 부분으로, 해당 기업의 사업아이템과 관련된 시장상황, 경쟁상황, 유통구조 등이 자세하게 설명되어 있다. 창업자의 사업아이템과 유사업종에 속해 있는 기업들의 자료를 찾아 비교 · 분석하면 도움이 된다. 참고로 외감기업 중 거래소나 코스닥 상장사에 해당되는 부분이다.

○ 감사보고서

재무상태표, 손익계산서, 현금흐름표 등 기업들의 재무상황을 속속들이 정확히 확인할 수 있다. 특히 손익계산서에서는 매출 대비 매출원가, 판매관리비 등 비용구조에 대한 파악이 가능하고 주석으로 상세내용을 기재하였으므로 창업자의 사업아이템 매출손익을 추정하는 자료로 활용 시 도움이 된다.

□ 주요 포털의 투자정보사이트

거래소나 코스닥에 상장되거나 상장 진행 중인 기업들 중 상당수는 증권사의 리서치부서에서 기업분석보고서를 작성한다. 또한 개별 기업이 아닌 산업 및 경제분석보고서도 발행하는데 이 중 공개적으로 제공하는 보고서들을 대부분 확인할 수 있다.

창업자는 이 보고서들을 통해 Dart에서 확인한 자료들에 대해 좀 더 세부적으로 참고할 내용들을 얻을 수 있으며, 특히 산업 및 경제보고서들을 통해 향후 시장동향, 대내외적인 변수들을 예측하여 사업타당성분석 시 활용가능하다.

□ 각종 경제연구소 사이트

증권사의 분석보고서들이 기업 및 산업분석에 초점이 맞춰졌다면, 경제연구소들의 보고서는 거시적인 부분이 주대상이다. 전 세계적인 경제 및 경기동향 등을 확인하기 좋으며, 각종 포럼들이 활성화되어 있어 해당 분야 가입 시 유익한 정보와 도움을 받을 수 있으므로 참고하기 바란다.

3. 사업계획서 작성

가. 사업계획서란

□ 사업계획서의 의미

사업타당성분석이 객관적인 정보를 통해 사업의 성공가능성을 파악하고 실패확률을 줄이기 위한 내부적인 확인절차라면 사업계획서는 이 분석과정을 통해 정리된 객관적 자료를 주관적인 향후 계획과 비전으로 가공하여 특수목적을 달성하기 위해 대내외적으로 활용하기 위한 자료이다.

또한 사업계획서 작성은 창업을 준비하는 창업자에게 사업타당성분석을 통해 확인된 사항들에 대해 체계적이며 구체적으로 정리할 수 있는 것으로, 사업진행에 따른 변동사항을 적절히 반영하여 의사결정의 기준으로 활용가능한, 창업자에게는 필수적인 과정이다.

□ 사업계획서의 용도

사업계획서의 용도는 크게 내부적인 부분과 대외적인 부분으로 나눌 수 있으며, 사업계획서의 구성내용도 내부용으로는 각 분야별로 상세하고 폭넓은 준비가 필요하고, 외부용으로는 내부용을 기준으로 목적에 맞게 요약 · 가공해서 활용할 필요가 있다.

특히 외부 용도로 활용 시에는 사용목적을 사전에 정확히 파악하여 요구되는 핵심적인 사항을 간단 · 명료하게 표현하여 상대방 입장에서 합리적이고 설득력이 있도록 작성하는 것이 중요하다.

□ 사업계획서의 내부활용

첫째, 사업타당성을 각 단계별로 다시 한 번 점검할 수 있어 사업의 시행착오를 줄이고 성공가능성을 높인다.

둘째, 창업자 및 구성원 모두 현재의 상황을 정확히 파악할 수 있다.

셋째, 향후 계획과 비전에 대해 공유함으로써 구성원에게 동기부여와 목표점을 설정할 수가 있다.

넷째, 사업이 계획에 따라 진행되는지 체크가 가능하다.

다섯째, 사업진행에 따라 발생가능한 대내외적인 변수에 대응할 수 있는 구심점이 된다.

□ 사업계획서의 외부활용

첫째, 공공기관 제출 용도로 사업인허가, 정부출연이나 지원자금 신청 시 또는 각종 창업지원 프로그램 지원 시 활용하며, 각 목적에 따라 공고문의 성격을 정확히 파악하여 요구되는 자료와 심사기준에 따라 작성하여야 한다. 각 기관별 표준 사업계획서 양식들이 있어 이들을 참고하여야 한다.

둘째, 투자유치 용도로 창업자는 정부 및 민간단체에서 지원하는 각종 IR(Investor Relationship)에 참여하여 여러 투자자(주로 VC 심사역, 엔젤)들 앞에서 사업내용을 PT(Presentation)하기 위한 IR자료로 활용하는 것으로, 설득력 있고 간결하게 작성된 IR 자료와 더불어 자신감과 전문성 있게 PT를 진행하는 것이 가장 중요하다.

나. 사업계획서 작성원칙

사업계획서는 앞서 살펴본 바와 같이 창업 시 회사가 나아갈 방향이며, 해마다 성과 여부를 스스로 점검할 수 있는 바탕으로서 향후 사업전략을 확립하기 위한 내부자료로 활용될 때는 필요에 맞게 작성되면 되지만, 외부용은 이러한 기본틀 내에 자금유치를 위한 투자자로서의 관점이 삽입되는 것으로 중요하게 고려되어야 할 사항은 다음과 같다.

□ 간결하고 명확한 내용

사업계획서는 창업자가 제한된 시간 내에 제한된 자료로 상대방을 설득하기 위한 것으로 간결해야 하며, 전문용어 활용 시 이에 대한 주석을 달아 쉽게 이해할 수 있어야만 한다. 또한 팩트(Fact) 위주의 사실 및 객관적 근거를 기반으로 미래추정분에 대해 일관되고 명확한 내용을 전달하여야 신뢰를 얻을 수 있다.

□ 구성원의 적절성

사업의 방향성과 구성원의 전문성, 과거경력 등 역량에 대한 연관이 필요하다. 창업자를 비롯하여 구성원들의 경력과 전문성이 아무리 뛰어나다 해도 해당 사업과의 연계성이 없으면 설득력이 약하다.

□ 사업계획의 재무적 연계성

사업을 추정함에 있어 재무계획과의 연계성이 필요하다. 사업아이템의 개발가능성과 수익성, 시장성이 좋고 타깃시장이 명확하다 하더라도 이에 대한 소요자금 추정이 불확실하고 현실성이 없다면 앞선 사업계획의 내용들이 전혀 의미가 없다. 재무계획의 검증을 통해 추정 매출에 대한 부분과 이에 대해 원가구조, 운영비용, 마케팅비용 등을 감안한 소요자금 산출안의 연계성을 확인해야 한다.

□ 정확한 시장포지셔닝

창업의 시작이 사업아이템의 선정작업이라면, 사업의 성장성은 타깃시장을 명확히 함에 달려 있다. 바꾸어 말하면 타깃시장이 불분명하거나 시장에 대한 추정에 신빙성이 없다면 사업의 성장성 및 성공가능성을 부정적으로 보게 된다.

객관화된 자료에 기반한 현 시장의 추정과 향후 시장의 예측, 타깃시장에서 경쟁하게 될 경쟁기업 및 경쟁제품에 대한 객관적인 분석을 기반으로 창업아이템에 대한 시장포지셔닝을 해야만 한다. 그래야 이 포지셔닝을 기반으로 앞으로의 사업방향을 구체화할 수 있다.

□ 객관적 근거에 기반한 향후 가능성의 포장

창업자와 투자자 관계에 있어 관점의 차이를 알아야 한다. 사업계획서의 내부활용을 위한 주목적은 자체점검 및 향후 계획과 비전수립이지만 투자자를 위한 외부용에는 적절한 포장이 가미(加味)되어야 한다.

투자를 통해 기업가치가 상승하여 수익을 거둘 수 있음을 투자자가 느낄 수 있도록 해당 사업의 매력적인 요소를 극대화할 필요가 있다. 평범한 사업계획에 투자하는 투자자는 없음을 유념하자.

□ 자금조달의 의미

투자금을 조달한다는 것은 더 이상 창업자만의 회사가 아닌 제3자(투자자)가 개입하는 것으로 향후 의사결정과정에서 투자자의 의견을 수렴할 필요가 있음을 말한다. 투자규모의 적절성과 시기, 방법 등에 대한 창업자의 생각과 향후 사업성장을 위해 자본의 구성이 고려되어야 할 부분이다.

사업타당성분석의 자금조달에 대한 사항으로 소요자금이 산정된 후 자금조달 형태에 따라 주주구성, 재무제표상의 부채비율 등을 작성하는데, 이는 투자자들이 중요하게 검토하는 사항으로 사업성장에 따라 추가자금조달에 대한 방안을 이러한 재무상태를 근거로 판단하기 때문이다.

기업이 성장함에 따라 외부자금은 자본 또는 부채 형태로 최소 몇 차례 이상의 조달을 필요로 하므로 창업 초기부터 이러한 재무상태를 염려하지 않은 사업은 사상누각(沙上樓閣)이 될 수 있으므로 이를 고려해서 사업계획을 작성해야 한다.

□ 기업가치에 대한 적절성

투자금을 부채가 아닌 자본 또는 채권 형태로 조달 시(이하 '자본유치'라 한다) 기업가치에 대한 평가가 선행되어지며, 이는 투자자 입장에서 투자시점을 기준으로 얼마의 가치로 투자를 하여야 향후 수익을 거둘 수 있을지를 판단하는 부분이다.

창업 초기에 대부분의 창업자들은 충만한 자신감에 기인하거나 주변에서 높은 가치에 외부자금을 조달하는 것을 보며, 현재 상황을 고려하지 않고 미래가치에 대한 지나친 낙관으로 욕심이 앞서는 경우가 있다. 창업 초기 계획한 모든 것들은 계획일 뿐 그 과정에 수많은 위험요소가 있음을 인지할 필요가 있으며, 기업가치를 높이는 데 있어 투자자들도 위험을 공유하는 파트너라는 것을 명심하여야 한다.

다. 사업계획서 작성방법

사업계획서는 회사개요, 사업개요(시장현황, 기술현황, 경쟁사현황), 사업방향, 재무계획 등을 기본틀로 경쟁우위 및 이익창출과정을 명확하고 간결하게 표현하며, 전체적으로 투자자가 난해해 하지 않도록 일관된 논리와 분량으로 작성하면 된다.

다만, 시장트렌드의 변화에 따라 제조업기반에서 PC기반, PC기반에서 모바일기반으로 산업구조의 중심축이 이동함에 따라 사업아이템도 다변화되고 있으며, 이들의 사업성을 획일화된 사업계획서에 맞춰 작성하려면 각각의 매력요소에 대한 설득력이 떨어질 수 있으므로 필요에 맞게 정형화된 틀을 무시해도 된다.

사업계획서 작성을 위해 정형화된 구성요소와 해당 내용들은 다음과 같으며, 가능한 파워포인트를 활용해서 도표, 그림 등으로 도식화(圖式化)하여 보는 사람에게 신속 · 정확하게 전달하도록 하는 것이 필요하다.

□ 회사현황

회사에 대한 기본적인 내용과 연혁, 인력구성, 주주구성, 주요 제품 등을 간단히 기술한다. 창업 초기단계에서는 구성원에 대한 평가비중이 높으므로 이 중 인력구성을 자세하게 기술하기 바란다.

□ 사업현황

회사의 설립목적에 따른 전반적인 근거로 사업아이템에 대한 설명, 보유기술, 관련시장, 경쟁현황 등 사업의 주된 배경이다. 객관적인 통계 및 분석자료를 수집해 국내외 시장규모와 전망을 분석하고, 동종업계 및 기술력현황을 파악하여 이를 근거로 목표시장 추이에 따른 제품특성과 개발기술의 내용을 설명한다.

사업계획서의 구조(목차)

구분	항목	세부항목	비고
1. 회사현황	가. 회사개요		
	나. 회사연혁		
	다. 주주현황		
	라. 주요인력		
	마. 사업분야		
	바. 재무현황(요약분)		
2. 사업현황	가. 사업개요	• 사업내용	
		• 보유기술	
		• 개발현황	
		• 영업현황	
		• 향후계획	
	나. 시장분석	• 시장개요	
		• 시장규모	
		• 시장환경	→ MACRO, 현재 기준
		• 타깃시장	
		• 경쟁구도	
	다. 경쟁현황	• 시장환경	→ MICRO, 현재 이후
		• 타깃시장	
		• 경쟁구도	
		• 경쟁우위	
		• 대응방안	
3. 사업계획	가. 개발계획		
	나. 생산계획		
	다. 마케팅/영업계획		
	라. 매출추정		
	마. 로드맵(Road Map)		
4. 재무계획	가. 소요자금추정		
	나. 자금조달계획		
	다. 투자계획		
	라. 추정재무제표(3개년)		
	마. 회사가치평가		

이러한 과정을 통해 사업아이템의 예상시장점유율을 분석할 수 있으며, 결국 재무계획상의 추정 매출에 따른 소요자금 산출로 연계된다.

중요한 점은 특히 제조업일 경우 개발 → 생산 → 판매에 따른 추가 자본유치의 필요성과 마케팅에 대한 대책으로 각 단계마다 상당한 어려움이 있다. 어차피 창업 초기단계에서 모든 것이 완벽할 수 없으므로 회사의 현시점 및 향후 예상되는 위험요소들에 대해 분석하고 그에 대한 자체 대응방안 및 투자자의 협조를 구한다면 장밋빛으로 꾸미는 것보다 신뢰성 있는 자료가 될 것이다.

□ 사업계획

사업현황이 객관적 사실에 기반한 창업배경이라면, 사업계획은 주관적 역량에 근거한 구체적인 사업진행방향으로 창업자 스스로 성공가능성을 판단한 근거라 할 수 있으며, 투자자 입장에서는 회사에 대한 투자 여부를 판단하는 중요한 부분이다.

개발, 생산, 마케팅, 영업, 판매를 어떻게 진행하여 매출을 올리고 수익을 발생시키는지에 대한 행동방침(Action Plan)으로 현실성 있게 회사의 역량을 최대한 표현하는 것이 좋다.

□ 재무계획

향후 몇 년간의 매출과 이익, 자산의 내역을 정리한 추정 재무제표와 현금흐름 등을 제시한다. 개발 → 생산 → 판매의 자금흐름이 이루어질 수 있도록 소요자금조달 및 투자, 향후 이익실현이 되는 과정을 명시하는 것으로 사업개요의 내용들이 추정 매출 산정의 근거가 되어야만 하며, 자금조달을 어떤 형태와 조건으로 할지도 결정하는 부분이다.

이는 투자자 입장에서 회사의 투자가치를 판단하는 중요한 부분으로 창업자는 투자자의 관점에서 요청금액을 투자할 경우 향후 투자수익이 투자자의 요구에 부합될 수 있는지도 살펴봐야만 한다.

왜냐하면 자본 형태로 자금조달 시 투자가치 산정에 있어 발생하는 가장 큰 괴리는 대부분의 창업자들이 회사의 미래에 발생될 가치(추가적인 자본유치의 필요성이 있음에도 불구하고)의 가능성을 가지고 현재의 투자유치시점에서 이를 인정받고자 하는 데 있다. 이러한 경우 결과적으로 그 시점에 도달하기까지 발생될 위험요소들의 부담은 투자자들의 몫으로만 고스란히 남는다는 것을 알아야 한다.

□ 참고 사례

사업계획서의 용도 중 공공기관 지원 시에는 정해진 표준양식을 따른다고 하였으므로, 그 외에는 창업자들이 투자자를 대상으로 사업성을 가장 매력적으로 보이기 위한 목적으로 정형화된 틀에서 벗어나 자유롭게 작성하면 된다.

그럼 창업선배들의 사업계획서는 어떻게 작성되었는지 사례를 참고해 보자(저작권 등에 위배되지 않는 범위 내에서 참고하다 보니 내용이 제한적일 수 있으며, 일부내용을 제외하고는 원안을 그대로 수록하였다).

○ 사업계획서 목차 사례

사업계획서들은 대략 IT제조, 바이오, 콘텐츠의 3개 산업군으로 나눌 수 있으며 이 중 콘텐츠관련분야는 특히 개성적으로 표현된 것들이 많으나 참고용으로는 적당하지 않아 일반적인 것을 예로 들었다.

① IT제조분야 사례

IT제조분야 산업의 목차는 대략 다음과 같이 작성되며, IT제조의 특성으로는 대부분 타깃시장이 기존시장에서의 경쟁체제이므로 제조공정 및 제품의 차별성 등 경쟁우위요소가 주된 비중을 차지한다.

IT제조분야 사례 1

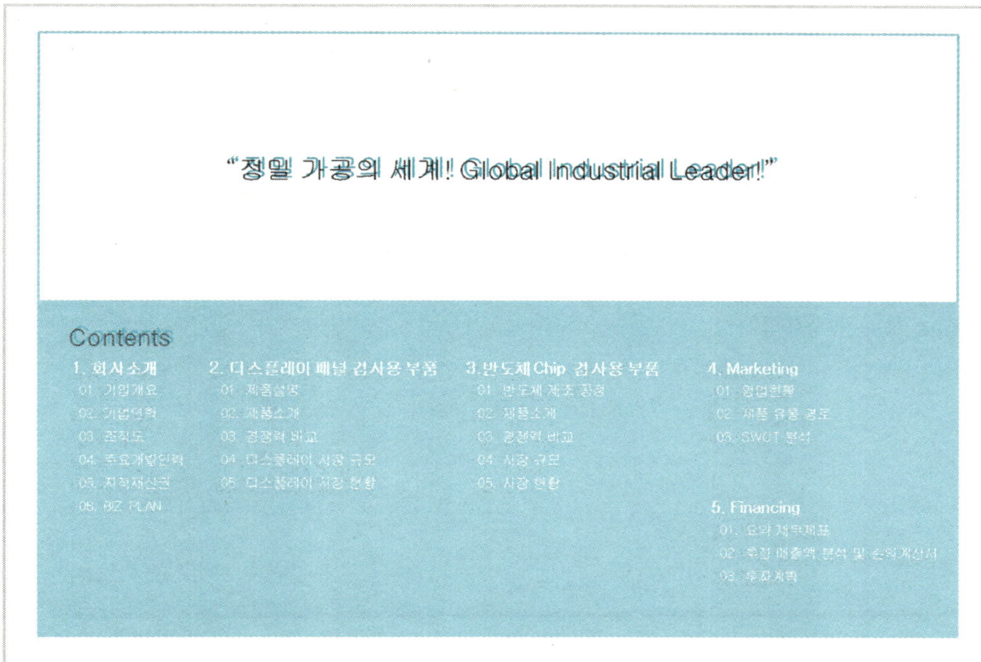

IT제조분야 사례 2

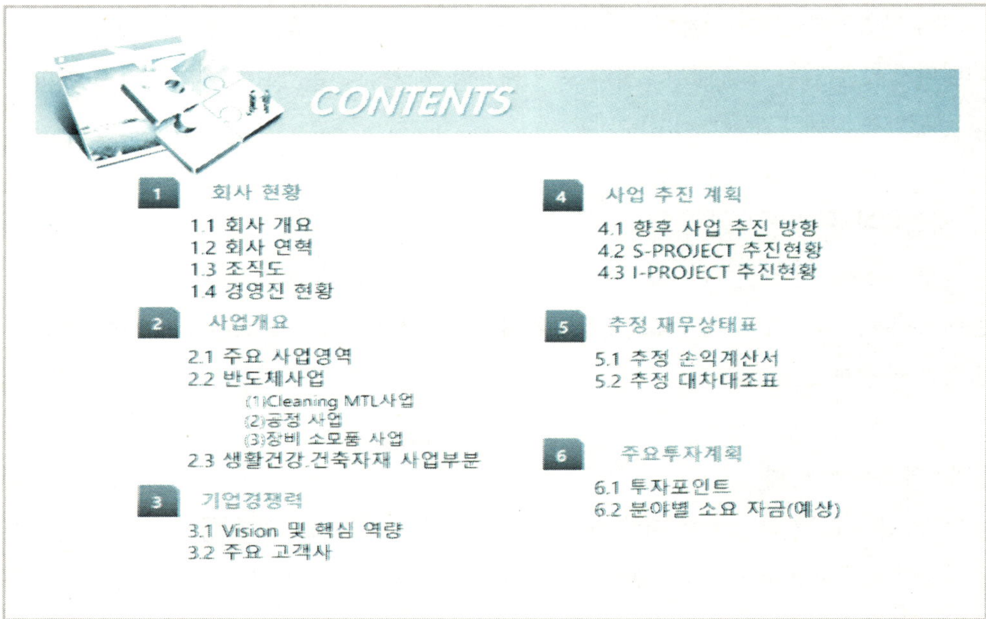

IT제조분야 사례 3

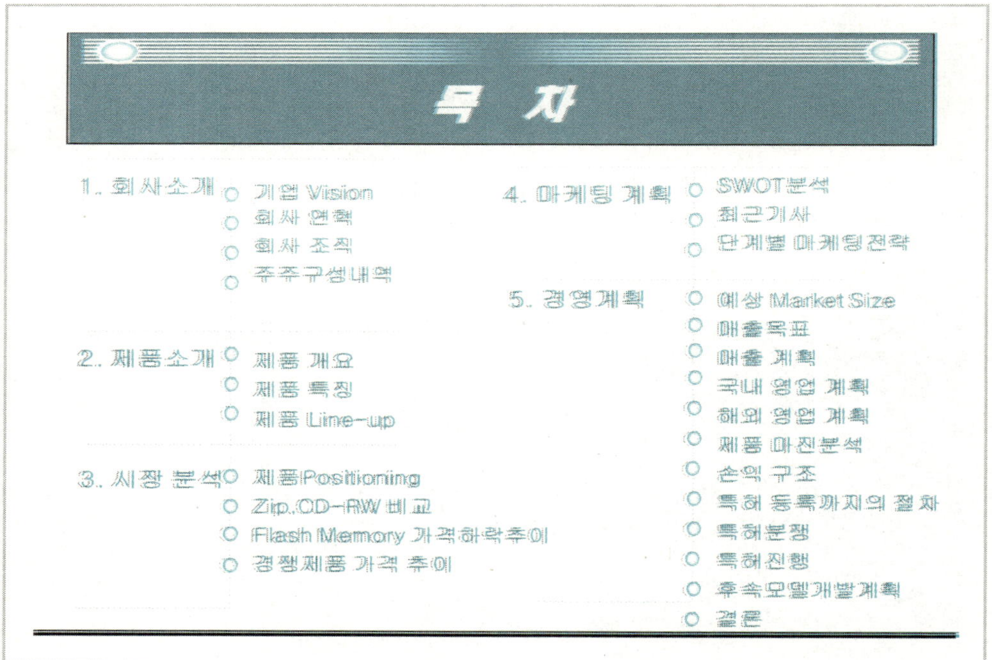

② 바이오분야 사례

바이오분야 산업의 목차는 대략 다음과 같이 작성되며, IT제조와 차이점이 크지는 않으나 타깃시장이 기존제품과의 경쟁보다는 신제품, 신약 등 자체경쟁력에 의한 사업으로 연구과제나 지적재산권, 시장에 대한 부분이 강조된다.

바이오분야 사례 1

I. 회사소개
- 1. 회사개요
- 2. 회사 경영진
- 3. 회사 주요연혁

II. 사업소개
- 1. 효소산업 개요
- 2. 핵심경쟁력
- 3. 주요사업분야
- 4. 중점 추진분야
- 5. 기술.지적재산권 보유현황

III. 중장기 성장전략

VI. 재무현황

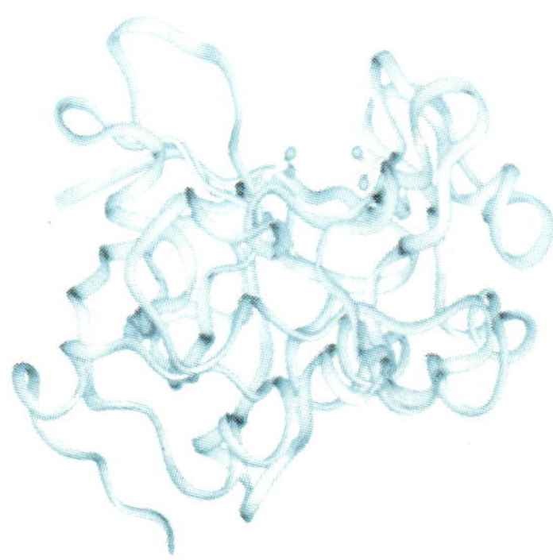

바이오분야 사례 2

Contents

I Company Overview

1. 회사 개요
2. 설립 구조
3. 지분 구조
4. 지적재산권
5. 공동운영•연구진, 경영진
6. 운영체계

II Business Overview

1. 주요 사업방향
2. 바이오 신약
3. 건강기능식품
4. 의료기기

III Business Plan

1. 현 매출구조
2. 마케팅 계획
3. 매출 계획
4. 추정 손익계산서

바이오분야 사례 3

INDEX

Chapter 1. Company Overview

1. 회사개요
2. 회사연혁
3. 주주현황
4. 조직현황
5. 임원 및 직원현황
6. 재무현황
7. 지적재산권 현황
8. 인증·수상 현황

Chapter 2. Business Overview

1. 사업개요
2. 산업현황
3. 경쟁현황
4. 제품현황
5. 매출현황
6. R&D현황
7. 연구과제수행현황

Chapter 3. Business Plan

1. 매출계획
2. R&D계획
3. IPO계획
4. 추정 손익계산서

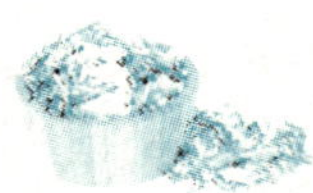

③ 콘텐츠분야 사례

콘텐츠분야(게임) 산업의 목차는 대략 다음과 같이 작성되며, 일반적인 회사개요, 사업개요 등은 타 사업분야와 차이점이 크지 않으나 시장접근방법, 유통구조, 수익구조, 자금조달방안 등은 고유한 영역을 갖고 있어 이 부분이 강조된다.

콘텐츠분야 사례

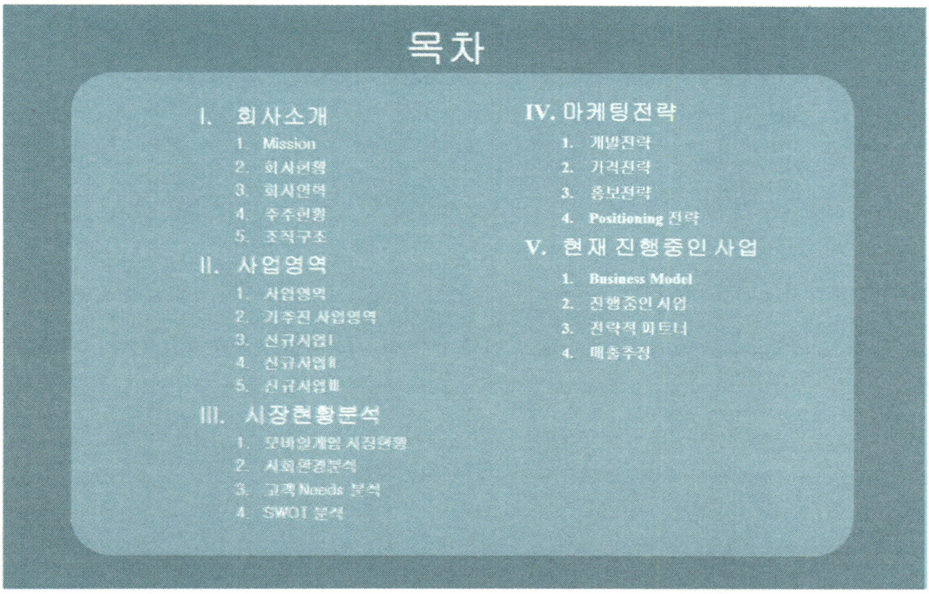

○ 사업계획서의 구성내용 사례

① IT제조분야 사례

다음 사업계획서는 IT제조분야로서 전체 내용의 일부를 발췌한 것으로 사업방향을 제시한 후 타깃시장의 규모 및 현황, 영업현황, SWOT분석, 추정 매출, 추정 재무제표, 투자계획 등의 순서로 작성되었다.

도표와 그림을 적당히 활용하고 글자체와 컬러를 이용하여 해당 회사의 매력포인트를 강조하였으며, 전반적인 사업계획의 흐름을 논리 있고 객관성 있게 설명하고 있으므로 참고하기 바란다(맨 먼저 목차부터 예시하였으므로 목차와 연계하여 관련번호를 확인하기 바란다).

IT제조분야 사례 1

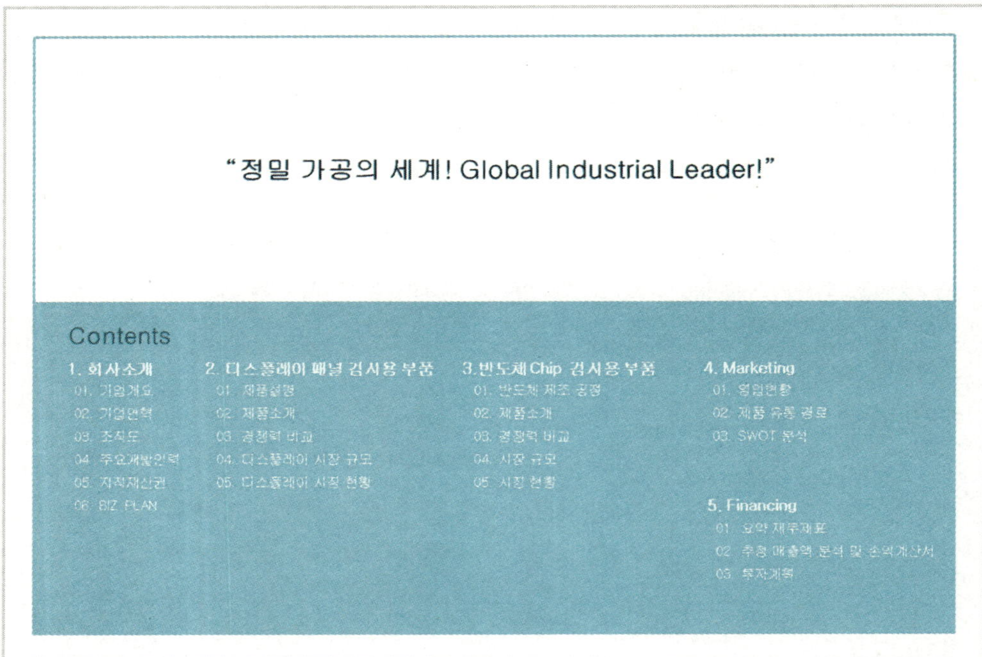

IT제조분야 사례 2

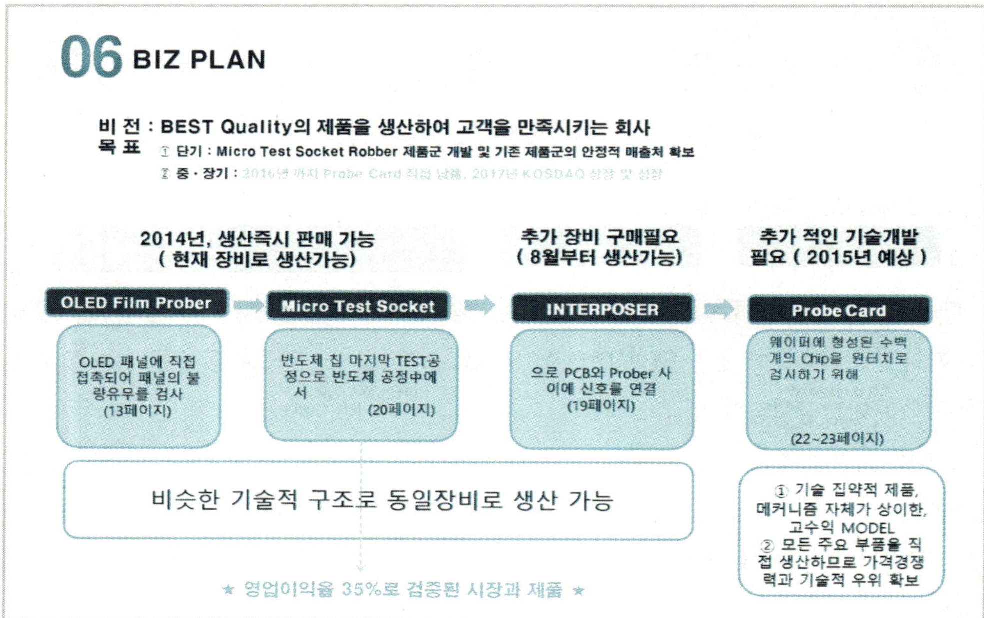

IT제조분야 사례 3

04 디스플레이 시장 규모

디스플레이 패널 검사용 부품

LCD 시장은 2013년을 기점으로 하락추세로 전환,
OLED 시장은 2009년을 기점으로 매년 급성장 (NST의 Target Market)

세계 디스플레이 패널 시장 규모

(단위 : 백만달러, %)

기술	크기	2009	2010	2011	2012	2013	비중	YOY
LCD	대형	65,127	85,905	75,517	86,058	80,425	61.8	- 6.5
	중소형	19,340	21,702	25,162	27,630	34,009	26.1	23.1
	소계	84,468	107,607	100,680	113,688	114,433	87.9	0.7
PDP		4,420	4,896	4,350	3,522	2,447	1.9	- 30.5
[illegible]		[illegible]	[illegible]	[illegible]	[illegible]	[illegible]	[illegible]	[illegible]
기타		803	1,137	2,106	1,144	820	0.6	- 28.3
합계		90,416	115,210	111,008	125,534	130,214	100.0	3.7

자료 : DisplaySearch, KDIA' 13.4Q

세계 디스플레이 패널 시장 국가별 시장 점유율

(단위 : 금액기준, %)

구분	2005	2006	2007	2008	2009	2010
한국	[illegible]	[illegible]	[illegible]	[illegible]	[illegible]	[illegible]
일본	27.3	23.8	20.8	21.5	17.9	18.1
대만	29.8	32.1	34.1	34.8	33	32.5
중국	0.7	3	3.6	2.9	2.7	2.7

자료 : DisplaySearch 2011' ,Displaybank 2011'

2013년 [illegible]으로 인하여 전년 대비 3.7% 성장한 Display 패널 시장은 현재 국내 업체가 세계 시장 점유율 1위이다. 하지만, [illegible]으로 핵심 부품에 대한 연구 및 다양한 방법을 찾고 있다.

IT제조분야 사례 4

05 디스플레이 시장 현황

디스플레이 패널 검사용 부품

- 기존 LCD용 Probe가 시장의 대부분을 차지하였고, OLED 패널시장이 작아 수작업에 의존하였음
- 국내의 Display Probe Unit은 MEMS Type과 Blade Type이 주종
- 최근 OLED시장의 급격한 성장으로 대량의 Probe가 필요하게 되었고, 새로운 Type인 COF Film으로 교체
- [illegible]

Type	Blade Tyep(1G)	MEMS Type(2G)	COF Film Type(3G)
구조	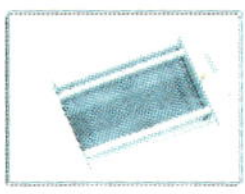	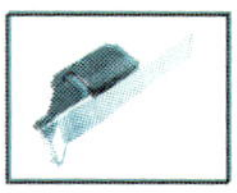	
가격	15만원 이상	5만원	5만원
내구성	100,000회	40,000회	100,000회
제품 불량률	높음 (수작업)	낮음 (MEMS)	낮음 (MEMS)
사용처	LCD	LCD	LCD, OLED
신뢰성	안정	안정	안정
설비비	주로 높은 인건비(수작업)	MEMS로 초기 공정투자 많음	MEMS로 초기 공정투자 많음
Note	공정과 높은 인건비(수작업)으로 단가가 높지만 디스플레이 사업장의 클린시설이 낮은 곳에서 주로 사용	LCD 패널의 클린시설이 높은 곳에서 사용	[illegible]되며, 클린시설이 높은 곳에서 사용

[illegible]

IT제조분야 사례 5

01 영업현황

MARKETING

1. LCD Contactor : , S**, K** 등에 영업 확대 中
2. OLED Contactor : E사(삼성에 납품업체) 5월 TEST 완료 / C사(LG전자 테스트 요청 中) 5월 TEST 완료
3. MTSR, Interposer : M사(삼성에 납품업체) 6월 TEST / Q사(중국 납품업체) 7월 TEST
4. Probe Card : C사와 공동으로 개발 중(프로브 카드용 Probe Pin 선 발주) 12월 TEST

적용 분야	제품명	용 도	개발현황	예상 거래업체	국내시장규모 전체시장규모	시장전망	시장 매출 목표	경쟁업체
디스플레이 패널 검사	LCD Contactor (Prober)	LCD 패널의 불량유무 검사	100% 영업 확대 중	-	160억 650억	정체 (2018년 고점)		-
		OLED 패널의 불량유무 검사	90%		300억 600억	평균 30% 성장 (2020년 고점)		-
반도체 칩(Chip) 검사		칩(Chip) 상태의 반도체 소자를 검사	70%		250억 900억	5% 성장		-
		Probe card의 핵심 부품	70%		450억 2,000억	6~8% 성장		
	Probe Card	Wafer 상태의 반도체 IC를 검사	20% 12월 샘플 적용 2015년 양산	-	5,000억 1조5천억	5~8% 성장		-

OLED Probe 및 반도체 Chip 검사용 부품의 생산에는 별도의 추가 설비가 필요

IT제조분야 사례 6

03 SWOT 분석

MARKETING

- 산업의 특성상 제조기술 및 생산에 필요한 고가의 설비로 진입장벽이 매우 높으며, 당사는 제조기술 및 생산에 필요한 설비 확보
- 반도체 및 디스플레이 시장은 경쟁체제로 끊임없는 연구 개발 中
- 검사장비에 사용되는 부품의 에 충족하는 제품 개발

Strengths(강점)

기술력 확보(인력, 특허 및 출원 등)
생산에 필요한 설비 확보
높은 기술력과 생산 설비비로 진입장벽이 높음
낮은 제조 원가율
Test 소모품으로 지속적 매출 가능
자금 회전율 높음

Weaknesses(위기)

취약한 자본
숙련된 기술인력의 확보 어려움
제품의 신뢰성 부족
미약한 고정 매출처
개발 실패에 따른 리스크

Threats(위협)

신규업체의 시장 진입 시 단가 조정 필요
저가격에 높은 품질 요구
기존 업체의 시장 선점

Opportunities(기회)

A사의 독점체제로 수요업체의 신규 거래선 요구
경쟁업체가 적음
OLED 시장의 급격한 성장
중국, 대만시장의 확대가 용이
테스트 장비업체들과의 공동 개발

IT제조분야 사례 7

01 재무제표

FINANCING

손익계산서

(단위 : 백만원)

	2011년	비율	2012년	비율	2013년	비율
매출액		100.0%		100.0%		100.0%
매출원가		82.4%		96.6%		80.0%
매출총이익		**17.6%**		**3.4%**		**20.0%**
판관비		11.9%		2.0%		11.4%
영업이익		5.6%		1.4%		8.6%
영업외수익		5.4%		0.9%		0.2%
영업외비용		1.0%		1.0%		4.5%
법인세차감전이익		10.1%		1.2%		4.3%
법인세		0.0%		0.3%		0.0%
당기순이익		**10.1%**		**1.0%**		**3.8%**

태양광 관련 부품	63%
Blade LCD 검사부품	37%
LCD 터치 필름 가공	88%
MEMS Probe	12%
MEMS Probe	26%
상품매출(기타)	74%

재무상태표

(단위 : 백만원)

	2011년	2012년	2013년
[유동자산]			
당좌자산			
재고자산			
[비유동자산]			
투자자산			
유형자산			
무형자산			
기타자산			
[자산총계]			
[유동부채]			
[비유동부채]			
[부채총계]			
자본금			
이익잉여금			
[자본총계]			

IT제조분야 사례 8

02 추정 매출액 분석 및 손익계산서

FINANCING

추정 매출액 분석

(단위 : 백만원)

	제품명	납품처	2014	2015	2016	2017	2018
Film Process (MEMS)	LCD Film Prober	-	1,200	2,000	2,000	2,000	2,000
	OLED Film Prober	-	8,000	20,000	24,000	30,000	30,000
	MTS	-	2,000	4,000	10,000	13,000	13,000
	Interposer	-	1,500	5,000	10,000	15,000	20,000
	Probe Card	-		2,000	4,000	10,000	20,000
	기 타	공정서비스, Clean System 등	4,000	2,000	1,000	1,000	1,000

추정 손익계산서

(단위 : 백만원)

	2014년	비율	2015년	비율	2016년	비율	2017년	비율	2018년	비율
매출액	12,700	100.0%	35,000	100.0%	51,000	100.0%	71,000	100.0%	86,000	100.0%
매출원가	8,680	68.3%	14,600	41.7%	20,900	41.0%	28,900	40.7%	34,900	40.6%
매출총이익	4,020	31.7%	20,400	58.3%	30,100	59.0%	42,100	59.3%	51,100	59.4%
판관비	2,540	20.0%	7,000	20.0%	10,200	20.0%	14,200	20.0%	17,200	20.0%
영업이익	1,480	11.7%	13,400	38.3%	19,900	39.0%	27,900	39.3%	33,900	39.4%
영업외수익		0.0%		0.0%		0.0%		0.0%		0.0%
영업외비용		0.0%	1,000	2.9%	2,000	3.9%	3,000	4.2%		0.0%
법인세차감전이익	1,480	11.7%	12,400	35.4%	17,900	35.1%	24,900	35.1%	33,900	39.4%
법인세	148	1.2%	1,240	3.5%	1,790	3.5%	2,490	3.5%	3,390	3.9%
당기순이익										

✧ 제품 제조원가 40% 가정 / 기타 원가 90%로 가정한 수치 ✧ 영업외비용은 차입금 상환일정에 따라 조정 가능한 수치

IT제조분야 사례 9

03 투자 계획

FINANCING

1. 소요 자금

구분		용도	금액(백만원)	생산제품
시설 자금	Automatic Placement System	Micro Pin Array		
	3D Measurement System	Pin Array 측정		
	Lapping/Polishing System	Micro Pin 높이 조절		
	Force Measurement System	Pin & Rubber 강도 측정		
	Micro Scope Multi-side View	Micro Pin Array		
	Clean Bake Oven	Rubber 경화		
	Flip Chip Bonder	Crown tip array		
	Sputter	Seed layer 증착		
	Wet station KOH	Si 식각(Crown tip 제조)		
소 계			1,600	
운전자금	재료비	원 부자재 및 재료구입		3개월 분
	인건비	신규 및 개발인력		3개월 분(10명)
	개발비	Probe Card 개발		기존장비 인력 활용
소 계			900	
총 합 계			2,500	

※ Probe Card 생산에 필요한 설비는 위 설비에서 추가 10억 정도 예상

IT제조분야 사례 10

03 투자 계획

FINANCING

2. 일정

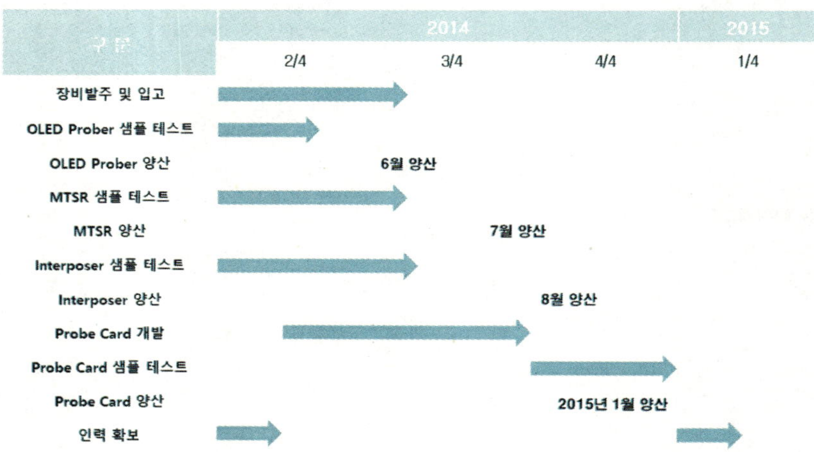

② 바이오분야 사례

다음은 바이오분야 사업계획서의 매출추정에 대한 사항으로서 로드맵, 마케팅계획, 매출계획 및 진행상황, 3개년 추정분을 순서에 따라 작성한 양식으로 참고하기 바란다.

바이오분야 사례 1

1. 매출계획 Chapter 3_ Business Plan

1. 5개년 로드맵

(단위: 천원)

	제품매출 (위탁)	개별인정형 건강기능성 식품원료 (위탁)	천연물신약 (로열티&마일스톤)	연구용역	총계
2011년					
2012년					
2013년					
2014년					
2015년					
2016년					

바이오분야 사례 2

1. 매출계획 Chapter 3_ Business Plan

2. 마케팅 계획

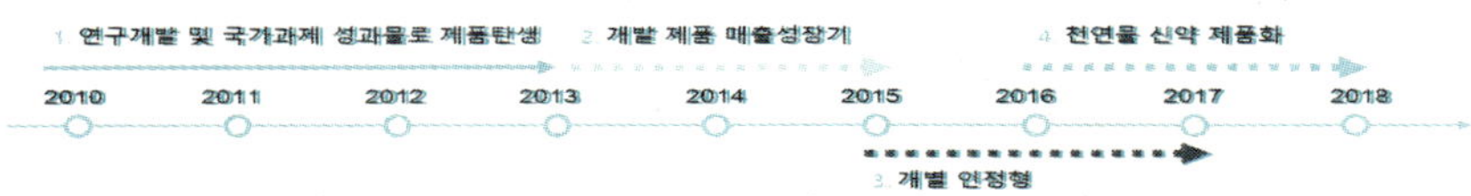

(단위: 천원)

구분	위탁 판매사	2014년 상반기	2014년 하반기	2014년 총계	2014년 판매 전략
국내	홈쇼핑				
	통신판매				
	온라인				
	오프라인				
	기타				
	국내 합계				
해외	해외수출				
총계					

바이오분야 사례 3

1. 매출계획 Chapter 3_ Business Plan

3. 2014년 매출 계획

(단위: 천원)

구분	매출처	제품명	1Q (확정)	2Q	3Q	4Q	연간 합계
홈쇼핑							
	소계						
통신판매							
온라인	소계						
오프라인							
	소계						
기타							
국내 총계							
수출							
해외 총계	소계						
반품							
총 계							

바이오분야 사례 4

1. 매출계획 Chapter 3_ Business Plan

4. 3개년 예상매출액

(단위: 천원)

구분	제품명	2013	2014(E)	2015(E)	2016(E)
신약	A		선급기술료	기술이전료	매출로열티
	B			선급기술료	기술이전료
	C	공동연구 개발비	선급기술료		기술이전료
	D				선급기술료
	E				선급기술료
의약외품	Z		선급기술료	기술이전료	매출로열티
소계					
개별인정형 건강기능 식품 원료	A1			원료 매출	원료 매출
	B1			원료 매출	원료 매출
	C1				원료 매출
	D1				원료 매출
	E1				원료 매출
	F1				원료 매출
소계					
제품매출	소계				
연구용역	소계				
총계					

③ 콘텐츠분야 사례

다음과 같은 콘텐츠(게임)분야의 시장분석과 매출추정자료도 참고하기 바란다.

콘텐츠분야 사례 1

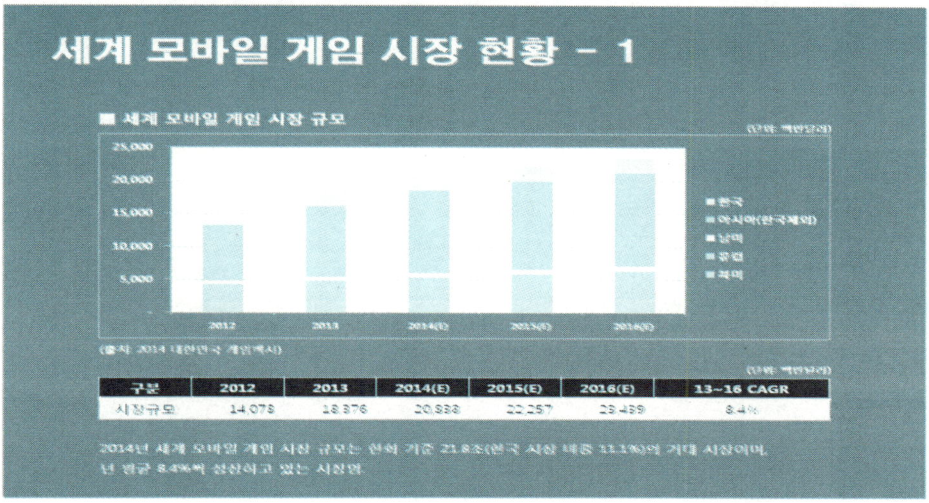

구분	2012	2013	2014(E)	2015(E)	2016(E)	13~16 CAGR
시장규모	14,078	18,376	20,838	22,257	23,439	8.4%

콘텐츠분야 사례 2

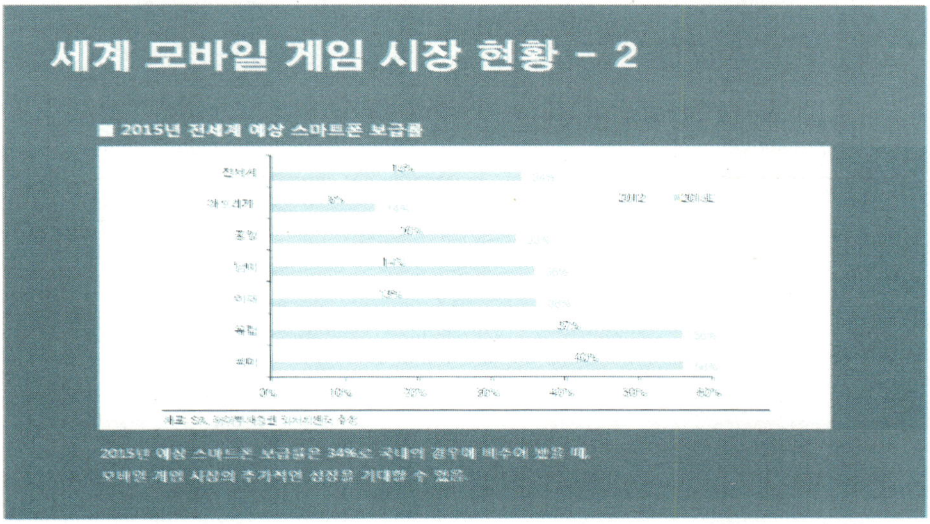

콘텐츠분야 사례 3

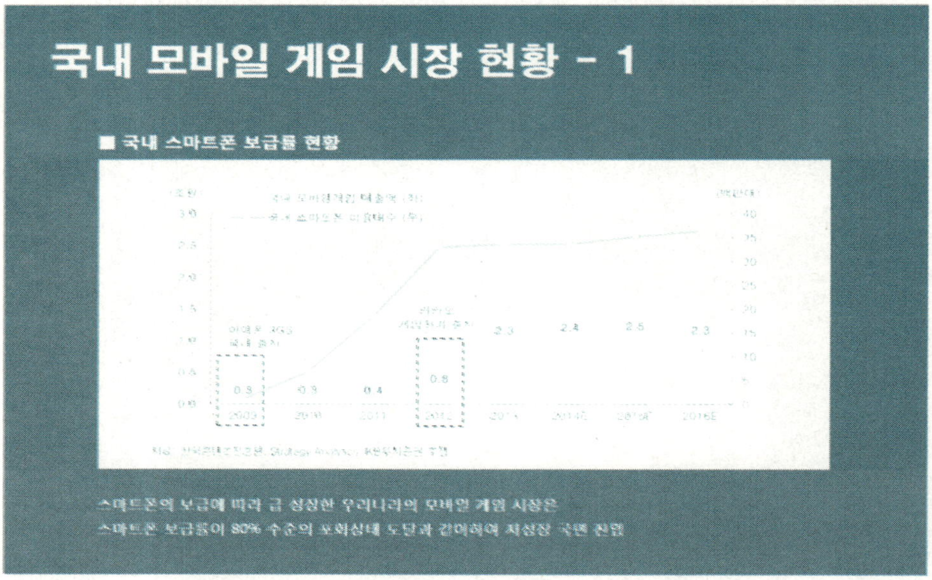

콘텐츠분야 사례 4

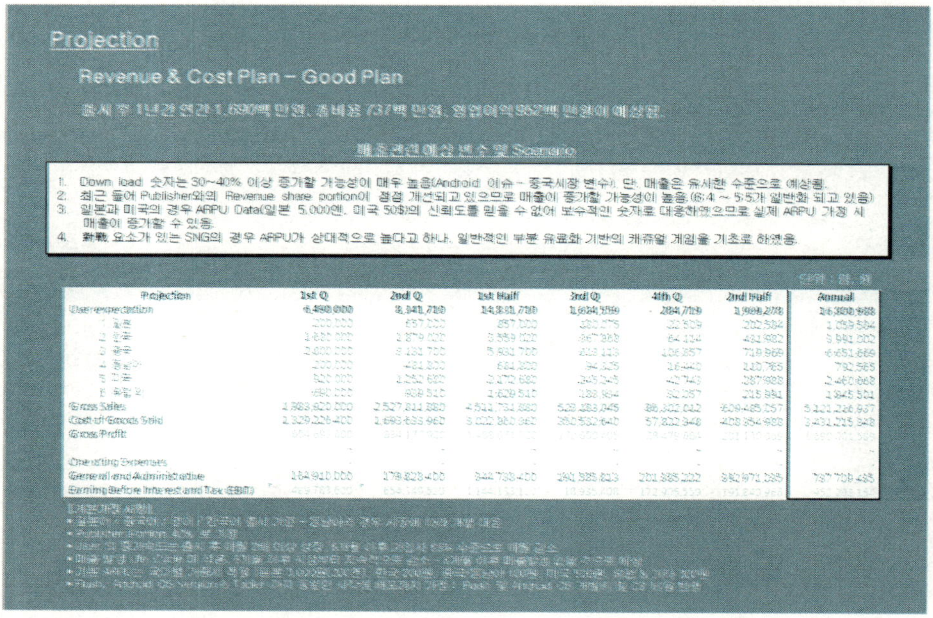

제2장

금융시스템

1. 금융시장
2. 금융기관
3. 금융상품

1. 금융시장

금융시장(Financial Market)은 자금이 융통되는 시장을 말한다. 이곳에서는 자금의 공급자와 자금의 수요자 간에 금융거래가 조직적으로 이루어지는데, 특정한 지역이나 건물과 같은 구체적 공간과 자금의 수요와 공급이 유기적으로 이루어지는 추상적인 공간을 포괄한다. 쉽게 말하자면, 금융시장은 기업, 가계, 정부, 금융기관 등 경제주체가 금융상품을 거래하여 필요한 자금을 조달하고 여유자금을 운용하는 장소를 말한다고 할 수 있다.

가. 금융시장의 역할

□ 국민경제의 생산성 향상

금융시장은 자금잉여 부문의 경제주체가 여유자금을 운용할 수 있는 수단(금융자산)을 제공하고 흡수한 자금을 투자수익성이 높은 자금수요 부문에 이전시킴으로써 국민경제의 생산력을 향상시킨다.

□ 위험분산기능

금융시장은 다양한 금융상품을 제공함으로써 투자자가 분산투자를 통해 투자위험을 줄일 수 있도록 해준다. 다양한 금융상품을 통해서 금융거래가 활성화되면 적절한 가격을 바탕으로 경제주체는 위험을 분산할 수 있다. 또한 파생금융상품과 같은 위험헤지수단을 제공하여 투자자가 투자위험을 위험선호도가 높은 다른 시장참가자에게 전가할 수 있도록 해준다.

□ 유동성의 제공

유동성은 금융자산의 환금성을 의미한다. 투자자는 환금성이 떨어지는 금융자산을 매입할 경우에는 이 자산을 현금으로 전환하는 데 따른 손실을 예상하여 일정한 보상, 즉 유동성 프리미엄을 요구하게 된다. 금융시장이 발달하면 금융자산의 환금성이 높아지고 유동성 프리미엄이 낮아짐으로써 자금수요자의 차입비용이 줄어들게 된다.

□ 정보수집을 위한 시간과 비용의 감소

투자자가 여유자금을 운용하기 위해 차입자의 채무상환능력 등에 관한 정보를 직접 취득하려 한다면 비용과 시간이 많이 들 뿐 아니라 정보수집 자체가 불가능할 수도 있다. 그러나 금융시장이 존재할 경우 차입자의 신용에 관한 정보가 차입자가 발행한 주식의 가격이나 회사채의 금리 등에 반영되어 유통되므로 투자자가 투자정보를 취득하는 데 필요한 시간과 비용을 절감할 수 있다.

□ 시장규율기능

시장규율이란 차입자의 건전성을 제고하기 위해 시장참가자가 당해 차입자가 발행한 주식 또는 채권가격 등의 시장신호를 활용하여 감시기능을 수행하는 것을 말한다. 예를 들어, 어떤 회사의 경제행위가 부정적으로 시장에 인식된다면, 그 회사의 주식이나 회사채의 가격이 하락하게 될 것이고 이는 높은 자본조달비용으로 이어질 것이기 때문에 회사의 경제행위에는 제동이 걸릴 수 있다.

□ 기타 기능

금융시장은 각종 경제활동의 거래결과를 완결해 주는 기능인 청산 및 지급결제기능을 수행하며, 정책당국이 금융 · 경제정책을 수행하는 중요한 경로가 되기도 한다.

나. 금융시장의 유형

□ 공금융시장과 사금융시장

공금융시장은 법률에 의해 권리와 의무가 명확히 규정된 제도권의 금융시장이나 금융기관을 통해 이루어지는 자금거래를 말한다. 사금융시장은 정부로부터 인허가를 받은 금융기관이 아닌 자금공급자와 수요자가 직접 자금을 거래하는 것을 갈한다. 공금융의 대표적인 기관으로는 은행을 들 수 있으며, 사금융의 대표적인 예는 사채를 들 수 있다. 공금융기관은 다시 제1금융권, 제2금융권으로 구분하기도 하는데, 제1금융권은 은행을 말하며, 제2금융권은 증권회사와 보험회사를 말한다.

□ 도매금융시장과 소매금융시장

도매금융시장에서는 법인 또는 기관을 상대로 예금 및 대출업무, 증권관련업무, 종합금융업무, 파생금융업무 등이 이루어지며, 소매금융시장에서는 개인 및 개인사업자를 대상으로 예금 및 대출업무, 주택대출, 각종 카드관련업무 등이 이루어진다.

□ 발행시장과 유통시장

주식이나 채권과 같은 금융상품이 새롭게 발행되는 시장이 발행시장이고, 발행된 금융상품이 유통되는 시장을 유통시장이라 한다. 자금을 필요로 하는 기관이 직접 주식이나 채권을 발행하는 경우는 직접발행이라 하고, 인수기관을 통하여 주식이나 채권을 발행하는 경우는 간접발행이라 한다.

□ 자금시장과 자본시장

자금을 빌려주고 빌려오는 기간에 따라 자금시장과 자본시장으로 구분되는데, 만기 1년 이내의 자금이 거래되는 시장을 자금시장(또는 단기금융시장)이라 하고, 만기 1년 이상의 자금이 거래되는 시장을 자본시장(또는 장기금융시장)이라 한다.

| 표 2-1 | 우리나라의 주요 금융시장

<table>
<tr><td rowspan="5">금융시장</td><td>간접금융시장</td><td colspan="2">예대시장, 펀드시장, 보험시장 등</td></tr>
<tr><td rowspan="4">직접금융시장</td><td>자금시장</td><td>콜시장, CD시장, CP시장 등</td></tr>
<tr><td>자본시장</td><td>주식시장, 채권시장 등</td></tr>
<tr><td>외환시장</td><td>–</td></tr>
<tr><td>파생금융상품시장</td><td>선물, 옵션, 스왑 등</td></tr>
</table>

다. 자본시장과 파생금융상품시장

□ 자본시장

자본시장은 기업의 설비자금, 정부 및 지방자치단체의 사업자금 등 장기자금이 조달되는 시장이다. 넓은 의미에서는 장기대출시장을 포함하지만, 좁은 의미에서는 주식이나 채권과 같은 증권이 발행되고 유통되는 시장을 의미한다. 우리나라에서 자본시장에 속하는 시장으로 주식시장, 채권시장, 통화안정증권시장, 자산유동화증권시장을 들 수 있다.

○ 주식시장

주식시장은 주주권을 표시하는 유가증권인 주식이 거래되는 시장으로서 기업에는 회사채시장과 더불어 장기자금조달시장의 역할을 수행하고 투자자에게는 자금운용시장으로서의 기능을 수행한다. 또한 주식시장은 기업이 자기자본을 조달하는 시장으로서 타인자본 의존도를 낮추어 기업의 재무안정성을 높이는 역할도 수행한다.

주식시장은 기업공개 및 유상증자 등을 통해 주식이 새롭게 공급되는 발행시장과 이미 발행된 주식이 투자자 간에 거래되는 유통시장으로 나누어진다. 유통시장은 유가증권시장(KOSPI), 코스닥시장, 프리보드시장, 그리고 프리보드시장이 활성화되지 못하여 2013년 7월 개설된 코넥스(KONEX)시장이 있다.

○ 채권시장

채권은 일반적으로 정부, 공공기관, 민간기업 등이 비교적 장기로 불특정 다수로부터 거액의 자금을 조달하기 위하여 정해진 이자와 원금의 지급을 약속하면서 발행하는 증권을 말한다. 그러나 만기가 되기 전에 보유채권을 매각할 경우 주식과 같이 가격변동에 따른 자본이득 또는 손실이 발생한다. 또한 채권만기에 채권발행자가 원리금을 갚지 않는 경우 채무불이행위험이 발생한다.

채권을 발행하는 주체나 한도는 법에 의해서 정해진다. 국채는 국회의 동의를 얻어야 하고, 회사채는 금융위원회에 증권신고서를 제출하여 관련절차에 따라 발행하며, 통화안정증권은 금융통화위원회가 정하는 한도 이내에서 발행된다. 이렇게 발행된 채권은 유통시장에서 자유롭게 거래된다.

채권은 발행주체에 따라서 정부가 발행하는 국채, 지방자치단체가 발행하는 지방채, 「상법」상 주식회사가 발행하는 회사채, 금융기관(은행, 증권회사, 리스회사 등)이 발행하는 금융채, 법률에 의해 직접 설립된 법인(한국전력공사, 예금보험공사 등)이 발행하는 특수채로 구분된다. 통상적으로 국채, 지방채, 특수채를 국공채라고 부른다.

□ 파생금융상품시장

파생금융상품은 그 가치가 통화, 채권, 주식 등 기초금융자산의 가치변동에 의해 결정되는 금융계약으로 계약 형태에 따라 크게 선도계약, 선물, 옵션, 스왑 등으로 구분된다.

○ 선도계약

선도계약(Forward Contracts)은 기초자산을 미래의 특정 시점에 특정한 가격으로 사고팔기로 약정하는 계약을 말하는데, 주로 장외시장에서 거래당사자 간에 직접 거래되거나 딜러나 브로커를 통해 거래가 이루어진다.

○ 선물

선물(Futures)은 기초자산을 미래의 특정 시점에 특정한 가격으로 사고팔기로 약정하는 계약이라는 점에서는 선도계약과 동일하나, 해당 거래가 정형화되고 표준화된 거래소를 통해서 이루어진다는 점이 다르다.

○ 옵션

옵션(Options)은 기초자산을 미래 특정 시점 또는 특정 기간 동안 정해진 행사가격으로 매입(Call)하거나 매도(Put)할 수 있는 권리를 사고파는 계약으로, 기초자산의 변화에 따른 비대칭적 손익구조를 갖는다. 옵션은 기초자산에 따라 주가지수옵션, 외환옵션, 금리옵션 등이 있다.

○ 스왑

스왑(Swaps)은 두 개의 금융자산이나 금융부채에서 파생되는 미래의 현금흐름을 서로 교환하기로 약정한 계약으로, 서로 다른 통화표시 채무의 원리금 상환을 교환하기로 약정하는 통화스왑과 변동금리채무와 고정금리채무 간의 이자지급을 교환하기로 약정하는 금리스왑 등으로 구분된다.

2. 금융기관

가. 금융기관의 역할

금융기관은 자금의 수요자와 공급자에게 각종 금융서비스를 제공하는 기관을 말한다. 기본적으로 자금의 여유가 있는 경제주체로부터 자금을 모아서 자금을 필요로 하는 경제주체로 자금을 이전하고 배분하는 기능을 수행한다.

만약 금융기관이 존재하지 않는다면 자금의 수요자과 공급자는 막대한 거래비용을 부담해야 하지만, 금융기관이 존재한다면 이 거래비용을 금융기관만 지불하면 되기 때문에 거래비용이 크게 줄어들게 된다.

금융기관은 거래비용의 절감뿐 아니라 만기 및 금액의 변환, 위험의 분산, 지급결제수단의 제공 등을 통해서 금융시장에서 경제주체가 원활하게 금융거래를 할 수 있도록 해준다.

나. 금융기관의 종류

금융기관은 금융시장에서 저축자와 차입자 사이에서 저축과 투자를 연결해 주는 기능을 수행하며 보통 은행, 비은행예금취급기관, 보험회사, 금융투자업자, 기타금융기관의 5개 그룹으로 구분한다. 2011년 말 우리나라의 금융기관현황을 살펴보면 [표 2-2]와 같다.

은행은 일반은행과 특수은행으로 구분된다. 일반은행은 시중은행, 지방은행, 외국은행 국내지점으로 분류되고, 특수은행에는 한국산업은행, 한국수출입은행, 중소기업은행, 농업협동조합중앙회, 수산업협동조합중앙회가 있다.

은행이 아니면서도 예금을 취급할 수 있는 기관을 비은행예금취급기관이라 한다. 비은행예금취급기관에는 종합금융회사, 상호저축은행, 신용협동기구와 우체국예금이 있으며, 신용협동기구는 신용협동조합, 새마을금고, 상호금융으로 구분된다.

보험회사는 보험상품을 판매하는 금융기관으로, 생명보험회사, 손해보험회사, 우체국보험, 공제기관, 수출보험공사가 있다. 손해보험회사는 손해보험회사, 재보험회사, 보증보험회사로 구성되고, 공제기관에는 농협공제, 수협공제, 신협공제, 새마을공제가 포함된다.

금융투자업자는 투자매매중개업자, 집합투자업자, 투자일임자문업자, 신탁업자로 구분되고, 투자매매중개업자에는 증권회사와 선물회사가 포함된다.

기타금융기관은 크게 금융지주회사, 여신전문금융회사, 벤처캐피탈회사, 대부업자, 증권금융회사, 한국무역보험공사, 한국주택금융공사, 한국자산관리공사, 한국투자공사, 한국정책금융공사로 구성되며, 이 가운데 여신전문금융회사에는 리스회사, 신용카드회사, 할부금융회사, 신기술사업금융회사가 속해 있으며, 벤처캐피탈회사에는 중소기업창업투자회사가 속해 있다.

금융보조기관으로는 금융감독원과 더불어 예금보험공사, 금융결제원, 신용보증기관, 신용정보회사, 한국예탁결제원, 자금중개회사, 한국거래소가 속해 있으며, 신용보증기관으로는 신용보증기금과 기술신용보증기금이 있다.

| 표 2-2 | 우리나라의 금융기관(2011년 12월 말 기준)

(단위: 개)

<table>
<tr><td rowspan="2">금융지주</td><td>은행지주</td><td></td><td>9</td><td></td></tr>
<tr><td>비은행지주</td><td></td><td>3</td><td>중간지주회사 포함</td></tr>
<tr><td rowspan="8">은행</td><td rowspan="3">일반은행</td><td>시중은행</td><td>7</td><td></td></tr>
<tr><td>지방은행</td><td>6</td><td></td></tr>
<tr><td>외국은행 국내지점</td><td>38</td><td>지점 기준 53</td></tr>
<tr><td rowspan="5">특수은행</td><td>한국산업은행</td><td>1</td><td></td></tr>
<tr><td>한국수출입은행</td><td>1</td><td></td></tr>
<tr><td>중소기업은행</td><td>1</td><td></td></tr>
<tr><td>농업협동조합중앙회</td><td>1</td><td></td></tr>
<tr><td>수산업협동조합중앙회</td><td>1</td><td></td></tr>
<tr><td rowspan="6">비은행예금
취급기관</td><td>종합금융회사</td><td></td><td>1</td><td>금호</td></tr>
<tr><td>상호저축은행</td><td></td><td>106</td><td></td></tr>
<tr><td rowspan="3">신용협동기구</td><td>신용협동조합</td><td>957</td><td></td></tr>
<tr><td>새마을금고</td><td>1,463</td><td></td></tr>
<tr><td>상호금융</td><td>1,389</td><td></td></tr>
<tr><td>우체국예금</td><td></td><td>1</td><td></td></tr>
</table>

<table>
<tr><td rowspan="7">보험회사</td><td>생명보험회사</td><td></td><td>23</td><td>외국사 9 포함</td></tr>
<tr><td rowspan="3">손해보험회사</td><td>손해보험회사</td><td>20</td><td>외국사 지점 6 포함</td></tr>
<tr><td>재보험회사</td><td>9</td><td>외국사 지점 8 포함</td></tr>
<tr><td>보증보험회사</td><td>1</td><td></td></tr>
<tr><td>우체국보험</td><td></td><td>1</td><td></td></tr>
<tr><td>공제기관</td><td></td><td>4</td><td>농협공제, 수협공제,
신협공제, 새마을공제</td></tr>
<tr><td>수출보험공사</td><td></td><td>1</td><td></td></tr>
<tr><td rowspan="5">금융투자회사</td><td rowspan="2">투자매매중개업자</td><td>증권회사</td><td rowspan="2">62</td><td rowspan="2">외국사 지점 12 포함</td></tr>
<tr><td>선물회사</td></tr>
<tr><td>집합투자업자</td><td></td><td>81</td><td></td></tr>
<tr><td>투자일임자문업자</td><td></td><td>153</td><td></td></tr>
<tr><td>신탁업자</td><td>은행/증권/보험/부동산신탁</td><td>57</td><td>20/21/5/11</td></tr>
<tr><td rowspan="5">기타금융기관</td><td rowspan="2">금융지주회사</td><td>은행지주</td><td>9</td><td>지방은행지주 포함</td></tr>
<tr><td>비은행지주</td><td>3</td><td>중간지주회사 포함</td></tr>
<tr><td>여신전문금융회사</td><td>리스회사
신용카드회사
할부금융회사
신기술사업금융회사</td><td>64</td><td>27/7/18/12</td></tr>
<tr><td>벤처캐피탈회사</td><td>중소기업창업투자회사</td><td>108</td><td></td></tr>
<tr><td colspan="4">증권금융회사(1), 한국무역보험공사(1), 한국주택금융공사(1),
한국자산관리공사(1), 한국투자공사(1), 한국정책금융공사(1)</td></tr>
<tr><td>금융보조기관</td><td colspan="4">금융감독원(1), 예금보험공사(1), 금융결제원(1), 신용보증기관(2),
신용정보회사(36), 한국예탁결제원(1), 자금중개회사(9), 한국거래소(1)</td></tr>
</table>

□ 은행 등 예금취급기관

○ 예금은행의 기본기능

예금은행의 기본기능은 크게 자금중개기능, 지급결제기능, 신용창조기능으로 나눌 수 있다. 자금중개기능은 예금자에게서 받은 예금을 예치하여 대출자에게 공급하는 것을 말하고, 지급결제기능은 지급결제시스템에 의해 금전거래관계를 종결하여 주는 기능을, 신용창조기능은 본원적 예금을 기초로 파생적 예금을 창조하는 것을 말한다.

○ 예금은행의 주요 업무

① 예금업무

- 요구불예금: 지급결제의 편의 또는 일시적 보관을 주된 목적으로 하는 예금으로 보통예금, 당좌예금 등이 있다.
- 저축성예금: 이자수입을 목적으로 하는 예금으로 정기예금, 정기적금, 저축예금, 기업자유예금, 근로자우대저축, 주택마련저축, 상호부금 등이 있다.
- 양도성예금증서(CD): 제3자에게 양도가 가능한 무기명 정기예금증서를 말한다.
- 외화예금: 외화로 예금하고 외화로 인출가능한 예금을 말한다.

② 대출업무

- 상업어음할인(무역어음할인 포함): 기업의 단기운전자금을 공급하는 대출 형태의 어음으로 은행이 만기 전에 할인 · 매입하고 그 대금을 어음할인 의뢰인에게 지급한다.
- 무역금융: 물품 · 용역 등의 수출을 촉진하기 위하여 수출업자, 수출용 원자재 및 완제품을 생산하는 업체가 수출상품을 제조 · 가공하는 데 필요한 자금을 지원하기 위한 대출을 말한다.
- 당좌대출: 은행과 당좌예금 또는 가계당좌예금 거래가 있는 자가 계약에 따라 일정한도 내에서 예금잔액을 초과하여 발행한 어음 또는 수표를 은행이 대신 지급하는 형식으로 이루어지는 대출을 말한다.
- 일반자금대출: 자금용도에 대한 특별한 제약이 없고 대출항목도 따로 정해지지 않은 대출을 총칭한다.
- 적금관계대출: 적금계약자에게 자금융통의 편의를 제공하기 위한 대출을 말한다.
- 외화대출: 물품의 수입 또는 기술도입의 대가 및 용역비 지급과 관련된 외화결제자금으로 해외직접투자자금, 한국수출입은행과의 협조융자금으로 제한된다.
- 주택관련대출: 주택을 경락받거나 구입하려는 사람, 공동주택에 대한 분양계약을 체결한 사람 또는 주택을 임차하려는 사람에게 필요한 자금을 대출해 주는 것을 말한다.
- 중소기업자금대출: 우수한 기술력과 사업성을 보유하여 성장가능성은 있으나 담보력이 부족한 중소 · 벤처기업의 창업촉진 등을 위해 도입된 대출을 말한다.
- 전자방식 외상매출채권담보대출: 금융기관이 사업자등록증을 교부받은 업체 간의 거래와 관련, 그 업체의 사업목적에 부합하는 경상적 영업활동으로 재화 및 용역을 판매

하는 업체에 대해 외상매출채권을 담보로 대출하는 것을 말한다.

③ 환업무

환(Bill of Exchange)이란 서로 멀리 떨어져 있는 개인 혹은 기업 간에 채권 · 채무관계가 있어 자금수수가 필요할 때 직접 현금을 보내지 않고 제3자에게 지급을 위탁하는 방법으로 결제가 이루어지는 것을 의미하는데, 은행은 자금수수를 중개함으로써 환업무를 수행한다.

은행은 환업무를 통해 수수료 수입을 얻을 뿐만 아니라 송금 또는 추심대금을 단기간 은행에 머물게 함으로써 운용자금의 확대효과를 누릴 수 있으며, 현금수수에 따른 위험배제, 시간과 경비의 절감을 통해 경제 내 자금유통의 원활화에도 크게 기여한다.

④ 지급보증업무

지급보증업무는 금융기관이 타인의 채무를 보증 또는 인수하는 것을 말하는데 환어음이나 약속어음에 대한 보증이나 신용장 개설의 형식을 취하기도 한다.

⑤ 유가증권투자업무 및 증권업무

예금자로부터 받거나 스스로 조달한 자금을 대출 이외의 유가증권에 투자하여 보유자산의 다양화와 수익성 제고를 도모하거나 국고채, 통화안정증권, 금융채, 지방채, 주식, 회사채 등에 투자할 수 있으나 유가증권은 시장가치가 수시로 변화하는 위험자산이므로 「은행법」에서는 은행경영의 건전성 확보를 위해 과도한 유가증권투자를 규제하고 있다.

⑥ 기타업무

은행은 외상구매와 관련된 업무뿐만 아니라 현금서비스 등을 제공하는 카드금융업무, 국고 및 국채(수납) 대리점업무, 골드뱅킹, 보험상품판매 등의 업무도 취급한다.

○ 비은행예금취급기관의 주요 업무

① 상호저축은행

일정행정구역 내에 소재하는 서민 및 소규모 기업에게 금융편의를 제공하도록 설립된 지역서민금융기관으로 신용부금, 예금 및 적금의 수입, 대출, 어음할인 등의 업무를 수행한다.

② 신용협동기구

현재 우리나라에는 신용협동조합, 새마을금고, 농 · 수협 단위조합이 있는데, 조합원에 대한 저축편의 제공과 대출을 통한 상호 간의 공동이익 추구를 목적으로 운영된다.

③ 우체국예금

우체국을 금융창고로 활용하는 국영금융으로 농어촌 주민 및 도시의 소액가계저축을 주 업무로 하고 있다.

④ 종합금융회사

지급결제업무, 보험업무, 가계대출업무 등을 제외한 대부분의 기업업무를 영위하였으나 외환위기 이후 퇴출, 합병, 지주회사 편입 등으로 금호종금 1개만 남아 있으며, 2013년 우리종금으로 변경되었다.

□ 금융투자회사

○ 금융투자업

금융투자회사는 증권, 파생상품 등 금융투자상품과 관련된 업무를 영위하는 기관으로 투자매매업, 투자중개업, 투자자문업, 투자일임업, 집합투자업, 신탁업을 포함한다.

○ 금융투자회사의 종류

- 투자매매업: 자신의 계산으로 행하는 금융투자상품의 매도 · 매수, 증권의 발행 · 인수 또는 그 청약 등의 영업을 행한다.
- 투자중개업: 타인의 계산으로 행하는 금융투자상품의 매도 · 매수, 증권의 발행 · 인수 또는 그 청약 등의 영업을 행한다.
- 투자자문업: 금융투자상품의 가치나 투자판단에 관련된 자문을 제공하는 것을 말한다.
- 투자일임업: 투자자로부터 금융투자상품에 대한 투자판단을 일임받아 투자자별로 구

분하여 금융투자상품을 취득 · 운용하는 영업을 말한다.

- 집합투자업: 2인 이상에게 투자권유를 하여 조달한 자금으로 투자자의 일상적 운용지시 없이 투자대상을 운용하고 그 결과를 투자자에게 배분하는 것을 말한다.
- 신탁업: 금전 또는 재산을 고객으로부터 수탁받아 수익자의 이익을 위해 운영 · 관리 · 처분하는 것을 말한다.

○ 집합투자기구

① 증권회사

직접금융시장에서 기업이 발행한 증권을 매개로 하여 투자자의 자금을 기업에 이전시켜 주는 기능을 수행하는 금융기관으로 자기매매(Dealing), 위탁매매(Brokerage), 인수 · 주선(Underwriting), 증권저축의 업무를 주로 수행하며 부수적으로 신용공여 및 선물업, 장외파생상품의 거래 및 중개, 투자자문업, 투자일임업 등을 수행한다.

② 자산운용회사

투자신탁 또는 투자회사의 방식으로 구성되는 간접투자기구의 재산을 운용하는 회사로 투자증권, 장내파생상품, 장외파생상품, 부동산, 실물자산 등에 투자한다.

③ 선물회사

일반상품, 금융상품 및 지수를 선물거래하는 회사로 선물거래와 해외선물거래의 자기거래, 위탁거래, 위탁의 중개 · 주선 · 대리업무를 수행한다.

□ 보험회사

○ 생명보험회사

사망, 질병, 노후 등에 대비한 보험의 인수 · 운영을 주된 업무로 하는 금융기관이다. 보험상품은 피보험자를 기준으로 개인보험과 단체보험으로 구분되고, 개인보험은 사망보험(정기보험, 종신보험), 생존보험 및 생사혼합보험으로 구분된다. 생명보험회사는 보험계약자로부터 납입된 보험료를 운영하여 약정된 보험금을 적립 · 지급하고 남은 잉여금의 일정 부분을 보험계약자에게 환원하는 계약자 배당을 실시한다.

○ 손해보험회사

화재, 자동차사고, 해상사고 등에 대비한 보험의 인수 · 운영을 주된 업무로 하는 금융기관으로, 손해보험의 대상은 화재, 해상, 자동차, 보증, 연금 등이 있다.

□ 기타금융기관

○ 여신전문금융회사

여신전문금융회사는 시설대여방식으로 기업설비자금을 공급하는 금융기관인 리스회사, 신용카드의 이용과 관련된 소비자금융을 영위하는 금융기관인 신용카드회사, 그리고 할부금융이용자에게 재화와 용역의 구매자금을 공여하는 소비자금융을 취급하는 금융기관인 할부금융회사로 구성된다.

○ 벤처캐피탈회사

벤처캐피탈회사는 기술과 장래성은 있으나 자본과 경영기반이 취약한 기업에 대해 자금지원, 경영 · 기술지도 등의 서비스를 제공하고 수익을 추구하는 회사인 신기술사업금융회사와 중소기업창업자 및 벤처기업에 대한 투자, 창업투자조합의 결성 및 업무집행, 해외기술의 알선 · 보급을 위한 해외투자 등을 영위하는 회사인 중소기업창업투자회사가 있다.

○ 신용보증기관

신용보증기관에는 담보능력이 취약한 기업의 채무를 보증하여 자금융통을 원활히 하고, 신용정보의 효율적인 관리 · 운용을 통하여 건전한 신용질서를 확립하고자 설립된 신용보증기금, 중소기업의 기술개발을 촉진하고 담보력이 미약한 기업의 자금조달을 지원하기 위하여 설립된 기술신용보증기금, 그리고 신용상태가 양호하지만 담보력이 부족한 소기업 · 소상공인 등에 대한 신용보증을 통하여 원활한 자금융통과 지역경제 활성화에 기여하기 위하여 설립된 지역신용보증재단이 있다.

○ 신용평가회사

유가증권 또는 특정 채무의 원리금 상환능력에 영향을 주는 여러 가지 요소를 평가해 일정한 신용평가등급을 제공하는 업무를 수행한다. 기업어음은 안정등급(A1, A2, A3), 투기등급(B, C), 상환불능(D)으로 평가되며 채권의 경우에는 안정등급(AAA, AA, A, BBB), 투기등급(BB, B, CCC, CC, C), 상환불능(D)으로 평가한다.

○ 한국거래소

유가증권 매매거래 및 선물거래의 안정성과 효율성을 도모하고자 설립된 「상법」상의 주식회사로 한국거래소 본사(서울), 파생상품시장본부(부산), 유가증권시장본부(서울), 코스닥시장본부(서울)로 구성된다.

한국거래소는 건전한 자본시장 육성 및 산업자금 조달을 목적으로 유가증권, 코스닥시장에 대한 유가증권 상장, 매매거래 체결 및 시세공표 관련 업무와 시장관련제도의 개선 및 신상품 개발업무를 담당하고 있으며, 아울러서 선물시장의 개설 · 운용, 선물거래의 체결 및 결제업무, 유가증권시장 · 코스닥시장 · 선물시장에서의 불공정거래 감시 등의 업무도 수행하고 있다.

3. 금융상품

가. 예금의 종류

□ 요구불예금

예금의 만기나 예치기간을 정하지 않고 아무 때나 입출금이 자유로운 예금으로, 여기에는 보통예금, 저축예금, 시장금리부 수시입출금식예금(MMDA), 당좌예금, CMA(Cash Management Account) 등이 있다.

- 보통예금: 가입대상이나 예치금액에 제한을 두지 않는 가장 전통적인 요구불예금을 말한다.
- 저축예금: 보통예금과 같이 가입대상이나 예치한도에 제한을 두고 있지는 않으나 보통예금과 비교하여 상대적으로 고금리를 지급하는 가계우대성 요구불예금을 말한다.
- 시장금리부 수시입출금식예금(MMDA): 시장실세금리를 적용하는 고금리 수시입출금식의 저축예금으로 신규 예금 시 500만 원(기관별 상이) 이상 최저 예치금액의 제한

이 있으며, 고금리상품으로 1개월 이내의 초단기자금으로 운용하기에 적합한 상품이다.

- 당좌예금: 수표나 어음을 통해 거래되는 수시입출금이 가능한 요구불예금을 말한다.
- CMA(Cash Management Account): 증권사 또는 종금사에서 취급하는 단기자금운용을 위한 고수익상품으로 고객의 예탁금을 어음 및 국공채 등 단기금융상품에 직접 투자하여 운용한 후 그 수익을 고객에게 돌려주는 실적배당형 상품으로 가입대상이나 최고 예치금액에 제한이 없다(1백만 원 정도의 최저 예치액이 있는 경우도 있으며 결제기능이 가능).

□ 적립식예금

매월 일정금액을 적립하여 목돈을 마련할 목적으로 이용되는 금융상품으로 정기적금, 상호부금 등이 있다.

- 정기적금: 목돈마련을 위한 적립식예금의 대표적인 상품이다.
- 상호부금: 예금주가 일정기간을 정하여 부금을 납입하면 금융기관이 예금주에게 사전에 약정한 금액을 급부하여 줄 것을 약정하는 목적부 적립식예금이다.

□ 거치식예금

최초 예금 시 일정한 금액을 약정기한까지 예치하기로 약정한 후, 자금을 예치하고, 은행은 약정기간이 만료되면 원금과 약정이자를 지급해 주는 목돈운용을 위한 저축성예금을 말한다. 정기예금, 정기예탁금, 양도성예금증서(CD), 환매조건부채권, 표지어음, 기업어음 등이 이에 속한다.

- 정기예금: 가장 일반적이고 전통적인 형태의 목돈운용을 위한 거치식예금을 말한다.
- 정기예탁금: 신용협동기구(상호금융, 새마을금고, 신협)에서 취급하는 거치식예금을 말한다.
- 양도성예금증서(CD): 양도성을 부여한 무기명 할인식 정기예금증서이다.
- 환매조건부채권: 금융기관이 보유하고 있는 국채, 지방채, 공사채, 특별법에 의해 설립된 법인이 발행한 채권, 상장법인 등이 발행한 채권 등의 유가증권을 일정기간 경과 후 일정가액으로 다시 환매수할 것을 조건으로 고객에게 매도하는 금융상품이다.

- 표지어음: 금융기관이 기업으로부터 매입(할인)해 보유하고 있는 상업어음이나 외상매출채권을 다시 여러 장으로 쪼개거나 한데 묶어 액면금액과 이자율을 새로이 설정해 발행하는 어음이다.
- 기업어음(CP): 일반기업이 자금융통을 위하여 발행한 단기어음을 증권회사가 할인매입한 후 이를 고객에게 다시 판매하는 1년 이내의 단기금융상품이다.

□ 주택청약관련 상품

무주택 서민들에게 주택공급을 촉진하기 위해 도입된 금융상품으로 주택청약예금, 주택청약부금, 주택청약저축, 주택청약종합저축이 있다.

나. 집합투자상품

□ 집합투자상품의 특징

○ 간접투자

투자자의 자금을 가지고 일정한 자격을 갖춘 운용전문가가 주식이나 채권 등 유가증권에 대한 매입 · 관리 · 처분 등의 행위를 대행하고 그 운용결과에 대한 책임은 투자자에게 귀속되는 투자형태이다.

○ 공동투자(집합투자)

2인 이상의 투자자로부터 소액의 투자자금을 모아서 이를 가지고 펀드를 구성하여 소액으로는 투자가 불가능한 곳에 투자하여 수익을 추구한다.

○ 펀드운용의 독립성

집합투자재산의 운용과 관련하여 투자자로부터 일상적인 운용지시를 받지 아니하는 독립성을 가지고 풍부한 경험과 전문지식을 가지고 있는 해당 분야의 전문가들이 대행하여 간접투자를 하기 때문에 객관적이고 전문성이 높은 양질의 서비스를 제공받을 수 있다.

○ 전문가에 의한 분산투자

해당 분야의 투자전문가들이 다양한 유가증권에 분산투자하여 투자위험을 최소화하는 효율적 포트폴리오를 구성하여 투자한다.

○ 자산보관 및 관리의 안정성

관련법령에서 신탁재산을 운용회사의 고유재산과 분리하여 은행과 같이 공신력이 높은 수탁회사에 별도로 보관하도록 하고 있고, 수탁회사는 수탁회사 고유재산이나, 다른 신탁재산과 구분하여 관리하도록 하여 집합투자재산관리에 안정성을 확보하고 있다.

○ 투자상품의 다양성

투자성향, 투자자산, 투자형태, 투자위험도, 투자목적, 투자기간 등에 따라서 투자자에게 적합한 상품이 선택가능하도록 다양한 형태의 상품이 존재하며, 투자자는 소액의 금액으로도 자신의 투자성향에 맞는 다양한 상품으로의 투자가 가능하다.

□ 「자본시장과 금융투자업에 관한 법률(자본시장법)」상 집합투자기구의 종류

○ 증권집합투자기구

- 주식형 펀드: 집합투자자산의 60% 이상을 주식에 투자하는 펀드를 말한다.
- 채권형 펀드: 집합투자자산의 60% 이상을 채권에 투자하면서 주식을 편입하지 않은 펀드를 말한다.
- 혼합형 펀드: 주식과 채권 등에 적절히 배분하여 투자하는 상품(약관상 주식편입비율이 50% 이상인 주식혼합형 상품과 주식편입비율이 50% 이하인 채권혼합형 상품)을 말한다.

○ 부동산집합투자기구

집합투자재산의 50%를 초과하여 부동산 및 부동산관련 자산 등에 투자하는 펀드로 부동산과 관련된 권리(지상권, 지역권, 전세권, 임차권, 분양권 등)에 투자한다.

○ 특별자산집합투자기구

집합투자재산의 50%를 초과하여 특별자산에 투자하는 펀드로, 특별자산은 증권 및 부동산을 제외한 경제적 가치가 있는 모든 투자대상자산을 포괄하는 개념으로 일반상품, 선박, 항공기, 미술품, 통화, 어업권, 지적재산권 등이 있다.

○ 단기금융집합투자기구(MMF)

MMF(Money Market Fund)는 법에서 정한 단기금융상품에만 투자할 수 있는 펀드로 투자상품에 속하면서도 안정성과 환금성은 물론 투자기간 대비 수익성도 겸비하고 있어 단기유동자금이나 투자대기자금의 운용에 적합한 상품이다. MMF 투자가능 단기금융상품에는 잔존만기 6개월 이내의 양도성예금증서, 잔존만기 5년 이내의 국채증권, 잔존만기 1년 이내인 지방채 증권 등이 있다.

○ 혼합자산집합투자기구

투자대상을 확정하지 않고 가치가 있는 모든 자산에 투자하는 펀드로, 단일자산에 50%를 초과하여 투자하지 아니하면서 펀드에서 투자할 수 있는 투자자산의 종류 및 비율이 특정되지 않은 펀드로 모든 집합투자기구의 특징을 가질 수 있는 새로운 형태의 펀드이다.

다. 보험상품

□ 생명보험

보험의 대상이 되는 사고가 사람의 생사에 관한 것으로서 사람의 생사에 관한 사고로 인하여 초래되는 경제적 손실을 보전하기 위한 보험상품으로, 주보험의 보험사고를 기준으로 생존보험, 사망보험, 생사혼합보험으로 분류된다. 우리나라에서는 교육보험, 연금보험, 보장성보험을 제외한 보험은 생사혼합보험으로 분류된다.

생명보험의 종류로는 정기보험, 종신보험, 연금보험, 양로보험, 교육보험, 저축보험, 변액보험, 변액유니버셜보험 등이 있다.

□ 손해보험

특정한 우연적 사고에 관련되는 경제상의 불안정을 제거 · 경감하기 위하여 도입된 제도로, 인간의 신체에 대하여 발생한 손해뿐만 아니라, 사고나 재난으로 인한 재산상의 손실, 그로 인하여 타인에게 부담하여야 할 배상책임의 손해까지 보상하는 광범위한 보험제도이다.

손해보험의 종류로는 화재보험, 자동차보험, 해상보험, 운송보험, 장기손해보험, 보증보험, 배상책임보험, 여행보험, 재물보험, 도난보험, 동물보험 등이 있다.

□ 제3보험

제3보험은 사람의 상해 또는 질병으로 인해 발생할 수 있는 치료비와 소득상실에 대하여 보상하는 보험으로 일반적으로 상해보험이라고 하며, 생명보험사 및 손해보험사 모두 영위 가능한 보험종목이다.

제3보험의 종류에는 상해보험, 질병보험, 간병보험 등이 있다.

제3장

자금조달 및 관리

1. 자금조달의 개념
2. 투자유치과정
3. 창업투자자

1. 자금조달의 개념

가. 재무제표로의 접근

한국무역협회 국제무역연구원이 최근 공개한 「IT벤처기업의 데스밸리(Death Valley) 극복과 시사점」 보고서에 따르면 창업자의 3년 후 생존율은 2013년 기준 한국이 41%였다. 이는 OECD 17개 주요 회원국 가운데 꼴찌이다. 또한 75% 이상은 5년 내 폐업하는 것으로 조사되었다. 여기서 '데스밸리'는 창업기업이 자금조달, 시장진입 등의 어려움을 겪게 되는 창업 후 3~7년 사이의 기간을 일컫는 것으로 사업타당성분석의 핵심사항들이다.

자본주의에서의 창업은 돈(Money)과의 전쟁이다. 돈은 상환 여부에 따라 부채와 자본으로 분류되며, 부채도 레버리지를 이용하여 적절히 활용하면 최고의 자금원이 되지만(Leverage Effect), 그렇지 못할 경우는 사업의 파산은 물론 창업자도 신용불량자가 될 가능성이 아주 높다.

그렇다면 창업자는 어떤 돈을 어떻게 활용해야 할까. 재무제표를 이용하여 판단의 기준을 세워 보자.

나. 재무재표의 이해

재무재표는 재무상태표, 손익계산서, 현금흐름표, 자본변동표 등으로 구성되며 감사보고서상의 주석을 통해 해당사항들을 상세히 확인할 수가 있다. 각 표의 간단한 구성내용은 [표 3-1]과 같다.

| 표 3-1 | 재무제표의 종류

구분	목적	내용
재무상태표	자산현황	부채, 자본 등 자산의 구성요소를 표시
손익계산서	손익구조	매출에서 손익까지의 변동요소를 표시
현금흐름표	현금구조	재무, 영업, 투자에 따른 현금흐름을 표시
자본변동표	자본증감	자산 중 자본의 변동요소 표시

앞의 재무제표에 표시된 내용들은 돈의 흐름을 상호 간 연계한 것으로 다음의 구조를 참고해 살펴보자.

재무제표의 연계성

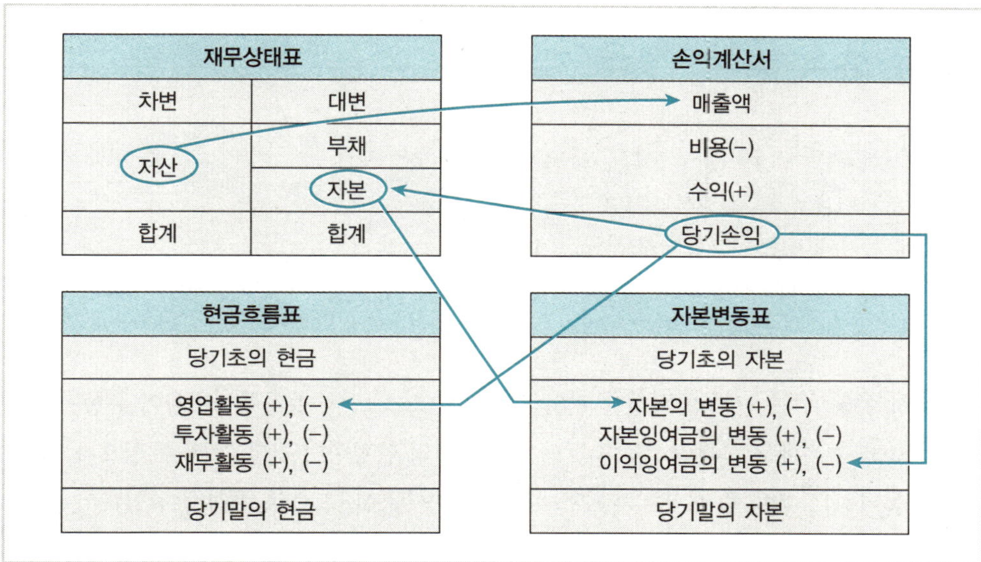

준비된 돈(재무상태)으로 제품을 만들어 영업을 하고(손익계산), 그 결과가 다시 돈의 증감에 영향(재무상태)을 끼치고, 이렇듯 매년 돈의 흐름이 어떤 형태로 회사의 사업에 영향을 주었는지를 종합하여 현금흐름표로 작성하며, 돈이 추가로 필요할 때 조달한 자본과 손익의 결과 발생한 자본증감의 차이가 자본변동표에 정리되어 표시되는 것이다.

□ 자본이냐 부채냐

재무상태에서 자산은 부채와 자본의 합계로 일반적으로는 부채비율(부채를 자본으로 나눈 비율)이 높은 회사는 안정성이 떨어진다. 부채는 타인에게서 빌린 돈이란 의미로 타인자본으로도 사용되며, 흔히 사용되는 자본이란 표현은 자기자본의 줄임말이다.

기업회계기준상 부채는 상환기간을 1년 기준으로 하여 유동부채와 비유동부채로 구분하며, 자산구성요소인 유동자산, 비유동자산과 연동하여 재무의 안정성 여부를 판단하는 데 사용한다(유동자산은 1년 내 현금화할 수 있는 자산을 말한다).

<table>
<tr><th colspan="2">재무상태표</th></tr>
<tr><td>차변</td><td>대변</td></tr>
<tr><td rowspan="2">자산
= 유동자산 + 비유동자산</td><td>부채(타인자본)
= 유동부채 + 비유동부채</td></tr>
<tr><td>자본(자기자본)</td></tr>
<tr><td>합계</td><td>합계</td></tr>
</table>

자산 = 부채(타인자본) + 자본(자기자본)
부채비율 = (부채/자본) × 100
유동부채비율 = (유동부채/자본) × 100
유동자산비율 = (유동자산/자산) × 100

특별히 유동부채는 재무안정성을 판단하는 중요 요소로서, 유동부채비율이 유동자산비율보다 높을 경우에는 상환안정성이 낮아 재무상태의 안정성이 낮다고 볼 수 있으나, 부채비율이 높더라도 부채 중 유동부채 구성비가 낮다면 무조건적으로 안정성이 없다고 볼 수는 없으며 다른 계정과목들과 연관해서 고려해야 한다.

그럼 창업자 입장에서 창업 시에 자금의 조달은 어떤 형태가 좋을지 각각의 특징을 비교해서 살펴보자.

□ 자금의 성격

○ 투자의 관점: 자본

자본은 납입자본금과 이에 따른 자본잉여금, 영업활동의 결과에 따른 이익잉여금으로 분류되고, 이 중 외부로부터 조달되는 자금은 납입자본금과 자본잉여금으로 구성된다. 자금조달루트가 다양하지는 않으나 상환의 의무가 없어 재무상태의 안정성비율을 높인다.

자본 = 납입자본금 + 자본잉여금 + 이익잉여금
유보율 = [(자본잉여금 + 이익잉여금) / 납입자본금] × 100

이렇게 조달된 자금은 투자(Investment)의 형태로 이루어지므로, 투자조건에 따라 동일 금액이라 하더라도 구성비율이 달라질 수 있으며, 이는 주주의 구성비율에 중요한 영향을 끼친다.

예 1억 원의 투자를 받을 경우(투자 전 납입자본금은 1천만 원, 자본잉여금은 0원, 이익잉여금은 0원, 창업자 지분율은 100%라 가정)

- 투자조건이 보통주 10배수인 경우
  납입자본금은 2천만 원, 자본잉여금은 9천만 원, 창업자 지분율은 50%
- 투자조건이 보통주 2배수인 경우
  납입자본금은 6천만 원, 자본잉여금은 5천만 원, 창업자 지분율은 17%

투자금액은 같은 1억 원이지만 창업자의 지분율은 각 50%, 17%로 상당한 차이를 보인다. 자본유치는 이처럼 투자자가 주주로 참여하게 됨에 따라 기존지분율의 희석과 의사결정과정에 영향을 받게 된다. 이것이 창업자가 자본으로 자금을 조달할 때 투자시기, 투자조건, 투자금액 등을 냉정하게 고려해야만 하는 이유인 것이다.

○ 융자의 관점: 부채

부채는 앞서 언급한 대로 유동부채와 비유동부채로 분류되며, 자본과는 달리 자금조달을 다양한 형태로 할 수 있는 분야이나, 원금상환 및 이자지급의 의무가 있어 재무상태의 안정성비율을 낮춘다.

부채는 융자(Loan)조건(상환기간, 금리, 상환방법 등)에 따라 재무상태의 안정성 구성비율이 달라지며, 투자와는 달리 현금흐름에 중요한 영향을 미치므로 사업타당성분석 시 유념해야 할 부분이다.

당연히 회사 입장에서는 상환기간이 길수록, 금리가 낮을수록 유리하며, 원금상환도 분할상환, 만기일시상환 등 상황에 따른 판단이 필요하다. 정부 및 관계기관에서 지원하는 자금의 경우 조건이 가장 좋으므로 최우선적으로 고려해야 한다.

○ 투자와 융자의 관점: 메자닌

메자닌(Mezzanine)은 건물 1층과 2층 사이에 있는 중간층을 뜻하는 이탈리아어에서 유래한 말로 금융에서는 채권과 주식의 성격을 모두 지닌 신주인수권부사채(Bond with Warrant: BW), 전환사채(Convertible Bond: CB) 등을 말하며, 이는 재무구조에서 부채 또는 자본으로 분류되는 투자 형태로 각각 해당 조건을 갖는다.

CB는 발행 시에는 부채로 분류되어 상환조건, 이자조건을 갖지만, 전환조건이라는 옵션이 별도로 있어 옵션을 행사할 경우 주식으로 전환이 가능하여 자본계정으로 편입이 되므로 앞서 언급한 자본의 특징을 고스란히 갖는다.

BW는 발행 시에는 부채로 분류되어 상환조건, 이자조건을 갖지만, 워런트(Warrant)라는 옵션을 행사하여 신규로 발행하는 주식을 취득하는 경우 자본으로 주식취득자금이 입금되어 자본의 특징을 갖는 것이다.

투자자가 CB나 BW로 투자하는 가장 큰 이유는 재무상태가 안정적이라는 판단하에 회사가치가 높아질 경우 주식을 확보하여 투자수익을 얻을 수 있으며 그렇지 못하더라도 최소한의 금융이자수익은 가능하다는 전제이며, 경우에 따라서는 투자조건(주식취득 시 조건)이 재조정(Refixing)되어 투자 당시보다 더 많은 주식을 확보할 수 있어 투자수익을 극대화할 수 있다.

창업자의 입장에서는 현시점에서 회사의 요구조건에 맞도록 주식발행을 통한 자금조달이 여의치 않은 경우 조건부(이자, 재조정 등)로 자금조달가능성을 높일 수 있으며, 경우에 따라서는 CB, BW의 주식전환, 행사조건의 일부를 확보할 수 있어 지분희석을 최소화하고 투자수익을 공유할 수 있다.

투자자와 창업자 입장에서 요약한 특장점과 고려사항들은 [표 3-2]와 같다.

| 표 3-2 | 투자자와 창업자 입장의 특장점

구분	투자자	창업자
특장점	• 최소수익 확보(이자) • 투자수익 기대	• 자금조달가능성 • 지분희석 최소화 • 투자수익 공유
고려사항	• 재무구조 안정성 • 상환여력	• 부채비율 • 금리 및 상환조건 • 상환여력 • 지분희석

□ 재무제표의 오해

회사가 우량한 회사인지 아닌지는 재무제표를 기준으로 어느 정도 판단할 수가 있다. 그렇지만 단지 보이는 것으로만, 즉 결과수치로만 판단할 경우 회사의 성장성, 미래가치에 대해서는 오해의 여지가 있음을 다음의 몇 가지 질문으로 확인해 보자.

A. 부채가 거의 없이 자본으로만 구성되었다면 좋은 회사인가?
B. 회사가 현금성자산이 많다면 좋은 회사인가?
C. 회사가 손익계산서상 당기순이익률이 높다면 좋은 회사인가?

○ A의 경우

앞서 언급했듯이 자본주의에서는 자본활용을 극대화하는 것으로 레버리지효과를 활용할 수 있다. 부채이자를 감당하더라도 영업활동을 통해 수익을 올릴 수 있고, 이것이 보유자본을 통한 자본수익보다 높을 경우에는 바람직한 재무상태는 아니라 할 수 있다.

○ B의 경우

금융회사가 아닌 한 회사는 유형자산(有形資産: 회사의 영업목적을 달성하기 위하여 장기간에 걸쳐 계속 사용할 목적으로 보유하고 있는 자산)에 대한 투자를 통해 미래의 수익을 창출하는 것으로 지속적인 투자 없이는 발전이 없는 것이다. 위험 차원에서 현금성자산만 보유하고 투자가 제한적인 회사의 미래는 성장이 한계에 이를 수 있으므로 재무상태의 구성요소로 비교 · 평가해야 한다.

○ C의 경우

회사의 당기순이익에 영향을 미치는 것들은 여러 가지 요소들이 있으며, 바람직한 회사는 현금흐름표상의 영업활동을 통해 수익을 창출해 내는 것이다. 재무활동 및 투자활동을 통해 발생한 수익은 일시적 · 제한적일 수 있으므로 손익계산서상의 영업이익을 기준으로 회사의 수익성을 판단하는 것이 바람직하다.

2. 투자유치과정

가. 투자자의 관점

□ 언제 투자를 유치해야 하는가

회사를 창업해서 코스닥에 등록하기까지는 일반적인 자금조달패턴으로 두세 번의 자본유치의 필요성을 느끼게 되는데 이러한 증자과정은 단지 자본의 증액이 아닌 사업확장에 따른 현금흐름의 유동성 및 재무적인 안정성 확보에 의한 증자가 우선적으로 전제가 되어야 함을 유념해야 한다.

최소 자본금으로 설립 후 사업계획에 따라 제품개발에 필요한 R&D자금 또는 초기 생산자금을 1차로 유치하고, 양산단계에서 2차 자금을 유치하여 매출을 발생시키며, 코스닥에 등록하기 위하여 재무구조상의 필요성으로 증자과정을 한 번 더 거치기도 하는데 이것이 일반적인 증자패턴이다.

물론 이러한 투자유치과정에는 사업계획의 변화로 인하여 추가적인 자금조달의 필요성이 생기는데, 이럴 때마다 어떤 자금을 유치해야 하는가는 실로 중요한 문제이다. 회사가 사업계획을 작성하면서 가장 유념해야 할 부분 중 하나로 앞서 언급한 대로 투자유치 후 자본금 증가에 따른 지분구성으로 증자과정에 따라 목표 투자유치금액에 얼마만큼의 지분율을 할애할 것인지 기본계획안을 준비해야만 한다. 이러한 기본계획안 없이는 투기성 자본의 유입에 무방비 상태가 될 수도 있으며, 특히 초기 무분별한 자본유치의 결과로 추가 자본유치 시 지분구성에 어려움을 겪을 수 있고 경우에 따라서는 향후 적대적 M&A의 대상이 될 수도 있다.

또한 이 과정에서 반드시 고려되어야 할 부분은 투자자의 입장에서 바라보는 시각이다. 투자자가 제시된 지분율에 요청금액을 투자할 경우 향후 투자수익이 투자자의 요구에 부합될 수 있는지도 살펴봐야만 하는데 이런 과정을 통해 회사는 스스로를 객관적으로 가치평가해 보는 중요한 계기가 되며 이러한 가치평가를 통해 단지 양(量)으로서가 아니라 질(質)로서 어떠한 자금을 조달해야 하는지 그 중요도를 가늠할 수 있는 혜안(慧眼)을 기르게 되는 것이다.

□ 버릴 줄 아는 지혜가 필요하다

투자유치과정을 보면 두 가지 유형으로 구분되는데 투자조건을 시장상황에 맞게 적절한 수준에서 협의하여 조속히 필요자금유치를 마무리하고 본업에 전념하려는 회사와, 투자자들과 시장상황을 저울질하며 높은 프리미엄을 요구하느라 타이밍을 실기(失期)하는 회사이다.

물론 적절한 타이밍에 좋은 조건의 투자를 받는다면 최상이겠지만 뜻대로 되지 않을 경우를 고려해야 한다. 현명한 투자자나 창업자는 눈앞에 놓인 이익 때문에 미래의 더 큰 이익을 망각하지 않는다. 때로는 회사의 성장을 위해 현재의 기득권도 과감히 버릴 줄 알아야 하는 것이다.

대부분 어렵게 사업을 시작한 창업자들은 보유지분에 집착하게 된다. 집착하는 순간부터 투자자와 회사의 줄다리기는 시작되고 투자를 최종적으로 유치하더라도 여러 면에서 출혈이 컸음을 느끼게 되는데 이는 투자자도 예외가 아니다. 투자 후 집착을 갖는 데서 추가 자금조달의 어려움은 또 시작되는 것이다.

회사와 주주를 위해서 창업자가 선택해야만 하는 길은 현재의 파이 크기에 만족하지 않고 회사의 파이를 키우는 것이다. 이렇듯 파이를 키우기 위해서 때로는 희생을 필요로 하는데 지분에 대한 집착을 버리지 않고는 결정하기가 결코 쉽지 않은 일이다. 보유지분에 대해 집착이 아닌 애착이 필요할 때다.

□ 누구로부터 어떤 자금을 유치하여야 하는가

자본금 5천만 원으로 사업을 시작한다고 가정해 보자. 과연 이들은 투자자(엔젤, VC)로부터 자금조달을 할 수 있을까? 투자금은 얼마를 유치할 수 있을까?

이제 첫걸음을 시작하는 회사에게 투자자들은 적극적이지 못하다. 일반적으로 투자자들은 투자기업의 보유지분을 20~30%선을 초과하지 않는다. 그렇다면 자본금 5천만 원인 업체가 신주를 발행하여 유상증자를 실시한다면 프리미엄부의 투자를 받더라도 그 투자금액은 대부분의 창업 초기 회사가 필요로 하는 금액에 부족할 것이다.

또한 앞에서 언급한 것처럼 투자자들은 향후 추가 투자유치 가능성 및 시기, 금액 등 회사성장을 위해 필요한 모든 경우의 수를 심사하게 되는데 최초 지분유출이 클 경우 추가 자본조달은 결코 쉽지 않다.

투자자의 입장에서는 사업을 시작하는 창업자가 소액의 자금만을 투자하고 기타 필요자금을 외부에서 투자받고자 할 경우 창업자의 책임감 부재 및 모럴해저드가 발생할 가능성을 배제하지 않으므로, 책임감 있게 신용 및 인간관계를 바탕으로 자체적으로 적절한 자본의 증액을 요한다.

이러한 과정은 창업자의 능력과 열정을 투자자에게 확인시켜 주는 계기가 되는 것이며 우호지분 확보 및 제3의 투자자를 이끌어 내는 힘이 된다.

□ 자금유치가 모든 것은 아니다

투자자(VC)들이 창업 초기단계로 보는 회사는 대략 3년 이내 업력에 약 3~6억 원의 자본을 갖는 업체들로, 초기투자의 대상이 된다. 최소 자본금으로 설립 후 자체증자를 거쳐 일정 자본금 규모를 가진 업체들은 사업의 전반적인 계획 및 기업가치를 내부적으로 검토하여 본격적인 외부투자자 유치를 준비할 단계로, 이러한 외부투자자와의 접촉을 통하여 사업계획서 수정 및 객관적인 회사가치를 재고할 기회를 갖는 것이다.

물론 회사에 따라서는 외부증자의 필요성을 느끼지 않는 업체도 있으며, 추가적인 자체증자를 통해 지분유출을 최소화할 수도 있다. 하지만 창업자가 알아야 할 것은 투자유치의 과정이 무조건 자금유입에만 한정되는 것은 아니라는 것이다.

회사 스스로 주관적이어서 왜곡될 수 있는 가치평가가 아닌 투자유치의 과정을 통해 전문투자자들의 심사과정에서 회사는 자신을 객관적으로 가치평가할 수 있는 계기가 되며, 무엇보다 자체적으로 세운 사업계획서의 상당부분이 개선 · 보완될 수 있는 것이다.

창업 초기 회사들은 사업계획의 전반적인 부분들에 대해 외부컨설팅을 받을 만한 여력도 없을 것이다. 설사 자본유치의 필요성으로 외부컨설팅업체와의 계약을 통해 사업계획서를 작성하더라도 자금을 유치받는 데 초점이 맞춰져 세워진 사업계획은 투자자의 시각과 차이가 있으므로 투자자의 견해가 필요하며, 이러한 과정이 자연스럽게 투자로 연결될 수 있는 것이다.

1차 자본유치단계에서 준비된 것 없이 오직 사업계획 하나만 가지고 투자유치를 이끌어 내기는 쉽지 않다. 이 시기에는 투자자에게 보여줄 부분이 필요하다. 투자자의 관점은 회사가 노력한 결과에 투자자의 자금이 투입되었을 때 어떤 결과물이 산출되기를 원하는 것이며, 이것이 투자시기의 적정성이다.

나. 투자기업의 선정과정

시장상황에 따라 변화는 있겠지만 일반적으로 투자자들의 투자업체 선정은 다음과 같은 과정을 거치므로 회사 입장에서는 이에 맞추어 사업성을 평가할 필요가 있다.

□ 트렌드분석

증시에서 주가상승을 보이는 업체들은 단지 수익성만 좋은 업체가 아니라, 산업 트렌드에 해당하는지가 중요한 변수가 된다. 트렌드분석은 단기적으로 '어떤 트렌드가 형성되고 있는가' 와 장기적으로 '어떤 트렌드가 형성될 것인가' 로 나누어 접근한다.

대부분의 투자는 현 트렌드 내에서 경쟁력 높은 회사가 대상이지만, 3년 이상의 장기계획하에 창업 초기에 종잣돈(Seed Money)을 투자할 경우 이와 같은 트렌드분석은 필수적이다.

□ 대상회사파악

시장조사에 따라 향후 전개될 트렌드를 전망한 후에 대상회사 찾기에 들어가는데, '시장이 형성된다면 어떤 회사가 있는가' 와 '어떤 회사가 시장 내에서 리더가 될 수 있는가' 에 초점이 맞추어진다.

□ 대상회사분석

대상을 축소한 후 본격적인 심사가 들어가며 '시장 내에서 리더가 되기 위해 경쟁력을 갖추었는가 또는 갖출 수 있는가' 와 '자본이 투입되었을 때 시너지가 일어날 수 있는가' 가 선별기준이 된다.

이는 투자시기의 적정성 및 기술력, 영업력, 인적 네트워크 등을 중점적으로 검토하는 것이다.

□ 리스크분석

작성된 사업계획서와 심사한 내용을 근거로 가능성이 있다고 판단될 때 점검하는 사항이다. 향후 발생가능한 위험요소를 파악한 후 극복할 수 있는지 투자자로서의 역할에 대한 판단이 필요한 부분이다.

다. 투자심사과정의 이해

투자심사는 투자자가 사업아이템의 향후 시장전망에 대한 공감대와 배경지식이 있고 창업 초기단계 투자에 적극적인 경우에 보다 원활하게 진행될 수 있으므로 투자자 선별 시 참고하기 바란다.

사업계획서가 접수되었다면 상황에 따른 차이는 있지만 투자자금유치까지 대략 2개월 정도가 소요된다. 사업계획서를 바탕으로 투자자들이 가지고 있는 네트워크와 배경지식을 활용, 진위 여부 및 사업성의 검증, 시장조사과정을 거치며 이 과정에서 추가적인 보완자료들을 회사에 요구하게 된다. 경우에 따라서는 투자자와 회사 간에 주관적인 부분에서 의견차이가 발생될 수 있지만, 이것은 관점의 차이로 납득할 만한 객관적 근거를 바탕으로 설득력이 있어야 한다.

심사과정 중에 투자자의 관심이 떠나지 않았다면, 남은 부분은 회사가치산출이다. 이 부분은 일반적으로 회사의 예상 본질가치를 기준으로 동종업계의 회사가치 및 시장크기를 고려하고, 회수시점까지 발생가능한 위험요소를 할인하여 책정하게 된다. 회사가치 및 투자금액, 투자형태에 대해서는 사업계획서 접수 초기부터 심사진행에 따라 방향을 잡아 가기 때문에 특정 시점에서 갑작스레 대두되는 현안은 아니다.

서로 간에 의견이 조율되어 투자조건이 정해지면 이제 남은 부분은 계약서 작성이다. 투자계약서의 내용들을 면밀히 검토 후 계약을 완료하면 자금이 입금되어 과정이 완결된다.

라. 주주활용의 극대화

투자자들이 접하는 사업계획서 중 상당수는 서류검토단계에서 또는 투자심사단계에서 탈락되며, 투자로 연결되는 것은 소수이다. 하지만 투자가능성이나 성장성이 없는 것이 아니라 투자자가 주어진 시간적 · 정보적 환경하에서 투자대상으로 적합한 회사를 선별 · 분석하다 보니 이러한 투자우선순위에서 소외될 수도 있음을 회사는 인식할 필요가 있다.

투자심사진행 중에는 현 상황을 지속적으로 검증할 필요가 있으며, 탈락될 경우에는 부족한 부분과 어떻게 대비해야 하는지 투자자에게 최대한의 도움(Feedback)을 받아 보완하는 절차가 필요하다.

투자유치에 성공했다면 투자자를 단지 자금유치의 창구로만 인식하지 말고 파트너의 능력을 최대한 활용하기 바란다. 투자자들도 투자한 회사의 가치증대에 비중을 많이 두고 있으나 회사의 경영마인드가 닫혀져 있다면 아무 실효를 거둘 수가 없다.

특히 경영상의 문제점 및 어려움이 발생됐을 때 이를 숨기려 하지 말고 힘을 모아 해결책을 찾고자 하는 회사에 더욱 신뢰가 가며, 더 많은 상호 시너지를 통해 도약하는 계기가 되는 것이다.

마. IR(Investor Relationship) 잘하는 법

□ 투자자가 선호하는 유형

투자자들이 사업계획서나 투자상담을 통해 접하는 회사들 중 투자하고 싶지 않은 전형적인 스타일과 이를 통해 어떤 회사를 선호(選好)하는지 알아보자. 투자하고 싶지 않은 전형적인 스타일은 다음과 같다.

○ Me Too형

시장이 확대되는 시점에서 선두업체들과의 차별화된 경쟁력 없이 뒤늦게 경쟁구도에 뛰어드는 형태로 투자자 입장에서 위험도가 높은 반면 투자수익은 크다고 볼 수 없다. 이런 회사는 타깃시장에 대한 재검증이 필요하다.

○ 하겠다/됐다형

진행 중인 매출계약이나 투자유치건에 대해 현재 사실보다 한 발 앞서 나가는 형으로 신뢰성을 상실한다. 참고로 투자자들은 폭넓은 네트워크를 바탕으로 진위 여부를 확인하므로 사실과 다를 경우 더 이상의 진행은 기대하기 어렵다.

○ 독불장군형

한마디로 '무조건 최고' 라는 편협된 사고방식을 가진 유형으로 이런 회사는 투자 이후 사후관리 측면에서도 주주들과의 충돌이 많으며 사고방식의 고정으로 의견조율이 쉽지 않다.

○ 재무구조 무시형

'뭐, 문제 있겠어', '어떻게든 되겠지' 생각하는 스타일로 향후 주주구성의 문제점 및 현금흐름 문제의 발생가능성이 상당히 높다.

그렇다면 투자자들이 선호하는 유형을 알아보자.

- 타깃시장에 대한 정확한 분석 및 경쟁업체현황 파악 회사
- 경쟁업체에 비해 기술우위 또는 영업력(마케팅)우위 회사
- 회사멤버들의 열정, 결속력이 강한 회사
- 대표이사의 카리스마(Charisma)가 느껴지는 회사

위의 모든 것은 결국 사람에 달려 있다. 비전공유를 통한 임직원의 열정만큼 중요한 것은 없으며, 투자자 입장에서도 단지 투자수익만이 아니라 기존투자업체들과의 시너지를 통해 투자사가 가치사슬(Value Chain)을 강화시킬 수 있는 회사로 사람의 비중이 절대적으로 크다. 기술도 변하고, 시장도 변하므로 가장 믿을 수 있는 것은 사람밖에 없다.

□ IR 시 유의점

회사는 자금유치를 위해서 개별 또는 공동 IR을 통해 투자자에게 홍보할 기회를 갖게 되며, IR의 진행과정에 따라 실제 회사의 가치차이가 다르게 전달될 수 있으므로 주의할 필요가 있다.

투자자와 개별적으로 진행하는 IR은 투자자와 1:1로 진행되어 원하는 만큼의 의견교환과 정보제공이 가능하지만, 외부기관에서 주최하여 진행되는 공동IR은 회사에 대한 투자자의 사전정보가 부족하고, 분야에 따라 투자자의 관심도도 낮을 수 있으며, 발표시간도 한정되므로 최소한의 시간에 최대의 효과를 올려야 한다.

IR 참여 및 진행 시 유념해야 할 부분들을 정리하면 다음과 같다.

○ 적절한 시점인지 생각하라

회사가 투자자에게 보여줄 부분이 필요하다. 투자를 받았을 때 어떤 결과물이 산출될 수 있는지 투자자 관점에서 판단해야 한다. 그렇지 않을 경우 준비되지 않고 자금조달에 급급한 회사라는 느낌으로 추후 재접촉의 기회마저 어렵게 만든다.

○ 적합한 IR인지 판단하라

공동IR의 경우 각 사업분야 및 성장단계별, 투자분야별로 IR이 진행되나 경우에 따라서는 분야가 혼합되어 진행되는 경우도 있다. 회사의 사업아이템과 가장 적합한 IR을 선별할 필요가 있다.

○ 가능한 회사의 대표가 IR을 주관하라

IR과정에서 투자자들의 관심분야와 질문의 핵심사항을 직접 느낄 수 있고, 대표(창업자)의 열정과 비전을 전달할 수 있다. 실제로 사업내용보다 창업멤버들이 마음에 들어 투자하는 사례가 다수 있다.

○ 핵심적인 사항에 초점을 맞춰라

제한된 시간에 많은 것을 전달하려 하지 말라. 투자자들은 수많은 회사의 IR경험을 바탕으로 보편적인 내용은 관심이 없으며, 창업을 하게 된 주배경과 사업성의 핵심적인 요소를 자신감을 갖고 설득력 있게 전달하는 데 주력하라. 투자자들이 고개를 들고 발표자를 관심 있게 본다면 일단 성공한 것이다.

○ 객관적이고 사실적이어야 한다

투자자들의 관심을 끌기 위해 기준을 넘어 과장되게 표현하거나, 객관적 사실에 근거하지 않은 내용을 전달하지 말라. 당장은 의미 있을 수 있으나 결국엔 신뢰성 상실로 이어진다.

○ 연결점(Contact Point)을 가져라

IR에 참여한 투자자들과 특히 관심을 표한 투자자와의 관계를 지속하라. 투자는 상호

간에 투자시점, 시장상황, 성장단계에 따라 성사가능성이 달라진다. 이 가능성을 지속적으로 높이기 위해 도움을 받고 의견을 조율할 수 있는 접점(接點)이 필요하다.

□ 멘토(Mentor)의 필요성

창업자들은 기술, 마케팅(영업), 재무 중 전문분야가 있어 해당 분야의 사업타당성분석 및 사업계획은 잘할 수 있지만 투자유치를 위해서는 투자자의 관점에 맞게 접근하여야 한다. 특히 엔지니어 위주의 인력구성을 갖고 있는 회사의 IR자료는 주로 기술적인 개발능력 및 제품에 대한 설명이 상당부분을 차지하고 있으며, 시장성, 마케팅(영업)계획, 현금흐름, 투자회수시기 등 회사가 투자받기 위한 필수요소들이 축소되거나 투자자의 관점과는 다르게 기술되어 있다. 재무를 전공한 창업자들도 별반 다르지 않은데 재무구조에 대한 구상은 잘할 수 있어도 투자자의 관점에서 대응하는 부분은 경험이 없어 미숙함을 드러낸다.

초기부터 사업계획이 방만(放漫)해지지 않도록 틀을 구상하고, IR자료 준비에 도움이 될 수 있는 전문가와 같이 사업방향을 잡고 투자자와 대응한다면 불필요한 수고를 줄이고 효율적인 투자유치가 가능할 수 있으므로 회사의 미래를 위해 신뢰할 수 있는 사람과 함께 할 필요가 있다.

3. 창업투자자

창업투자회사(創業投資會社)인 벤처캐피탈(Venture Capital: VC)은 창업시점부터 코스닥 상장까지 회사소요자금의 상당부분을 투자하여 왔지만 창업 초기단계의 투자비율은 높지 않은 것이 현실이었다. 스타트업(Start-Up)이라 칭하는 창업회사들에게 본격적으로 투자가 진행되기 시작한 건, 정부에서 엔젤을 활성화하여 스타트업을 본격 육성하기 시작한 2012년부터라 할 수 있다.

여기서는 스타트업에 전문적으로 투자하는 투자자들에 대해 알아봄으로써 창업자들이 투자를 유치하는 데 도움이 되고자 한다.

가. 개인투자자

개인투자자, 즉 엔젤(Angel)의 본격적인 시작은 1990년대 후반 대한상공회의소 주최로 엔젤을 대상으로 한 IR이 성공적인 자금유치로 연결되었으며 때마침 불기 시작한 인터넷 비즈니스의 확산과 맞물려 시작되었고 이후 대한상공회의소, 서울시, 매일경제신문이 주주로 참여한 서울엔젤그룹(주)으로 발전되어 운영되다 2000년대 초반 벤처 붐이 꺼지면서 서서히 감소하여 최근까지 이르렀다.

이후 정부의 일자리 창출 및 신산업 육성 · 지원에 힘입어 최근에야 엔젤이 활성화되기 시작하였다.

□ 엔젤이란

스타트업단계에 투자하여 회사의 성장 및 가치창출에 도움을 주는 천사로 회사로서는 주주이자 전문가인 엔젤을 통해 멘토로서 도움을 받을 수 있는 최적의 투자자이다. 창업기업의 일반적인 투자유치과정은 '창업 → 엔젤 투자유치 → VC 투자유치 → 코스닥 상장'의 단계인데 엔젤 투자는 창업 후 첫 관문인 것이다. 단, 엔젤 투자유치 시 천사(Angel)인지 천사의 탈을 쓴 악마(Devil)인지 신중히 판단해야 한다. 창업 초기이고 자금의 필요가 절실한 시점일수록 악마의 손길이 닿기 쉽다. 앞서도 언급했지만 자금을 양(量)이 아닌 질(質)로서 판단해야만 하는 이유이다.

엔젤 선정 시 고려해야 할 사항을 참고해 보자.

- 신뢰성이 있어야 한다.
- 전문성이 있어야 한다.
- 멘토로서의 역할이 가능해야 한다.

□ 엔젤매칭펀드

정부(중소기업청)에서는 스타트업을 육성하기 위한 자금원으로 엔젤을 활성화하기 위해 자(子)회사인 한국벤처투자(주)를 운용 및 관리기관으로 선정하여 2012년부터 엔젤매칭펀드를 결성, 지원을 시작하였고 2015년 4월 기준 총결성액 1,720억 원에 914억 원이 투자되었다.

참고 **엔젤매칭펀드의 운영목적**

- 엔젤투자자 및 엔젤클럽 육성을 통한 창업활성화 기반 구축
- 엔젤투자자 양성을 통한 건전한 벤처생태계 선순환환경 조성
- 창업 초기 기업의 사업화 성공률 제고를 위한 Seed-Money의 기능 수행

출처: 한국엔젤투자협회

엔젤매칭펀드의 운영방식은 엔젤이 투자한 회사에 대해 투자를 요청할 경우 심사를 통해 동일조건, 동일금액으로 투자하는 것이다. 예를 들어, 엔젤이 1억 원을 투자한 회사에 대해 엔젤매칭을 요청할 경우 심사를 거쳐 승인 시에는 1억 원의 자금을 동일조건으로 투자받아 회사는 총 2억 원을 조달할 수 있는 것이다.

심사절차 및 조건, 그 외 자세한 사항은 다음의 홈페이지를 참고하기 바란다. 여기서 엔젤에 대한 모든 것을 확인할 수 있다. 스타트업의 지원자금 중 가장 효용성(效用性)이 높은 자금으로 혜택을 받기 위해서는 엔젤의 투자유치와 지원이 필수요소이다.

- 엔젤투자지원센터 홈페이지: http://www.kban.or.kr

□ 전문엔젤투자자

'가능성에 투자하는 금융환경' 의 국정과제와 2013년 5월 발표한 '벤처 · 창업자금 생태계 선순환 방안' 을 통해 추진된 제도에서 신생된 용어로 엔젤을 발굴 · 육성하기 위해 도입되었다[관련법: 「벤처기업육성에 관한 특별조치법」(이하 '벤특법' 이라 한다)].

전문엔젤투자자가 되기 위해서는 투자실적(최근 3년간 신주 또는 지분투자형태로 1억 원 이상의 투자)과 창업기업을 멘토링할 수 있는 경력요건(상장법인의 창업자 또는 2년 이상 투자심사경력 등)을 갖춘 엔젤이 관계기관에 신청하여 적격판정 시 전문엔젤투자자 자격을 부여받는 것이다.

관련사항은 엔젤투자지원센터 사이트에서 확인가능하며, 전문엔젤투자자에게 투자유치 시의 이점은 다음과 같다.

참고 **전문엔젤투자자 투자유치 시 이점**

- 벤처기업으로 확인가능(세제지원 등 각종 우대혜택이 있다)
- 엔젤매칭펀드 신청 시 1:2 매칭가능(일반엔젤은 1:1 매칭)
- 정부 연계 R&D사업 등 정부자금 추가지원

□ TIPS 프로그램

TIPS 프로그램(http://www.jointips.or.kr)은 창업자금조달 및 기술창업의 어려움으로 위축된 기술인력의 창업활성화를 위해 정부에서 지원하는 프로그램으로 다음 내용을 참고하자.

참고 **TIPS 프로그램이란**

TIPS 프로그램(민간투자 주도형 기술창업지원)은 세계시장을 선도할 기술아이템을 보유한 창업팀을 민간 주도로 선발하여 미래유망 창업기업을 집중 육성하는 프로그램이다. 글로벌시장을 지향하는 기술력을 갖춘 유망한 창업팀에게 과감한 창업 도전기회를 제공하기 위하여 성공벤처인 중심의 엔젤투자사(社), 기술대기업 등을 운영사로 지정하여 엔젤투자 · 보육 · 멘토링과 함께 R&D 자금 등을 매칭하여 일괄 지원한다.

출처: TIPS 프로그램 홈페이지

프로그램의 구조는 다음 그림과 같으며 지원규모는 창업팀당 최대 10억 원 내외(최장 3년)로 창업 초기 지원자금으로는 가장 규모가 크다. 자세한 사항은 홈페이지를 참고하기 바란다.

TIPS 프로그램

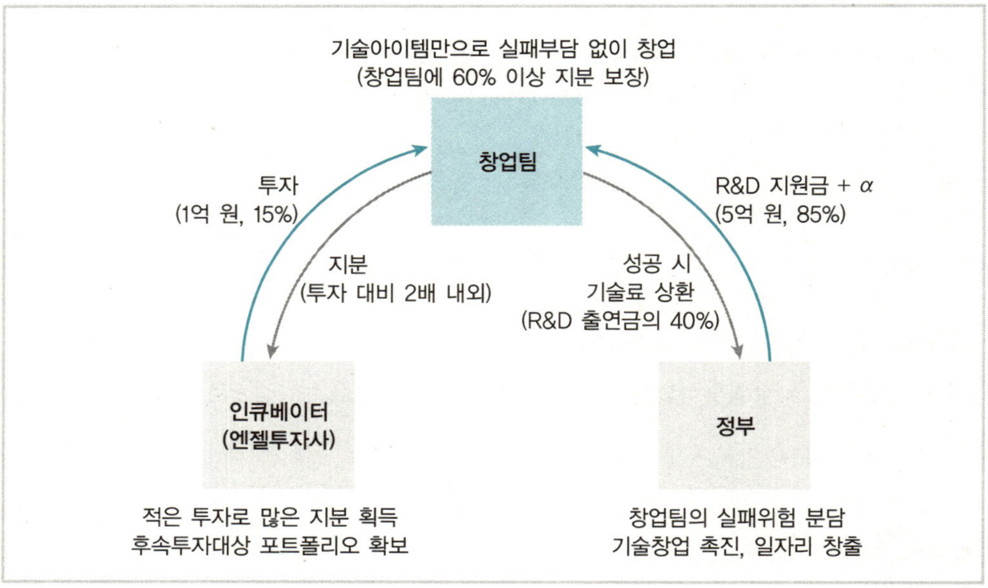

출처: TIPS 프로그램 홈페이지

□ 액셀러레이터(Accelerator)

창업 초기단계의 회사를 성장시키는 과정을 인큐베이팅(Incubating)이라 하며, 정부산하단체와 대학교에서 창업보육센터 등을 통해 꾸준히 진행하고 있다.

참고 창업보육센터(Business Incubator)란

참신한 아이디어와 뛰어난 기술력을 가진 예비창업자 또는 창업 초기 기업에 사업공간 제공, 경영기술지도와 정보제공 등으로 이들이 보다 안정적인 창업을 할 수 있도록 함으로써 창업성공률을 제고시켜 중소 · 벤처기업 창업육성의 전진기지 역할을 수행하는 전문보육기관을 말한다. 창업보육센터에 입주한 업체는 저렴한 임대사업장 확보와 공동범용설비 활용에 따른 창업자금 부담이 감소되고 경영, 기술, 법률 컨설팅 등 각종 서비스를 제공받을 수 있다. 중소기업청에서는 대학과 국공립연구소의 창업보육센터 건립 소요자금을 80% 이내(사업자당 10억 원 한도)에서 지원하고 있다.

출처: 중소기업청

액셀러레이터는 인큐베이팅보다 적극적으로 투자와 육성을 전문으로 하는 기관으로 미국의 와이컴비네이터(Y-Combinator, http://www.ycombinator.com)의 성공적인 투자사례들이 소개되며 국내에서도 확산되고 있다.

국내의 액셀러레이터는 성공적인 벤처창업가 및 투자자들이 주축이 되어 설립되어 운영되고 있으며, 다양한 프로그램을 통해 스타트업의 발굴 · 투자 · 육성을 지원하고 있으므로 다음 사이트를 참고하여 각각의 특장점을 파악한 후 최대한 활용하기 바란다.

- http://besuccess.com/2015/01/korea-top-5-accelerator

참고 와이컴비네이터(Y-Combinator)란

2005년 미국 실리콘밸리에 설립되어 지난 10년간 약 730개의 회사에 투자한 회사로 미국의 초기투자 및 스타트업 컨설팅에 특화되어 실리콘밸리 벤처활성화에 핵심적인 역할을 하고 있는 미국 1위의 액셀러레이터이다.
최근에 화제가 된 에어비엔비, 드롭박스 등 회사가치 10조 원대 이상의 벤처기업에 투자했으며, 매년 전 세계 스타트업들을 대상으로 창업 프로그램을 개최해 초기 기업을 발굴한다. 국내에도 프로그램에 선정되어 투자받은 스타트업이 있으므로 도전해 보기 바란다.

출처: http://www.ycombinator.com

□ 투자 및 회수방식

○ 투자

창업 초기단계의 투자로 보통주(普通株) 형태로 진행하며 최초 투자금액은 약 1~3억 원 전후이고 투자회사 또는 엔젤로 주주(株主)에 참여한다. 투자 이후 회사의 성장도에 따라 추가투자도 진행하며, 소요자금의 비중에 따라 VC와 공동투자 및 VC 단독투자로 연결하여 지속적인 자금지원이 가능하다.

○ 회수

엔젤의 수익모델은 스타트업의 특성상 M&A가 높은 비중을 차지하며 회수는 단순구주매각 또는 M&A를 통한 매각비율이 가장 높다. 매각진행 시 계약에 따라 창업자는 우선매수권(매각지분에 대해 우선적으로 매입할 수 있는 권리)을 행사하여 보유지분의 추가확보도 가능하므로 투자유치 시 계약내용을 확인하기 바란다. 스타트업의 성장성에 따라 보유 지분을 유지 또는 추가투자를 통해 지분의 추가확보도 진행한다.

나. 벤처캐피탈(Venture Capital: VC)

□ 벤처캐피탈의 이해

'하이리스크, 하이리턴(High Risk, High Return)' 의 모험자본으로 창업 초기단계부터 코스닥 상장까지의 회사를 전문으로 투자하며 최근에는 펀드 성격 및 업무확대에 따라 유통시장까지 투자범위를 넓히고 있다[관련법: 「중소기업창업지원법」(이하 '창지법' 이라 한다)].

2015년 4월 기준으로 등록된 VC는 107개이며 총운용규모는 약 14조 원으로 이 중 약 92%는 투자조합의 형태로 투자를 진행한다.

창업 초기단계의 투자비중은 약 24%로 적지는 않으나 창업 초기투자를 위해 결성된 창업 초기 투자조합의 경우 스타트업에 투자하는 사례가 많지는 않다(창업 초기 투자조합은 일반적으로 업력 3년 이내의 회사가 투자대상이다).

VC 업종별 투자비중

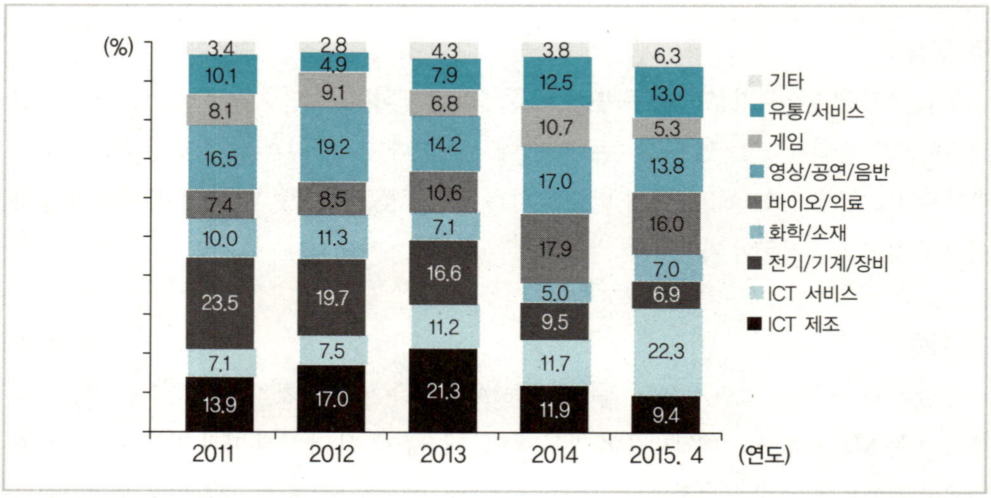

출처: 한국벤처캐피탈협회

스타트업 투자활성화를 위해 창업 초기 투자조합과는 별개로 2013년부터 '청년창업펀드' 라는 명칭으로 정부에서 VC의 조합결성을 지원, 투자를 유도하였고 그 결과 2015년 4월 기준 총 16개 투자조합(결성액 2,938억 원)이 결성되었고 이 중 914억 원이 스타트업에 투자되어 본격적으로 진행되고 있다.

참고 청년창업펀드 투자요건

회사의 대표이사가 39세 이하이거나 구성원의 50%가 29세 이하여야 함.

VC에 대해 궁금한 사항은 다음 홈페이지에서 확인하기 바란다.

- 한국벤처캐피탈협회 홈페이지: http://www.kvca.or.kr

□ 벤처캐피탈의 분류

벤처캐피탈(VC)의 설립형태 등을 고려하여 회사는 투자자금 이외에 실질적인 필요성에 맞게 VC를 활용할 필요가 있다. 또한 VC의 선택보다 중요한 것은 회사를 심사하는 심사역이라는 점이다. 이는 회사의 가치에 대해 보다 정확한 평가와 투자 후 관리가 중요한 사항으로 담당 심사역의 역할과 네트워크가 기본이 된다.

○ 금융기관의 자회사 형태

은행 및 증권사의 자회사 형태로 오래된 업력 및 비중 있는 자산규모를 가지고 있으며 공신력이 높다. 주주활용 측면에서 모회사를 활용, 대출 등 추가적인 자금확보가 가능하며, IPO와 관련된 후속지원을 기대할 수 있다.

○ 그룹사의 자회사 형태

모기업의 계열사를 통해 폭넓은 영업상의 시너지를 기대할 수 있으나 기술유출 및 지분율에 따라 경영권 분쟁의 소지도 있을 수 있다.

○ 벤처기업의 자회사 형태

대부분 벤처기업을 투자했던 심사역들이 대표이사로 있으며, VC업계에 폭넓은 네트워크를 확보하고 있으나, 짧은 업력으로 공신력과 자산규모가 상대적으로 취약할 수 있다. 장점으로는 투자실무자들로 구성되어 투자의사결정이 신속하며, 벤처기업을 성공적으로 일구었던 노하우를 바탕으로 실질적인 지원을 기대할 수 있다는 점을 들 수 있다.

○ 국내외 증권사 및 외국계 컨설팅사 출신 인력으로 구성된 형태

M&A, 컨설팅, 국제금융 등 전문노하우 접목을 통해 금융과 관련된 폭넓은 시너지를 기대할 수 있다. 짧은 업력으로 공신력 및 자산규모가 상대적으로 취약하나 실무자 개개인의 활동영역이 넓다.

○ 증권사, 자문사, 은행 등 금융권의 자체 벤처투자 형태

막대한 자산규모를 바탕으로 주로 코스닥 상장 전 단계의 회사들에 투자를 해서 투자자금의 규모가 크다. 스타트업 입장에서는 초기단계보다 2～3차 펀딩단계에서 활용도를 높일 수 있다.

□ 투자조합의 이해

VC의 주요 투자재원은 투자조합으로 VC가 업무집행조합원(General Partner: GP)으로서 일반조합원(Limited Partner: LP)을 모집하여 조합을 결성(중소기업청 등록사항)하여 운용한다. LP 구성비율은 정부재원, 각종 연기금, 금융사, 상장사 등으로 분류되나 정부재원의 비율이 현재까지는 가장 높다. 조합존속기간은 평균 7년, 투자가능기간은 초기 3년으로 투자기간이 만료된 이후에는 회수에 전념한다.

VC의 투자 포트폴리오는 투자조합의 성격에 따라 구성되며 일반조합과 업력별, 업종별, 지역별 특화된 투자조합 등으로 분류되어, 창업 초기 투자조합, IT 투자조합, 게임 투자조합, 바이오 투자조합, 여성기업 투자조합, 부품소재 투자조합, 콘텐츠 투자조합, 각 지자체와 연계한 지역전문 투자조합 등 각 부문별로 세분화되어 있다.

물론 일반 투자조합의 대부분도 이러한 업종별 포트폴리오를 가지고 있지만 투자유치 이후 회사들과의 시너지 및 전문성 차원에서 비교우위가 있다고 볼 수 있다. 각 VC별로

다양한 조합을 운용하고 있고, 한 분야에 특화된 VC들도 있으므로 VC 및 운용조합의 특성을 파악하여 회사의 사업내용과 적합한 VC와 투자유치를 진행하는 것이 여러모로 유리하며, 창업 초기 스타트업의 경우 앞서 언급한 '청년창업펀드' 투자조합을 운용하는 VC가 최우선순위이다.

□ 투자 및 회수방식

○ 투자

VC의 투자는 보통주, 상환전환우선주(RCPS), 채권(CB, BW), 프로젝트의 형태로 구분하며, 투자대상의 재무상태, 투자회수시점, 투자조건, 업종 등에 따라 투자의 형태가 결정된다. 다음 [표 3-3]을 참고하자.

| 표 3-3 | VC의 투자형태

구분	특장점
보통주	• 회사 입장에서 가장 선호 • 코스닥 상장 전 단계(pre IPO)의 주요 투자형태
상환전환우선주 (RCPS)	• VC 입장에서 가장 선호 • 창업 초기 주요 투자형태 • 투자조건을 향후 실적에 따라 조정(Refixing)가능 • 리픽싱 시 지분율 희석(Dilution) • 상환청구 시 상환의무 있음
채권(CB, BW)	• 투자조건을 향후 실적에 따라 조정(Refixing)가능 • 주식전환 시 지분율 희석(Dilution) • 상환청구 시 상환의무 있음
프로젝트	• 영화, 게임 등 콘텐츠분야의 주요 투자형태 • 투자유치 시 지분율 희석(Dilution)이 없음 • 프로젝트별로 매출발생 시 원금 및 수익 분배 • 상환의무 없음

VC 투자형태별 비중

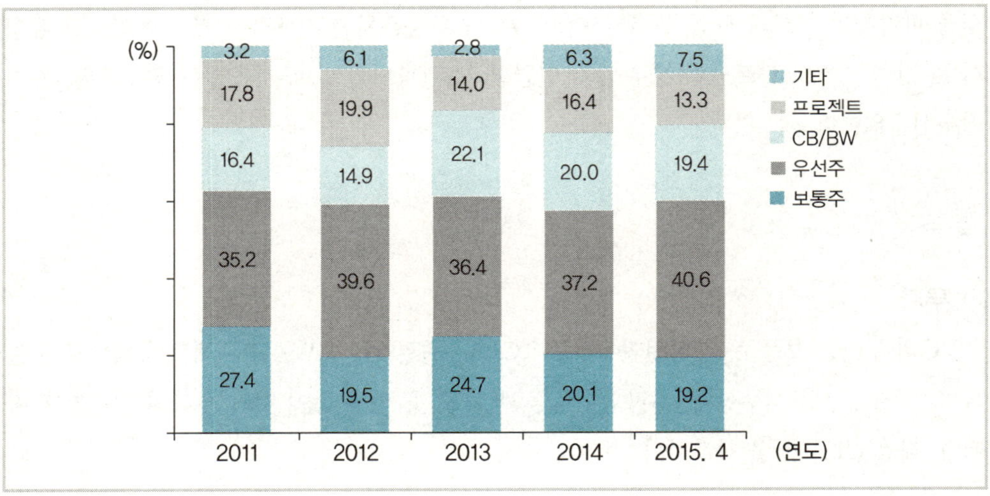

출처: 한국벤처캐피탈협회

참고 RCPS의 이해

상환전환우선주(Redeemable Convertible Preference Shares: RCPS)는 투자원금에 대해 상환을 청구하거나 보통주(Common Shares)로의 전환을 청구할 수 있는 주식을 말하며, 일반적인 우선주(Preference Shares)와는 구분된다(상환권과 전환권으로 인해 VC가 가장 선호하는 투자형태이다).

전환권은 우선주를 보통주로 전환할 수 있는 권리로 투자조건 협의 시 회사와 VC 상호 간의 투자가치에 대한 의견차이를 조건으로 하여 향후 실적에 따라 우선주 1주당 전환할 수 있는 보통주의 수를 정하는 것이다.

상환권은 VC가 우선주를 전환하여 보통주를 취득하지 않고 원금을 상환요청할 수 있는 권리로서 회사는 계약에 따라 정해진 배당률을 포함하여 상환하는 것으로 「상법」에 의거, 자본(자기자본) 내 이익잉여금 중 상환가능이익이 있을 때에만 상환의무가 있다.

IPO(Initial Public Offering: 주식공개상장)관련, 코스닥은 RCPS를 상장시킬 수 있지만 2013년 7월 개설된 코넥스는 보통주만 상장가능하다. 국제회계기준(IFRS)은 RCPS를 기본적으로 부채로 분류하지만 회사가 상환권을 가지는 등 자본성격이 강하면 자본으로 인정받을 수 있다.

○ 회수

VC의 수익모델은 투자기업의 코스닥 상장, RCPS 상환, 구주매각, M&A순으로 비중이 높으며 매년 코스닥에 상장하는 회사의 약 70%는 VC가 투자한 회사이다. 스타트업의 활성화로 창업 초기 기업들의 M&A비중도 점차 확대되는 추세이다.

투자회수기간은 투자조합의 성격에 따라 차이가 있으나, 대체로 창업 초기 투자조합의 경우 투자 후 약 5년 내 코스닥 상장을 목표로 한다.

VC로부터 투자유치 시 투자계약서를 유념할 필요가 있는데 경우에 따라 환매조건 등이 있을 수 있다. VC가 투자지분 매각 시에는 계약조건에 따라 우선매수권 행사가 가능하다. 자본유치 시 투자계약서의 내용을 상세히 숙지하여 필요사항을 조율하기 바란다.

참고 투자계약서(投資契約書)의 이해

투자계약서는 계약 상호 간에 신의성실(信義誠實)에 입각하여 각자의 행위를 규정하는 것으로서 발생가능한 법률관계를 확정하고, 나아가 계약체결 이후 회사운영에 관한 일정한 사항을 정하는 데에 그 목적이 있다.

투자형태에 따라 구성내용이 다를 수 있으나 일반적으로는 다음의 사항으로 작성되며, CB와 BW의 경우 이자와 전환(발행)조건, 상환조건, 시기 등이 포함되고, RCPS의 경우 상환조건, 전환조건, 배당률 등이 포함된다.

- 계약상대방의 정의: 계약의 주체인 투자자와 회사, 이해관계인을 정의
- 진술 및 보증: 투자시점의 회사상태에 대한 증명으로 회사 및 이해관계인의 확약
- 투자조건: 투자금액, 투자단가, 투자시기 등을 정의
- 사전동의 또는 협의사항: 회사의 중요행위에 대한 범위 지정과 투자자와의 의견조율사항들을 정의
- 투자금의 회수: 공동매도권(Tag Along), 매도요구권(Drag Along), 우선매수권 등을 정의
- 책임과 의무: 계약상대방 각자의 해야(또는 하지 말아야) 할 부분에 대한 확약

제4장

창업과 회계

1. 창업에 필요한 회계의 기초
2. 회계의 종류
3. 재무제표의 종류
4. 재무제표의 작성

1. 창업에 필요한 회계의 기초

창업은 조달한 자금을 이용하여 미리 준비해 둔 사업계획에 따라 투자한 뒤에 영업활동을 통하여 이익을 얻는 과정을 거치게 된다. 이는 재무제표를 통해서 확인할 수 있는데, 흔히 대차대조표라고 말하는 재무상태표는 사업에 투자된 자산의 내역을 그 조달원천에 따라 내 것과 빌린 것으로 나누어 보여주는 표이다. 이에 반해 손익계산서는 일정한 기간 동안의 회사의 경영성과를 파악하기 위해서 만드는 재무제표인데, 수익에서 비용을 차감하여 이익을 계산한 것이다.

가. 회계란

회계는 회사의 재무정보를 전달하는 수단이라고 할 수 있다. 회사의 이해관계자에는 주주, 채권자, 임직원, 거래처 및 고객, 회사가 벌어들인 이익에 대해 세금을 징수하는 국가도 이해관계자가 된다. 주주와 채권자는 투자금을 언제 어떤 식으로 돌려받을 것인지 지속적으로 살펴보아야 한다. 국가는 그 회사가 번 돈에 대해 제대로 세금을 내고 있는지 계속 감시하는 기능을 한다.

잘못된 재무정보에 근거한 투자는 손실로 이어질 가능성이 높다. 회계라는 정보전달수단을 통해 한 회사의 재무정보에 체계적으로 접근할 수 있게 된다. 현재 회사의 순자산은 얼마인지, 영업상 발생한 부채를 갚는 데에는 문제가 없는지, 매출규모는 어떠한지 등이 재무제표에 모두 나타나므로 쉽게 확인할 수 있다.

즉, 회계란 일정기간 동안 한 회사에서 일어난 경제적인 사건들을 기록하고 정리하여 보고하는 것이며, 이러한 과정을 통해 회사는 이해관계자들에게 필요한 재무정보를 제공함으로써 그들의 합리적인 의사결정을 돕는 것이다.

나. 회계기준은 왜 필요한가

회계를 통한 재무보고기능에 의해 투자자와 채권자들이 가지고 있는 자원이 좀 더 효율적으로 투자되기 위해서는 재무보고의 분식행위가 미연에 방지되어야 한다. 이를 위해서 공통적으로 적용할 회계기준을 정하는 것이 필요하다. 물론 이의 준수 여부를 사후적으로 검증할 필요도 있다. 이때 기업이 회계처리 및 결산을 포함하여 재무제표를 작성할 때 지켜야 하는 것을 회계기준이라고 한다.

다. 외부감사의 대상

회계기준은 사전적으로는 기업이 회계처리를 할 때 지켜야 하는 규범이다. 사후적으로는 독립된 감사인(공인회계사)이 기업이 작성하여 공시한 재무제표가 회계기준에 따라 적정하게 작성된 것인지 판단하는 절차가 필요하다. 어느 회사의 재무제표가 회계기준에 의해 작성되었는지를 검증하기 위해 직전 사업연도 말 현재 자산총액이 100억 원 이상인 회사 또는 총자산이 70억 원 이상인 회사로서 부채총액이 70억 원 이상이거나 종업원 수가 300명 이상인 회사는 반드시 공인회계사로부터 외부회계감사를 받아야 한다.

감사인은 기업의 재무제표가 회계기준에 따라 적정하게 작성되었는지를 검토하고 원칙의 위배 정도에 따라 감사의견(적정의견, 한정의견, 부적정의견 또는 의견거절)을 표명한다. 정보이용자는 감사인의 감사의견을 통해 기업이 작성한 재무제표가 믿을 수 있는 것인지를 가늠하게 된다. 이와 같은 절차를 통해 회계정보는 비로소 공공재로서의 역할을 수행할 수 있게 된다.

2. 회계의 종류

창업 초기에는 회계라는 개념이 크게 필요하지 않을 수 있다. 그러나 사업규모가 커지면 회사에서는 당장 세금신고가 필요하고 세무신고의 기초가 되는 외부보고용 회계자료가 필요하게 된다. 통상 '회계'라고 부르는 것은 이러한 외부보고용 자료를 만드는 '재무회계'를 뜻한다. 이와 같이, 회계정보를 이용하는 집단별로 똑같은 형태의 정보를 필요로 하는 것은 아니다. 경영자와 관리자는 좀 더 효율적인 경영이 가능하도록 사업부 성과평가, 원가절감 등에 필요한 자료가 더 유용하다. 위와 같이 크게 3가지 범주로 재무정보를 다른 형태로 제공하는 것이 일반적이며, 각각 재무회계, 관리회계 및 세무회계라 한다. 각 회계 종류별로 다음과 같은 특성을 가진다.

| 표 4-1 | 회계종류별 특징

구분	재무회계	세무회계	관리회계
목적	외부보고	세무신고	내부보고
정보이용자	외부 정보이용자	세무서	내부 정보이용자
산출물	재무제표	세무신고자료	관리보고서

가. 재무회계

재무회계는 가장 일반적인 목적의 회계로서 주로 회사의 재무상태와 경영성과의 파악에 초점을 둔다. 재무회계에서는 이른바 재무제표라는 것을 주기적으로 작성하여 공시하는데, 주주와 채권자들은 회계기간별로 작성하여 공시되는 재무제표를 통해 그 기업에 대한 재무정보를 얻고 이를 통해 의사결정을 내리게 된다. [표 4-2]는 기업의 규모에 따라 적용되는 회계기준과 재무제표의 작성범위를 보여준다.

| 표 4-2 | 기업의 규모에 따라 적용되는 회계기준과 재무제표의 범위

구분	비상장 · 비외감 법인	비상장 · 외감 법인	상장법인
적용회계기준	중소기업회계기준	일반기업회계기준	국제회계기준
재무제표의 범위	대차대조표	재무상태표	재무상태표
	손익계산서	손익계산서	포괄손익계산서
	이익잉여금처분계산서	현금흐름표	현금흐름표
	–	자본변동표	자본변동표

기업들의 국제적인 활동이 많아지면서, 국외 정보이용자들에게 국제적으로 공인된 K-IFRS에 따라 재무제표를 작성할 필요성이 커졌다. K-IFRS는 다양한 국가에서 동일하게 적용될 수 있도록 원칙 중심의 회계기준을 제시하고 있다. 투자자를 위해서 대부분의 자산에 대하여 공정가치측정을 요구하고 있으며, 자회사의 실적이 포함된 연결 재무제표를 주

된 재무제표로 한다. 한편, K-IFRS의 도입으로 기업의 재무제표 양식이 다양해져 오히려 정보이용자들이 어려움을 겪기도 한다. 우리나라도 2011년부터 국제적으로 통용되는 국제회계기준(IFRS)을 도입하여 상장법인은 한국채택국제회계기준(K-IFRS)을 의무적으로 적용해야 한다. 다만, 비상장법인 중 외부감사대상법인은 국제회계기준이 아닌 일반기업회계기준을 적용하고, 외부감사대상이 아닌 중소규모의 법인은 좀 더 단순한 중소기업회계기준을 적용하고 있다.

나. 세무회계

세무회계는 주로 기업의 소득에 대한 세금이라 할 수 있는 법인세를 과세하기 위한 목적이 주가 된다. 법인세는 법인의 소득에 대한 세금이므로 법인세를 과세하기 위해서는 세법기준에 의해 소득금액을 계산해야 하며, 법인의 소득은 세법상의 수익을 의미하는 익금에서 세법상의 비용을 의미하는 손금을 차감하여 구한다.

다. 관리회계

관리회계는 기업의 재무상태와 경영성과의 표시가 아니라, 기업의 경영효율을 향상시키고 이를 통해 관리적인 성과를 개선시키기 위해 이루어지는 회계라 할 수 있다. 예를 들어, 제품 또는 사업부별 성과분석이나 원가절감을 위한 표준원가계산제도, 손익분기점분석 등이 있다. 관리회계의 내용 중에서 창업 시 필요한 주요 내용을 간단하게 살펴본다.

□ 손익분기점 분석

손익분기점분석이란 원가와 판매량과 이익의 관계를 분석하는 방법이다. 공헌이익은 매출액에서 변동원가를 차감한 금액을 뜻한다. 고정비용을 제품 하나를 팔아서 남는 공헌이익으로 나누면 손익이 영(0)이 되는 손익분기점을 구할 수 있다. 즉, 건물의 임대료가 1,000만 원인 매장에서 공헌이익이 개당 1만 원인 물건을 판다면, 1,000개를 팔면 적어도 밑지지는 않게 된다. 공헌이익은 판매가격에서 변동원가를 빼서 구하므로, 먼저 변동원가를 파악하고 판매가격은 손익분기점을 기준으로 전략적으로 선택하면 된다.

□ 설비투자를 위해 고려할 점

설비투자를 늘릴 경우에는 원가의 절감을 얻든지, 매출이 늘어나든지 둘 중에 하나를 예상할 수 있어야 한다. 설비투자를 통한 원가절감의 노력은 매출증대를 위한 판매촉진활동이 뒷받침되어야 한다.

□ 광고의 효과

광고라는 판매활동으로 인해 판매량이 늘어나면 고정비를 포함하고 있는 총원가의 단위당 값은 떨어지게 된다. 따라서 광고비의 지출은 단순히 비용을 발생하게 하는 것이 아니라 매출증대를 통해 이익을 늘리는 수단이 되는 것이 최선이다.

□ 운전자본의 고려

운전자본이란 회사의 운영을 위해서 사용되는 자본을 뜻하는데, 1년 이내에 현금화가 가능한 유동자산을 뜻하는 경우가 많다. 장사를 하기 위해서는 진열대에 일정수준의 제품이나 상품이 배치되어야 하듯이 일정한 돈이 사업에 묶여 있을 수밖에 없고, 이러한 돈을 운전자본으로 볼 수 있다. 초기 투자자금을 추정할 경우에는 기본적인 운전자본의 규모를 누락하는 실수를 범하지 않도록 유의해야 한다.

3. 재무제표의 종류

재무제표는 회사의 재무적인 정보를 정보이용자들이 경제적인 의사결정을 할 수 있도록 일정한 양식에 따라 작성한 것을 뜻한다. 금융감독원 전자공시시스템 사이트(http://dart.fss.or.kr)에 가면 외부감사대상 주요 기업들의 재무제표를 확인할 수 있다. 재무제표에는 재무상태표와 손익계산서, 현금흐름표 등이 있다. 재무상태표가 일정한 시점의 재산상태를 나타내 주는 반면, 손익계산서와 현금흐름표는 일정한 시점 사이의 회사이익의 변화나 현금의 변화를 보여준다.

일정규모 이상의 회사들은 연간, 반기, 분기보고서로 불리는 보고서에 각각의 시점에 해당되는 재산상태와 부채상태를 수치로 정리한 재무상태표와 연간, 반기, 분기 동안의 경영성과를 나타내 주는 손익계산서, 현금흐름의 변동을 보여주는 현금흐름표, 자본의 변동을 보여주는 자본변동표를 일반인들이 볼 수 있도록 공시한다.

재무제표를 볼 때에는 큰 숫자를 기준으로 큰 그림을 그리는 것이 중요한데, 먼저, 손익계산서로 어느 정도 수익을 내는지 보고, 재무상태표로 주주에게 귀속되는 재산이 어느 정도인지 파악하는 방식으로 재무제표를 분석하게 된다.

가. 재무상태표

재무상태표(중소기업회계기준에서는 이를 대차대조표라고 한다)는 회사의 재무상태를 보여준다. 재무상태란 회사의 결산일 현재 자산, 부채, 자본의 잔액을 뜻한다. 회사의 자산, 부채 및 자본의 잔액은 매일 변하는데, 재무상태표에 표시된 금액은 결산일 현재의 잔액이다.

회계등식: 자산 = 부채 + 자본

재무상태표는 차변(왼쪽)의 자산과 대변(오른쪽)의 부채 및 자본으로 구성되어 있다. 먼저 대변의 부채와 자본은 조달된 자금의 원천을 보여준다. 먼저, 주주로부터 출자받은 돈을 자본이라 하고, 주주 아닌 자들로부터 빌린 돈을 부채라 한다. 이렇게 부채와 자본의 형태로 조달된 자금이 어떠한 투자처에 쓰이고 있는지 보여주는 것이 차변의 각 자산계정이다. 부채는 반드시 갚아야 하는 자금으로서 타인자본이라고도 하며, 자본은 주주로부터 조달된 자금으로서 상환할 필요가 없다는 측면에서 자기자본이라고도 한다. 총자본은 부채와 자본을 포함한 전체 조달자금을 뜻한다.

재무상태표	
Ⅰ. 유동자산 1. 당좌자산 2. 재고자산 Ⅱ. 비유동자산 1. 투자자산 2. 유형자산 3. 무형자산 4. 기타 비유동자산	Ⅰ.부채 1. 유동부채 2. 비유동부채 Ⅱ. 자본 1. 출자금 2. 이익잉여금

나. 손익계산서

수익 − 비용 = (당기)순이익

창업을 하여 이익을 내고 있는지 보고 싶다면 손익계산서를 보면 된다. 손익계산서는 일정기간 동안에 회사에서 어느 정도의 이익을 냈는지 경영의 성과를 보여준다. 이익의 크기뿐만 아니라 어떤 활동에서 어떤 종류의 이익이 발생했는지도 나눠서 보여준다. 즉, 손익계산서에는 다양한 이익이 등장하는데, 매출총이익, 영업이익, 법인세비용차감전순이익, 당기순이익으로 구분할 수 있다. 손익계산서에서 이익을 매출총이익, 영업이익, 법인세비용차감전순이익과 당기순이익의 4단계로 나누어서 표시하는 것은, 이익과 관련된 다양한 정보를 이용자들이 자신의 목적에 따라 골라서 쓸 수 있도록 하기 위해서이다.

손익계산서
매출액 (−) 매출원가 Ⅰ.매출총이익(매출총손실) (−) 판매비와 관리비 Ⅱ. 영업이익(영업손실) (+) 영업외수익 (−) 영업외비용 Ⅲ. 세차감전순손익 (−) 세금 등 Ⅳ. 당기순이익(당기순손실)

□ 영업이익의 중요성

매출총이익은 본연의 활동을 통해서 회사가 어느 정도의 수익을 창출했는지를 알 수 있게 해준다. 그러나 영업을 하는 데 들어가는 비용에는 제품원가 말고도 다양한 판매비와 관리비 등이 있다. 판매비와 관리비는 판매활동과 관리활동에서 발생하는 비용으로서 매출원가에 속하지 않는 영업비용을 모두 포괄한다. 영업이익은 전체 영업활동을 통해 벌어들인 돈이므로 손익계산서에서 가장 중요한 수익성지표가 된다.

□ 법인세비용차감전순이익과 당기순이익

영업외수익은 기업의 주된 영업활동이 아닌 활동으로부터 발생한 수익이다. 예를 들면, 이자수익, 임대료, 자산처분이익 등이 있다. 영업외비용은 기업의 주된 영업활동이 아닌 활동으로부터 발생한 비용이다. 예를 들면, 이자비용 또는 자산처분손실 등이 포함된다. 영업이익에 영업외수익과 영업외비용을 가감하면 법인세비용차감전순이익이 계산된다. 마지막으로 법인세비용차감전순이익에서 법인세비용을 차감하면 당기순이익이 나온다.

□ 비용과 원가의 차이

기계설비는 시간이 흐름에 따라 가치가 계속 감소하며, 이러한 기계설비의 가치감소분은 매출활동을 위해서는 반드시 필요한, 즉 불가피하게 발생하는 손해로 볼 수 있는데, 이러한 손해를 '비용' 이라고 한다. 이러한 비용 중에서 수익의 창출에 기여한 비용은 '원가' 로 부른다.

□ 현금주의와 발생주의

창업 초기에는 현금을 기준으로 수익을 측정할 수 있지만, 사업규모가 커지면 보이지 않는 비용을 간과하여 경영성과를 정확하게 인식하지 못할 수 있다. 발생주의에 대해서는 주요 계정과목 설명부분에서 추가로 살펴본다.

다. 현금흐름표

회계를 통해 전달하는 재무정보의 종류 중에서 가장 중요한 것은 경영의 성과를 보여주는 이익에 대한 정보일 것이다. 이러한 이익은 손익계산서를 통해서 파악된다. 이러한 이익이 기업의 현금흐름과 같은 것은 아니다. 즉, 당기의 이익이 1억 원이라는 것이 영업의 결과 1억 원의 현금이 늘어났다는 뜻은 아니다. 흔히, 흑자부도가 발생하는 경우를 보면, 경영성적이 좋은 회사가 현금이 부족하여 부도를 맞곤 한다. 비록 경영성과의 측정에는 손익계산서가 우수할지 몰라도 기업의 현금흐름상태를 관찰하기 위해서는 현금흐름표가 반드시 있어야 한다. 현금수입과 발생주의에 기초한 손익계산서의 이익이 차이가 나는 이유는 다음과 같은 것을 들 수 있다.

손익계산서의 이익은 현금수령 여부와는 무관하게, 발생주의기준으로 측정된다. 제품을 외상으로 매출한 경우 현금기준에 의하면 당기의 수익은 없는 것이나, 발생기준으로는 현금의 수입과는 관계없이 당기의 수익(매출액)에 포함된다. 따라서 손익계산서의 매출액에는 현금매출뿐만 아니라 당기 말 현재 회수하지 못한 외상매출액도 포함되어 있음을 알 수 있다.

회사의 현금흐름에 영향을 미치는 요인에는 영업활동 이외에도 투자활동과 재무활동 등이 있다. 투자활동에 의해 새로 비품을 사거나, 재무활동에 의해 은행에서 돈을 빌린 경우를 보면, 수익이나 비용이 발생한 것은 아니어서 손익계산서에는 반영할 것이 없다. 그러나 두 거래는 회사의 현금흐름에 있어 많은 영향이 있다.

재무상태표의 현금잔고의 변화는 최종결과일 뿐, 어느 활동에서 비롯된 것인지를 말해주지 않는다. 가장 중요한 현금흐름의 원천은 영업활동으로 인한 현금흐름이다. 이와 같은 현금흐름정보의 중요성에도 불구하고 중소기업회계기준에 따르면, 이를 재무제표의 범위에서 제외하고 있다. 따라서 외부감사를 받지 않는 중소기업은 대부분 현금흐름표를 작성하지 않고 있다. 그러나 창업을 생각한다면, 현금흐름표를 정교하게 작성하여 활동별 현금의 움직임도 살펴보는 것이 필요하다.

라. 자본변동표

자본변동표는 자본의 변동에 관한 정보를 제공한다. 재무상태표의 자본을 구성하는 자본금, 자본잉여금, 자본조정, 기타포괄손익누계액 및 이익잉여금이 어떤 요인으로 증감되었는지를 보여준다.

마. 이익잉여금처분계산서

중소기업회계기준에서는 이익잉여금처분계산서를 재무제표로 열거하고 자본변동표와 선택적으로 작성하도록 하고 있다. 그런데 외부감사를 받지 않는 대부분의 중소기업에서는 자본의 변동이 없는 경우가 많고, 법인세 신고 시 이익잉여금처분계산서를 필수적으로 제출해야 하기 때문에 자본변동표 대신 이익잉여금처분계산서를 작성하는 것이 일반적이다. 반면에, 상장기업을 비롯한 외부감사대상기업의 경우에는 이익잉여금처분계산서가 회계기준상 재무제표에 해당하지 않는다.

4. 재무제표의 작성

가. 회계정보의 작성과정

회계의 목적이 재무정보의 전달에 있다면 이런 회계정보는 어떻게 만들어지는 것인가? 먼저, 복식부기와 분개의 뜻에 대해서 알아보자. 부기는 장부를 적는 것을 뜻한다. 장부기재방법은 가계부를 적는 방식과 유사한 '단식부기'와 단일한 사항이 자산 및 비용에 미치는 영향과 부채, 자본 및 수익에 미치는 영향으로 구분하여 기재하는 '복식부기'로 구분된다. 복식부기가 대부분의 기업이 채택하고 있는 장부기록방법이며, 복식부기를 위해 회사의 재무상태에 영향을 주는 이벤트를 장부에 반영하는 것을 '분개'라고 한다. 회계과정을 통해 장부가 만들어지고 이 장부를 토대로 결산을 하여 재무제표가 만들어진다.

| 표 4-3 | 단식부기와 복식부기의 비교

구분	단식부기	복식부기
원칙	일정한 원칙이 없음	일정한 원칙이 있음
기록	현금의 출납	모든 변화를 기록
특징	오류검증 불가	오류검증 가능
적용	비영리 및 소규모 회사	영리 및 대규모 회사

회계기록의 대상이 되는 경제적인 사건을 '거래' 라고 한다. 거래란 기업의 재무상태, 즉 자산과 부채 및 자본에 어떤 변화를 가져다주는 모든 종류의 것으로 일컫는다. 제품을 팔기로 하고 계약금을 미리 받은 경우를 예로 들면, 현금이라는 자산이 늘었고, 미래에 제품을 인도해 주어야 할 부채도 동시에 늘어난 경우이다. 다른 예로, 종업원에게 임금을 지급하면 인건비라는 비용이 발생하고, 현금자산이 감소한 것으로 볼 수 있다. 은행에서 차입하는 경우에는 현금이 증가하였으나, 차입에 따른 부채가 동시에 증가하므로 회사의 재무상태에 변화를 가져와 거래에 해당하는 것이다.

□ 1단계: 거래를 분개하여 전표를 만든다

T계정

계정과목	
차변 (항상 왼편)	대변 (항상 오른편)

먼저 거래가 발생하면 이들을 인식하여 전표에 기록하는 것을 분개라고 한다. 분개는 거래를 정리하여 자산, 부채, 자본의 변동을 왼쪽(차변)과 오른쪽(대변)에 배열하는 것을 말한다. 분개를 하는 원칙은 생각보다 간단하다. 즉, 자산이 늘어나면 왼쪽에, 부채와 자본이 늘어나면 오른쪽에 기입하고, 반대로 금액이 줄어든 경우에는 반대쪽에 기입한다. 결국, 자산의 감소는 대변에, 부채와 자본의 감소는 차변에 적게 된다. 이와 같은 분개의 법칙은 재무상태표의 차변에는 자산이, 대변에는 부채와 자본이 표시되는 것에 기인한다.

요즘은 손으로 전표나 장부를 작성하는 대신에 컴퓨터 프로그램을 이용하여 회계작업을 하는 것이 대부분이다. 전표를 직접 손으로 작성하는 대신에 모든 계정과목을 코드화해서

컴퓨터에 입력만 하면 알아서 분개가 이뤄지기 때문에 편리하다. 물론, 그 이면의 회계의 흐름이나 절차는 차이가 없다. 손익계산서의 비용과 수익도 마찬가지로 원래 비용의 자리가 차변이고 수익의 자리가 대변이므로 비용의 발생은 차변에, 수익의 발생은 대변에 적는다.

실제로 분개를 할 때 차변과 대변에 적는 것은 자산, 부채, 자본, 수익, 비용이 아니라 구체적인 계정과목(현금, 급여 등)이다. 거래에 대한 더 자세한 정보를 주기 때문이다.

계정잔액의 증가와 감소

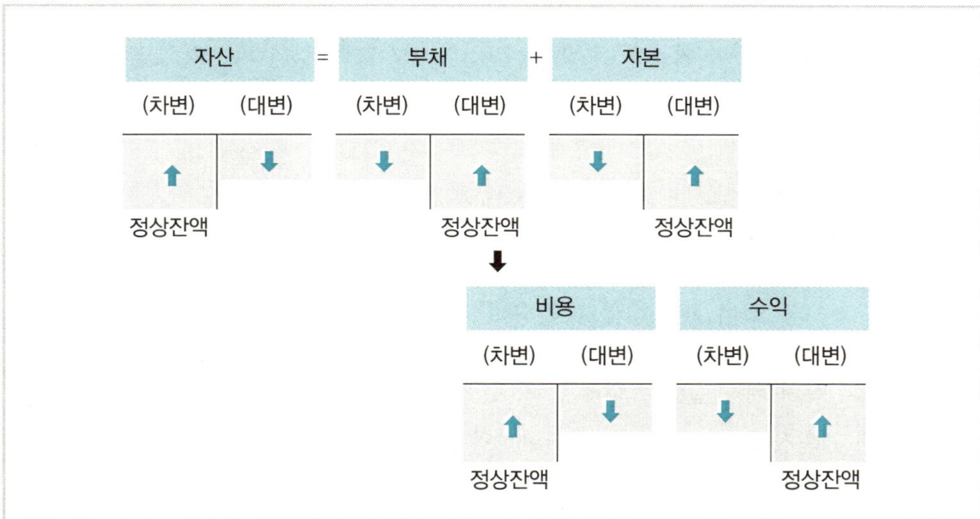

모든 거래는 예외 없이 항상 차변의 한 요소와 대변의 한 요소의 결합으로 구성되는데, 앞서 설명한 바와 같이 차변은 투자처를 나타내고, 대변은 자금의 조달처를 보여주기 때문에 당연한 결과이다. 따라서 차변(왼쪽)과 대변(오른쪽)에 항상 같은 금액이 기록된다.

□ 2단계: 장부에 옮겨 적는다

모든 거래가 전표작성을 통해 분개가 되었으면, 매일의 분개들을 전부 장부에 옮겨 적는다. 이러한 절차를 거치면 비로소 장부가 만들어지는 것인데, 장부에는 주요장부와 보조장부가 있다. 주요장부란 회사의 모든 계정과목을 망라한 총계정원장을 말하며 보조장부는 특정계정을 좀 더 상세하게 기록한 것이다. 거래처별 원장 등이 보조장부에 해당한다. 회계 프로그램을 사용하는 경우에는 거래자료가 컴퓨터에 입력되면 자동으로 장부에 전기되고 시산표 등이 만들어진다.

□ 3단계: 시산표를 만든다

매월 말 장부를 마감하면 전표로부터 모든 거래가 장부에 옮겨져서 기재되었는지 확인하기 위해서 시산표라는 것을 작성한다. 월말 현재 왼쪽와 오른쪽 숫자의 합이 항상 같아야 한다는 점에 기초하여 검증하는 것이다. 만약 시산표의 대차금액이 맞지 않는다면 이는 원장에 전기하는 과정에서 잘못이 있었다는 것을 뜻한다. 요즈음은 거의 컴퓨터로 작업하기 때문에 이러한 검증의 기능은 큰 의미는 없다. 시산표의 주된 기능은 오류검증보다는 회계연도 중에 각 계정과목의 수치를 확인하는 데에 있다.

자산 = 부채 + (자본 + 수익 − 비용 − 배당)

□ 4단계: 결산을 하고 재무제표를 만든다

회계연도의 끝이 되면 결산을 하게 된다. 결산이란 회사의 회계기간 단위별로 경영성과 및 재무상태를 측정하기 위한 것이다. 결산작업을 통해 비로소 재무제표가 완성된다. 회계기간은 보통 1년이지만 상장법인은 투자자들에게 재무정보를 더 자주 제공할 필요가 있어 분기별로 결산을 하고 재무제표를 작성하여 공시한다.

결산을 위해서는 제일 먼저 결산일 현재의 시산표가 만들어져야 한다. 그 후 결산정리사

회계순환과정의 흐름

	1단계	2단계	3단계	4단계
주요활동	기록 ▶	원장 ▶	요약 ▶	보고
장부(서식)	분개장	원장	시산표	재무제표
수행주기	거래발생 시마다 (매 건 등)	주기적으로 (매일 등)	재무제표 작성 시마다	재무보고 시마다

항에 대한 수정절차가 필요하다. 결산수정사항에는 다음과 같은 것을 예로 들 수 있다. 즉, 매출원가를 확정하기 위해 기말에 남아 있는 재고자산이 얼마인지를 평가해야 하며, 전체 재고금액 중에서 기말재고를 제외한 금액을 매출원가로 대체하게 된다.

나. 계정과목 소개

□ 자산

자산은 일반적으로 회사가 과거의 거래결과 취득한 것으로서 통제할 수 있는 미래의 경제적 효익으로 정의된다. 자산은 유동자산과 비유동자산으로 나누어진다. 유동자산은 당좌자산과 재고자산으로 구분되며, 비유동자산은 투자자산, 유형자산, 무형자산 및 기타비유동자산으로 나눌 수 있다.

○ 유동자산

유동자산이란 결산일로부터 1년 또는 정상적인 영업주기, 즉, 재고자산의 취득시점부터 판매대금의 회수 시까지 소요되는 기간 이내에 현금화가 가능한 자산이다. 유동자산 가운데서 재고자산을 제외한 다른 자산들은 당좌자산으로 칭한다. 당좌자산에는 현금및현금성자산, 단기금융상품, 유가증권, 매출채권, 단기대여금, 미수금, 미수수익, 선급금, 선급비용 등이 있다.

① 현금및현금성자산

현금에는 통화와 자기앞수표 등 통화대용증권이 포함된다. 보통예금과 당좌예금도 재무제표 작성목적으로는 현금에 포함하여 표시한다. 당좌예금이나 보통예금은 이자를 얻기 위한 것을 주된 목적으로 하는 예금이 아니므로 금융상품으로 보지 않는 것이다. 현금성자산은 비록 현금은 아니지만 현금에 상당하는 것으로 보는 항목인데, 수시입출금식 요구불예금이 이에 해당한다. 만기가 3개월 이내인 채권의 경우에도 현금으로 전환될 시점이 얼마 남지 않았으므로 유가증권이 아니라 현금성자산으로 본다.

② 단기금융상품

금융상품에는 보통예금과 당좌예금을 제외한 각종 예금, 즉 정기예금 및 정기적금 등과 금전신탁 등이 있다.

③ 유가증권

유가증권은 가치를 표창하는 증서이다. 기업의 운영에 필요한 자금은 금융기관으로부터 차입하거나, 회사가 직접 자금조달의 주체로서 회사채나 주식을 발행하여 조달하는 것이 일반적이다. 보통 회사가 자금조달 시 발행하는 회사채나 주식을 유가증권이라고 부른다. 유가증권은 보유목적에 따라 만기보유증권, 단기매매증권 또는 매도가능증권 중의 하나로 분류할 수 있다.

만기보유증권은 만기가 확정된 채무증권으로서 회사가 만기까지 보유할 의사가 있는 것을 말한다. 단기매매증권은 주로 단기간 내의 매매차익을 목적으로 취득한 것으로서 시장성(해당 유가증권이 거래되는 시장이 존재해서 의도만 있으면 자유롭게 처분이 가능함)이 있는 것을 말한다. 만기보유증권과 단기매매증권 외의 유가증권은 모두 매도가능증권으로 분류된다.

④ 매출채권

회사가 제품이나 상품을 판매하면서 현금으로 결제되지 않고 외상으로 매출하는 경우가 많다. 이와 같이 외상으로 판매한 물건값에 대한 채권은 외상매출금이라는 자산으로 표시한다. 받지 못한 물건값 대신에 어음을 받으면, 받을어음이라는 자산으로 표시한다. 두 계정은 모두 매출채권으로 불린다.

⑤ 단기대여금

회사가 자금을 거래처 등에게 1년 이내의 기간 동안 빌려주는 것이다. 대여기간이 1년 이상이 되면 장기대여금이라고 한다. 대여금은 매출채권과 유사하게 장래에 받을 돈이므로 받지 못할 것으로 합리적으로 예상되는 금액을 추정하여 대손충당금을 쌓아야 한다.

⑥ 미수금과 미수수익

미수금은 주된 영업인 제품이나 상품의 판매 이외의 거래에서 발생된 받을 돈이다. 회사에서 영업에 쓰이던 설비나 부동산을 매각하고 그 대가를 받기 전이라면 매출채권이 아니라 미수금이라는 계정으로 기록한다.

미수수익은 수익은 발생했으나 아직 현금으로 입금되지 않은 것을 뜻한다. 시간의 경과에 따라 수익이 발생하는 이자수익이나 임대료수익 등에서 발생한다.

⑦ 선급금과 선급비용

상대방의 거래이행을 담보하기 위하여 매매대금의 일부를 계약금으로 지불한 것은 선급금으로 처리한다. 선급비용이란 비용지출의 대가로서 일정 기간 동안 서비스를 받기로 약정한 경우 경과되지 않은 기간에 대한 부분을 나타낸다. 보험회사에 1년치의 보험료를 미리 납입했다면 결산일인 이후 다음연도 귀속분은 아직 서비스의 제공을 받지 않은 부분이므로 자산계정으로 처리된다.

○ 재고자산

재고자산은 고객에게 판매하기 위해 보유하는 자산이다. 다음과 같은 종류가 있다.

① 도매 또는 소매하는 회사

회사가 직접 만들지 않고 외부에서 사와서 다시 파는 것이므로 상품이 재고자산에 해당한다.

② 제조회사

원재료를 구입하여, 노무비와 경비 등 다른 제조원가를 지출하여 물건을 만들게 된다. 이와 같이 만들어진 물건은 상품이라 하지 않고 제품이라고 한다.

○ 투자자산

회사는 영업활동을 통해서 주된 수익창출을 하는 것을 기본으로 한다. 그러나 영업활동 이외에 좋은 투자처가 있다면 못할 이유는 없다. 이와 같이 회사가 본래의 영업활동 외에 여유자금 등을 장기간 운용하는 대상은 투자자산으로 분류된다.

① 장기금융상품

금융상품 중 만기가 1년 이상 남은 것을 말한다.

② 만기보유증권 또는 매도가능증권

만기보유증권 또는 매도가능증권은 1년 이상 장기로 투자하는 것을 목적으로 하거나, 다른 회사의 경영상의 지배권을 얻을 목적으로 투자한 유가증권이다.

○ 유형자산

유형자산은 회사가 영업활동에 사용하기 위해 보유하는 자산이다. 회사를 운영하기 위해 필요한 토지, 건물, 기계, 차량, 비품 등이 유형자산에 속한다. 유형자산은 상당기간 회사의 수익활동을 위해 쓰인다. 따라서 유형자산의 취득을 위해 지출된 금액은 취득 당시에 바로 비용으로 처리하는 것이 아니라 수익을 제공받을 것으로 예상되는 일정기간 동안 나누어 비용으로 인식한다. 이러한 절차를 감가상각이라고 하고, 매년 배분된 금액은 감가상각비라 한다.

손익계산서에 감가상각비로 계상된 금액은 재무상태표의 유형자산의 취득원가에서 직접 차감하지 않고, 감가상각누계액이라는 계정을 통해 취득원가에서 차감하는 형식으로 표시한다. 즉, 재무상태표상 유형자산은 취득원가에서 그동안 감가상각비로 비용배분된 금액인 감가상각누계액을 차감한 금액으로 나타난다. 이때의 취득원가에서 감가상각누계액을 차감한 금액을 보통 장부가액이라 한다.

① 토지

토지는 보유만으로 가치가 줄어드는 일이 없기 때문에 감가상각의 대상이 아니다. 만일 토지가액의 상승분을 어떻게 반영할지에 대하여, 일반기업회계기준에서는 유형자산의 평가와 관련해 원가모형과 재평가모형 중 선택할 수 있도록 하고 있다.

② 건물과 구축물

건물에는 생산시설이 있는 공장건물 외에도 차고 및 사무실 등이 해당된다. 건물에 부속되어 있는 냉난방설비나 조명설비, 통풍장치도 건물로 표시된다. 구축물은 공장까지 연결된 도로, 야외휴게시설, 담장 및 주차장 등이 해당된다.

③ 기계장치

기계장치란 공장에서 제품을 만들어 내기 위해 사용되는 기계 및 부속설비를 말한다.

④ 차량운반구

회사가 보유하고 있는 자동차, 트럭, 오토바이 등을 말한다.

⑤ 비품

회사가 보유하고 있는 각종 집기나 비품, 컴퓨터 등을 말한다.

⑥ 건설중인자산

회사가 필요로 하는 유형자산을 직접 건설하고자 하는 경우에 유형자산의 자체 건설을 위해 들어간 원가를 처리하는 계정이다. 이는 일시적으로 건설기간 중에만 나타나는 계정으로 건설이 완료되면 건물 등으로 대체된다.

○ 무형자산

무형자산은 형체가 없는 자산이다.

① 산업재산권

회사의 영업활동에 관련된 다양한 지적재산권이 이에 해당된다. 특허권, 실용신안권, 디자인권, 상표권 등 법적으로 보장받는 권리이다. 그 권리의 취득에 투입된 금액이 자산으로 처리된다.

② 영업권

다른 회사의 사업을 양수하는 경우 그 회사의 식별가능한 순자산의 공정가액에 프리미엄을 더하여 지급했다면 그 부분이 영업권에 해당한다.

③ 개발비

신제품 또는 신기술의 개발을 위해 투입된 비용이다. 개발비는 일정한 요건을 갖춘 경우 지출한 연도의 비용으로 처리하지 않고 무형자산으로 처리한다.

○ 기타 비유동자산

보증금, 장기성매출채권, 장기미수금 등이 있다.

□ 부채

부채는 일반적으로 과거의 거래에 의해 회사가 부담하게 된 미래의 경제적 효익(자산)의 희생가능성으로 정의된다. 즉, 미래에 자산이 유출될 가능성이 현재에 존재한다면 이를 회계상 부채로 볼 수 있다. 기업활동을 위해 필요한 자금을 전액 자기자본만으로 충당한다는 것은 어렵고 바람직하지도 않다. 적정한 규모의 부채를 통해 레버리지효과로 인한 이익증대가 가능하기 때문이다.

○ 유동부채

결산일로부터 1년 안에 상환해야 하는 단기부채를 말한다.

① 매입채무

외상매입금이란 거래처로부터 상품이나 원재료를 구입했으나 대금을 지급하지 않은 것을 말한다. 지급어음은 대금을 당장 지급하는 대신에, 장래에 지급하기로 약속하는 어음을 발행한 경우에 쓰인다. 외상매입금과 지급어음을 합쳐 매입채무라 한다.

② 단기차입금

만기가 결산일로부터 1년 이내이면 단기차입금으로 분류된다.

③ 미지급금, 미지급비용

미지급금은 일반적인 상거래 이외에서 발생한 외상대금이다. 기계장치나 차량 등을 구입하고 그 대금을 지불하지 않았을 때 처리하는 계정이다. 미지급비용은 이미 비용이 발생했음에도 불구하고 그 대가를 지급하지 않은 것으로서, 임차료나 이자비용 등의 미지급분을 처리하는 계정이다.

④ 선수금, 예수금, 선수수익

선수금은 일반적인 상거래와 관련하여 미리 받은 돈을 의미한다. 상품이나 제품의 판매 계약을 하고 계약금을 미리 받은 경우에 쓰인다. 예수금은 일반적인 상거래 외에 발생한 일시적인 수령액이다. 임직원에게 급여를 지급할 때, 근로소득세나 건강보험료, 국민연금 보험료 등은 원천징수하여 다음 달에는 세무서 등에 납부해야 하는데, 이때 일시적으로 자금을 보관하는 경우에 쓰인다. 선수수익은 임대료나 이자수익 등과 관련하여 아직 제공하지 않은 서비스에 대한 대가를 미리 받은 것이다.

○ 비유동부채

비유동부채는 1년 이내에 상환기일이 도래하지 않는 장기부채이다. 자금사용기간이 길고 당장 갚아야 하는 부담이 없기 때문에 보통 투자자산을 취득하기 위해 이용된다.

① 사채

일정기간 후에 원금을 상환하기로 약속한 증서를 발행하여 일반대중으로부터 자금을 조달하는 경우에 쓰인다. 이와 같이 사채를 발행해서 채권자로부터 자금을 조달하려면 회사의 원리금 상환능력을 포함한 신용상태가 좋아야 하는데, 중소기업 등 비상장법인이 발행하는 경우는 많지 않다.

② 충당부채

현재 확정된 채무는 아니지만 장래에 확정채무가 될 가능성이 매우 높은 금액을 부채로 계상한 것이다. 법률적으로는 채무로 인식할 근거가 없더라도 장래에 확정채무가 될 가능성이 매우 높은 경우에는 보수적인 관점에서 미리 비용처리하고 충당부채를 계상하게 된다. 충당부채를 계상하기 위한 일반적인 요건은 장래에 지출가능성이 매우 높아야 하고, 그 금액을 추정할 수 있어야 하며, 장래 지출의 원인이 당기에 존재하느냐 등이 있다.

만약 회사가 확정기여(DC)형 퇴직연금에 가입하여 매년 퇴직연금부담금을 지급하고 있다면 퇴직금지급의무를 다한 것이므로 퇴직급여충당부채를 따로 계상하지 않는다. 퇴직연금부담금을 지출할 때 바로 퇴직급여라는 비용으로 처리하게 된다.

확정급여(DB)형 퇴직연금에 가입한 경우에는 여전히 회사의 퇴직금지급의무가 남게 되므로 결산 시마다 퇴직급여충당부채를 계상해야 한다. 퇴직연금부담금은 퇴직연금운용자산이라는 자산으로 처리된 후에 지급시점에 자산의 감소로 처리하면 된다.

□ 자본

자본은 총자산에서 부채를 차감한 것으로 순자산이라고도 한다. 자본총액과 주식가치의 차이는 같은 것인가? 만약 주식회사를 자본금 1억 원으로 설립하여 첫해에 당기순이익을 0.1억 원을 남긴 경우를 생각해 보자. 설립자금에 첫해의 이익잉여금 0.1억 원을 더한 1.1억 원 정도에 회사를 매각할 수 있을 것이다. 그러나 첫해 크게 흥행을 해서 당기순이익 2억 원을 기록했다면 과연 이 회사를 3억 원에 팔 수 있을까? 주가는 회사의 장래수익에 대한 기대에 따라 결정되는 것일 뿐, 재무상태표의 자본총액에 이익잉여금을 더한 것이 주식의 가치가 되는 것은 아니다. 결국 주가는 시장에서 결정되는 것이며, 주주 간의 거래는 회사의 재무상태표에는 영향을 주지 않는다.

○ 자본금

주주들이 회사에 투자한 금액 중에서 주주들이 가지고 있는 주식의 액면총액이 자본금이다. 투자금 자체를 나타내는 것이 아님을 유의할 필요가 있다.

○ 자본잉여금

자본잉여금은 주식의 발행 또는 증자 및 감자 등의 자본거래에서 발생된 잉여금을 뜻한다.

① 주식발행초과금

주식의 발행가액 중에서 액면가액을 초과하는 금액을 처리하는 계정이다. 액면이 5,000원인 주식을 15,000원에 발행하면 1주당 10,000원의 주식발행초과금이 생긴다.

② 감자차익

감자는 회사의 자본금이 줄어드는 것을 말한다. 감자는 주주에게 대가를 지급하는 유상감자와 회사의 결손을 메우기 위한 목적 등에 이용되는 무상감자로 나눌 수 있다. 유상감자를 예로 들면 자본금이 줄어드는 것보다, 주주에게 지급하는 대가가 적으면 그 차이금액을 감자차익으로 인식한다.

③ 자기주식처분이익

회사가 자신이 발행한 주식을 되사게 되는 경우 자기주식이라고 한다. 자기주식은 주가 관리목적 등이 있을 때 취득한다. 자기주식을 취득하면 시장에 유통되는 주식수가 줄어들어 주가는 일반적으로 올라가는 경향이 있다. 그리고 자기주식을 되팔 때, 당초의 취득가격보다 비싸게 판다면 자기주식처분이익이 발생한다.

○ 이익잉여금

이익잉여금은 회사가 그동안 매년 기록한 당기순이익에서 아직 주주에게 배당으로 분배하지 않은 누적금액을 뜻한다. 유의할 점은 이익잉여금은 현금주의가 아니라 발생주의를 기준으로 계산한 당기순이익에서 배당을 뺀 것이기 때문에 회사의 한 시점의 이익잉여금이 현금으로 그대로 회사의 장부에 남아 있는 것은 아니다.

① 법정적립금

벌어들인 이익 중에서 법에 따라 의무적으로 적립하는 금액이다. 「상법」에 의하면 회사는 매 결산기마다 금전배당금액의 10% 이상을 적립하도록 정하고 있는데 이를 이익준비금이라 한다. 이익준비금은 향후 회사의 재무상태가 좋지 않을 때에 결손을 메우는 데 사용하든지 아니면 자본에 전입하는 용도로 쓰인다.

② 임의적립금

임의적립금은 회사가 벌이들인 이익 가운데 일부 금액을 임의로 적립해 두는 금액이다.

③ 미처분이익잉여금

법정적립금 또는 임의적립금의 형태로 적립하고 난 후에 남은 잉여금을 의미한다. 특정한 용도로의 사용에 제한이 없으며, 배당금 지급의 재원이 된다. 재무상태표에 표시되는 이익잉여금은 그해의 이익처분내용이 반영되기 전의 상태인 미처분이익잉여금이다. 따라서 다음 해 초에 주주총회에서 이익잉여금을 적립하거나 배당의 형태로 처분하는 금액이 확정되면 미처분이익잉여금에서 이익잉여금처분액을 뺀 나머지 금액이 다음 해의 기초로 넘어가는 미처분이익잉여금이 된다.

○ 자본조정

① 자기주식

회사가 자신이 발행한 주식을 취득한 경우에는 그 취득가액을 자본에서 차감하는 형식으로 표시한다. 그 후에 매입한 자기주식을 소각하면, 자기주식을 없애고 직접 자본금을 차감한다.

② 주식할인발행차금

주식이 액면가액을 초과하여 발행된 경우, 액면초과액을 주식발행초과금이라는 자본잉여금계정으로 표시함을 앞에서 보았다. 반대로, 주식을 액면가액 이하로 발행하는 경우, 발행가액이 액면가에 미달하는 금액을 주식할인발행차금으로 처리하는 것이다. 자본금은 발행된 주식의 액면가액으로 표시되므로, 액면미달액만큼은 자본에서 차감하는 형식으로 표시한다.

○ 기타포괄손익누계액

포괄손익이란 회사의 순자산에 변동을 가져오는 항목 중 손익거래와 자본거래 중 어느 것에도 해당하지 않는 항목을 말한다. 순자산의 증가가 손익거래에 따른 것이라면, 손익계산서의 당기순이익에 포함되어 재무상태표의 미처분이익잉여금으로 반영된다. 순자산의 증가항목이 주주와의 자본거래를 통한 것이라면, 손익계산서에는 반영되는 것이 없고, 재무상태표에 자본잉여금으로 표시된다. 기타포괄손익에는 매도가능증권평가손익, 유형자산재평가손익, 해외사업장 재무제표환산손익 등이 있다. 예를 들어, 시장성 있는 매도가능증권을 시가로 평가하여 발생한 평가손익은 미실현손익으로서 당기의 손익계산서에 반영하지 않고 대신 재무상태표의 자본항목에 직접 표시하는 것이다.

□ 수익

○ 영업수익

회계에서 사용하는 수익이란 일상적인 용어로 흔히 매출액, 외형 또는 수입액 등으로 쓰이기도 한다. 수익은 영업활동과는 상관이 없는 금전대여나 부동산임대에서 발생할 수도 있다. 이러한 수익은 영업외수익이라고 한다. 수익이 영업수익에 해당하는 매출액을 뜻하는 것인지 문맥에 따라 차이가 있으므로 확인할 필요가 있다.

○ 영업외수익

상품 또는 제품의 판매와 같은 판매활동이 아닌 영업외활동에 의해 얻어지는 수익을 말한다.

① 이자수익

자금의 대여 및 예금 또는 회사채 투자에 따른 이자수입액을 말한다.

② 배당금수익

다른 회사의 주식에 투자하여 받게 되는 현금배당수입을 처리하는 계정이다. 주식배당의 형태로 받는 경우에는 별도의 회계처리는 하지 않는다. 추후 주식을 매각할 때, 취득원가가 낮아진 만큼 양도차익의 형태로 실현된다.

③ 임대료

부동산의 전부 또는 일부를 타인에게 빌려준 대가로 받은 수입액이다.

④ 유가증권처분이익

단기매매증권 등의 처분금액이 장부에 기재된 금액보다 높은 경우 처리하는 계정이다.

⑤ 유가증권평가이익

결산일 현재 단기매매증권 등의 공정가액이 직전 결산일 또는 취득일 현재의 장부가액보다 큰 경우 처리하는 계정이다.

⑥ 외화환산이익

화폐성외화자산 및 부채에 대하여 장부상의 환율과 결산일 현재의 환율과의 차이에 의해 발생되는 이익을 말한다.

⑦ 외환차익

외화자산을 회수하거나 외화부채를 상환하는 경우 장부상의 환율과 실제 현금수수일 현재 환율의 차이에 의해 발생되는 이익을 처리하는 계정이다.

⑧ 유형자산처분이익

유형자산의 매각하여 수취하는 대가가 장부상의 금액보다 높은 경우에 차익을 처리하는 계정이다.

⑨ 사채상환이익

회사가 사채를 발행하고, 만기 또는 만기 전 어느 시점에 투자자로부터 사채를 상환하고 금전으로 지급하는 경우에, 사채의 장부상 금액보다 돌려주는 금액이 낮을 경우 그 차이를 기재하는 계정이다.

⑩ 전기오류수정이익

전기 이전에 발생한 회계처리상의 오류로 인해 순이익을 낮게 기록한 것을 당기에 발견했다고 하자. 이러한 오류가 중대한 것은 아니라고 판단되면, 그만큼 당기의 영업외수익을 높이는 방식으로 처리한다. 시점 간의 손익은 차이가 있지만, 적어도 전체 인식한 손익은 일치시키는 방식이다.

반면에, 과거의 오류가 중대한 경우에는 원칙대로 과거 해당기간을 추적하여 그해의 순이익을 높여야 한다. 이 경우 당기의 재무상태표에서는 기초금액에 해당하는 전기이월미처분이익잉여금을 늘려준다. 이 경우 당기의 손익계산서에는 영향이 없고 재무상태표 상의 이익잉여금 잔액은 오류가 없었을 경우와 일치하게 된다. 중소기업회계기준에서는 금액의 크기에 상관없이 모두 당기의 영업외손익에 반영하도록 규정하고 있다.

⑪ 자산수증이익

타인으로부터 자산을 대가 없이 증여받은 경우 그 금액을 처리하는 계정이다.

⑫ 채무면제이익

회사가 지급해야 할 채무를 타인이 면제해 준 경우에, 이익으로 인식하며 처리하는 계정이다.

⑬ 보험차익

재해가 발생하여 보험회사로부터 수령한 보험금이 손실된 자산의 장부상 금액보다 더 큰 경우 차액을 처리하는 계정이다.

□ 비용

○ 매출원가

당기 중에 팔려 나간 물건의 원가를 보여준다. 손익계산서의 비용항목 중에서 가장 큰 비중을 차지하는 항목이다. 매출액에서 매출원가를 차감하면 매출총이익이 된다.

○ 재고자산평가손실

기업회계기준에서는 재고자산이 파손되거나 부패하는 등 물리적으로 손상되거나, 장기간 판매되지 않는 경우 또는 재고자산의 상품성이 진부화되어 판매가치가 떨어지면 이를 장부에 반영하도록 정하고 있다. 즉, 결산일 현재 판매할 수 있을 것으로 예상되는 가격(관련비용은 차감)이 당초의 취득원가보다 중요한 정도로 낮아지면, 장부가액을 예상 판매가격으로 낮추고 그 차이를 평가손실로 처리해야 한다.

○ 판매비와 관리비

매출액에서 매출원가를 빼면 매출총이익이 된다. 매출총이익은 단지 상품이나 제품의 판매가격과 원가의 차이만큼 이익을 남겼다는 정보를 준다. 그러나 영업활동에는 그러한 매출총이익이 실현될 수 있도록 판매활동과 기타관리활동이 부수되어야 한다. 실제 회사가 영업을 해서 영업이익을 남기려면 매출원가 이외에도 다양한 판매비와 관리비가 발생하며, 이러한 영업비용을 모두 고려해야 진정한 영업이익을 구할 수 있다.

① 급여

판매 및 일반관리업무에 종사하는 임직원에 대한 급여를 처리하는 계정이다. 제조활동에 종사하는 직원에 대한 급여는 매출원가에 반영해서 처리한다.

② 퇴직급여

임직원에 대한 퇴직금지급액 및 확정기여형 퇴직연금부담금을 처리하는 계정이다. 그 외 퇴직급여충당부채를 적립하는 경우에도 비용으로 인식할 때 이 계정을 쓴다.

③ 복리후생비

임직원의 의료 또는 체육활동 등 복리를 높이기 위해 지출되는 금액이다. 건강보험료 및 고용보험료 중 회사부담분도 이에 해당한다.

④ 여비교통비

임직원이 업무와 관련하여 국내외 교통수단을 이용할 때 쓰는 계정이다.

⑤ 접대비

회사의 영업활동과 관련하여 거래처 등에 지출하는 금액을 처리하는 계정이다.

⑥ 광고선전비

제품이나 상품의 광고 또는 선전을 위해 지출된 경비이다.

⑦ 세금과 공과

국가나 지방자치단체 등에 납부하는 각종 세금 및 공과금을 처리하는 계정이다. 상공회의소 회비, 국민연금보험료의 법인부담금도 이 계정으로 처리된다. 법인세와 법인세할 지방소득세는 일반적으로 법인세비용이라는 별도의 계정과목으로 처리된다.

⑧ 임차료

본사건물 등을 임차하여 쓰는 경우 지급하는 비용을 처리하는 계정이다. 유의할 것은 제조활동에 쓰이는 공장건물이나 기계장치를 임차하여 쓴다면, 이와 관련된 임차료는 제조원가로서 매출원가에 반영되어야 한다.

⑨ 감가상각비

유형자산의 취득원가를 내용연수기간 동안 배분한 금액이다. 배분방법으로는 주로 정액법이나 정률법이 이용된다. 정액법은 상각대상금액(취득원가에서 잔존가치를 차감한 금액)을 내용연수에 걸쳐 매기 같은 금액으로 나누는 방법이다. 정률법은 취득원가에서 감가상각누계액을 차감한 장부금액에 상각률을 곱하여 어느 한 해의 감가상각비를 계산하는 방식이다. 따라서 감가상각비가 초기에 많이 계상되고, 기간경과에 따라 감가상각비 규모가 줄어든다. 물론, 정액법이나 정률법 모두 총상각대상금액은 원래 지출한 금액으로 같을 수밖에 없다. 인식하는 시간에 차이가 있는 것이다.

여기서도 유의할 것은 제조활동에 쓰이는 공장건물이나 기계장치에 대한 감가상각비는 제조원가로서 매출원가에 반영되어야 한다는 점이다. 즉, 손익계산서에 보이는 감가상각비가 회사 전체의 감가상각비가 아닌 경우가 대부분이다.

⑩ 보험료

보험회사에 사업용자산과 관련하여, 보험에 가입하고 지출한 보험료를 말한다.

⑪ 무형자산상각비

무형자산도 유형자산과 동일하게 합리적인 상각기간(내용연수) 동안 나눠서 비용으로 인식한다. 이를 무형자산상각비라고 한다.

○ 영업외비용

영업활동 이외의 활동에서 발생하는 비용으로, 주로 투자 또는 재무활동에 따른 비용이 여기에 해당된다.

① 이자비용

차입금 또는 사채발행분에 대한 이자비용을 말한다.

② 유가증권처분손실

단기매매증권 등의 처분가액이 장부가액보다 낮은 경우 그 차이를 처리하는 계정이다.

③ 단기매매증권평가손실

결산일 현재 단기매매증권 등의 공정가액이 장부가액보다 낮은 경우 그 차액을 말한다.

④ 매출채권처분손실

매출채권 등을 조기에 현금화하기 위해 금융회사 등에 양도하는 것을 팩토링이라 한다. 이때, 양도금액과 장부금액의 차이를 처리하는 계정이다.

⑤ 외화환산손실

화폐성외화자산 및 부채를 보유하고 있는 경우 장부상의 환율과 결산일 현재의 환율과의 차이에 의해 발생하는 환산손실을 말한다.

⑥ 외환차손

외화자산을 회수하거나 외화부채를 상환할 때에 장부상의 환율과 실제 현금수수일 현재의 환율의 차이에 의해 발생되는 손실을 처리하는 계정이다.

⑦ 기타의 대손상각비

매출채권을 제외한 대여금 등의 수취채권에서 발생하는 대손상각비를 처리하는 계정이다.

⑧ 재고자산감모손실

비정상적으로 발생한 재고자산의 감모손실을 처리하는 계정이다. 정상적인 재고자산감모손실과 재고자산평가손실은 매출원가로 반영된다.

⑨ 기부금

영업활동과 관련 없이 무상으로 제공된 금품이다. 영업활동과 관련이 있으면 접대비로 처리한다.

⑩ 유형자산처분손실

유형자산을 매각하여 수취하는 대가가 장부가액보다 낮을 경우 차이금액을 처리하는 계정이다.

⑪ 사채상환손실

회사가 발행한 사채를 만기 또는 만기 전에 채권자로부터 상환하는 데 있어서 채권자에게 지급하는 금액이 사채의 장부가액보다 큰 경우 그 차액을 처리하는 계정이다.

⑫ 전기오류수정손실

전기 이전에 발생한 회계처리상의 오류로 인해 순이익을 높게 기록한 것을 당기에 발견했다고 하자. 이러한 오류가 중대한 것은 아니라고 판단되면, 그만큼 당기의 영업외비용으로 처리한다. 시점 간의 손익은 차이가 있지만, 적어도 전체 인식한 손익은 일치시키는 방식이다.

반면에, 과거의 오류가 중대한 경우에는 원칙대로 과거 해당기간을 추적하여 그해의 순이익을 낮춰야 한다. 이 경우 당기의 재무상태표에서는 기초금액에 해당하는 전기이월미처분이익잉여금을 줄인다. 이 경우 당기의 손익계산서에는 영향이 없고 재무상태표상의 이익잉여금 잔액은 오류가 없었을 경우와 일치하게 된다. 중소기업회계기준에서는 금액의 크기에 상관없이 모두 당기의 영업외손익에 반영하도록 규정하고 있다.

⑬ 재해손실

도난이나 화재 등에 의해 발생된 손실을 처리하는 계정이다.

제 5 장

창업의 절차

1. 창업의 행정절차
2. 창업과 사업자등록

1. 창업의 행정절차

제1장에서 전술한 바와 같이 창업을 하기 위해서는 먼저 창업의 형태를 결정해야 한다. 일반적으로 개인사업자라고 하면 자영업자, 소상공인, 소자본창업 등을 일컬으며, 최근에는 정부가 지식창업 육성을 위해 2013년부터 '1인 창조기업'을 활성화하여 개인 또는 법인사업자로 등록할 수 있도록 하였다. 법인사업자라고 하면 주식회사의 형태를 취하며 「상법(商法)」상 회사법(會社法)을 따른다.

창업목적 이외에 중요하게 고려할 사항은 설립절차, 관련법, 의사결정체제, 세금 등이다. 특히 세금부분에 있어 사업규모가 작을 경우에는 개인사업자가 유리할 수 있으나 사업의 성장규모에 따라 적용세율이 다르므로 사업규모를 판단할 필요가 있다. 각 유형별 특징 및 장 · 단점은 제1장을 참고하기 바라며, 이 장에서는 유형별 행정절차 및 세제관련사항에 대해서 알아본다.

가. 개인사업자로 창업하는 경우

창업을 위해서는 유형을 결정하는 것과 더불어 실제 영위하려는 업종이 인허가사항에 속하는 것인지를 먼저 판단할 필요가 있다. 개별법에 의한 인허가업종에 속하는 경우 인허가절차가 선행되어야 사업자등록이 가능하기 때문이다. 만약 인허가업종에 속하지 않는 업종을 영위하는 경우라면 별도의 회사설립절차 없이 사업장 관할세무서장에게 사업자등록을 신청하면 된다. 사업자등록신청 시에는 사업자등록신청서, 임대차계약서 사본, 허가(등록, 신고)증 사본, 동업계약서(공동사업자인 경우)를 세무서에 제출하면 바로 개인사업자로서의 창업이 가능하다.

나. 법인사업자로 창업하는 경우

법인사업자로 창업하는 경우에도 개인사업자와 마찬가지로 영위하려는 업종이 인허가업종인지를 먼저 판단하여 인허가를 받아야 한다. 법인사업자의 경우에는 세무서에 사업자등록을 하기 전에 먼저 관할지방법원이나 등기소에서 먼저 법인설립등기를 하여야 한다. 구체적인 절차는 다음과 같다.

□ 정관의 작성 및 공증

회사의 조직과 활동에 관한 기본규칙을 기재한 서면인 정관을 작성하고 향후 주주 상호 간 또는 회사 내부관계자 상호 간의 분쟁과 부정행위를 방지하기 위하여 공증인의 인증을 받는다(발기설립의 경우는 제외).

□ 법인설립등기

등기신청서에 정관과 주식발행사항 동의서, 주식인수증 등의 서류를 첨부하여 전 이사가 공동으로 본점 소재지 관할등기소에 신청하면 된다. 직접 신청이 가능하나, 서류작성에 어려움이 있다면 변호사나 법무사의 도움을 받아 신청할 수도 있다.

창업유형에 따른 창업절차

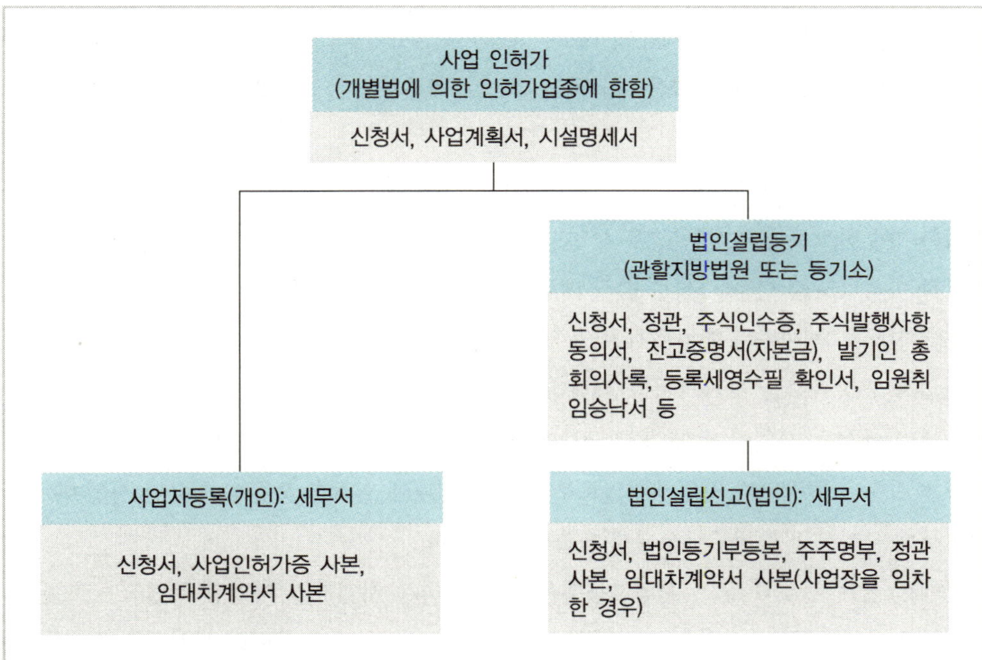

□ 법인설립신고 및 사업자등록

법인설립신고를 마치면 사업자등록신청서, 임대차계약서 사본, 허가(등록, 신고)증 사본, 법인등기부등본, 정관 사본, 주주명부 등의 서류를 구비하여 법인설립 후 20일 이내에 본점 소재지 관할세무서에 사업자등록을 신청하면 된다.

2. 창업과 사업자등록

가. 개념

사람이 태어나면 출생신고를 하듯이 창업을 하는 경우 이에 맞게 등록하는 절차가 있다. 그 중 가장 대표적인 것이 사업자등록이다.

영리목적의 유무에 불구하고 사업상 독립적으로 재화 또는 용역을 공급하는 자를 사업자라 한다. 창업을 하는 경우 대부분 영리목적으로 가지고 독립적으로 재화 또는 용역을 공급하는 것을 목적으로 하기 때문에 대부분 사업자 범주에 해당되고 사업을 통해 창출하는 부가가치 및 이익에 대해 세금을 부담해야 하므로 세무서에 사업자로서 등록하는 절차가 필요하다.

사업자는 사업장마다 '사업개시일부터 20일 이내' 에 사업장 관할세무서장에게 등록을 신청하여야 하므로 창업하는 경우 사업자등록을 하여야 한다. 사업자등록은 납세의무자에 해당하는 사업자를 정부(과세관청)의 대장에 수록하며, 납부의무자가 그의 사업에 관한 사항을 전산으로 등재하는 행위로서 이를 납세의무의 성립요건이라 할 수 있다.

사업자가 창출하는 부가가치를 과세대상으로 하는, 부가가치세를 규정하고 있는 「부가가치세법」에서는 사업자에 대해 부가가치세를 납부할 의무를 부여하며 신규로 사업을 개시하는 자는 사업장마다 사업개시일로부터 20일 이내에 일정한 서류를 첨부한 사업자등록신청서를 사업장 관할세무서장에게 제출하여야 한다.

앞에서 살펴본 것과 같이 사업자등록을 하여야 하는 사업자란 사업상 독립적으로 재화 또는 용역을 공급하는 사람으로 부가가치를 창출해 낼 수 있는 정도의 사업형태를 갖추고 계속적이고 반복적인 의사로 재화 또는 용역을 공급함을 의미한다.

나. 사업자등록을 하지 아니한 경우

사업자는 부가가치를 창출하고 이러한 부가가치에 대해 세금을 부과하는 부가가치세는 세금계산서를 근거로 한다. 사업자가 물건이나 서비스를 제공하는 경우 세금계산서를 발행하여 대가를 요구하고, 다른 사업자로부터 물건이나 서비스를 구입하는 경우 세금계산서를 발급받아 이를 영수증으로 하여 대가를 지불한다.

세금계산서에는 공급가액의 10%에 해당하는 부가가치세가 붙어 있어 사업자가 세금계산서를 발급하면 부가가치세를 징수하고, 다른 사업자로부터 세금계산서를 받으면 부가가치세를 지급하게 된다. 사업자가 다른 사업자에게 지불한 부가가치세는 납부할 부가가치세에서 차감하게 된다.

납부할 부가가치세 = 징수한 부가가치세 − 지불한 부가가치세

지불한 부가가치세는 세금계산서에 의해 증명되기 때문에 사업자는 다른 사업자로부터 받은 세금계산서를 관리 · 기록하여야 한다.

사업자가 사업자등록을 하지 아니한 경우 재화나 용역을 공급한 데 대한 부가가치세 납세의무는 발생하지만 거래상대방에게도 유효한 세금계산서를 교부할 권한이 없게 된다. 즉, 원재료 등을 구입하면서 세금계산서를 발급받을 수 없어 상품구입 시 징수당한 부가가치세를 공제하지 못하게 된다. 그리고 사업자등록을 하지 않으면 [표 5-1]과 같은 무거운 가산세 등 불이익을 받게 된다.

| 표 5-1 | 개인사업자 및 법인사업자의 가산세

구분	가산세
개인	공급가액의 1%(간이과세자는 공급대가의 0.5%)
법인	공급가액의 1%

* 공급가액과 공급대가: 매출액은 공급가액이라 하고, 부가가치세를 포함한 매출액을 공급대가라 한다.

다. 창업자가 사업자등록을 다른 사람 명의로 한 경우

사업자등록은 「부가가치세법」에 따른 납세의무와 권한이 부여되는 제도적 절차로 과세관청은 사업자등록을 한 사업자를 과세대상으로 하므로 사업자등록을 하는 경우 실질사업을 하는 사람을 기준으로 등록하여야 한다.

그럼에도 불구하고 사업자등록하는 데 명의를 빌려주면 세금부담이 늘고, 재산상 손해 등 큰 피해를 입을 수 있다.

□ 세금부담 증가

세무서에서는 사업과 관련된 각종 세금을 사업자등록증에 기재된 사람을 기준으로 관리하며 세금을 과세한다. 따라서 명의를 빌려간 사람이 세금을 신고하지 않거나 납부하지 않으면 세무서에서는 사업자등록증에 기재되어 있는 명의를 빌려준 사람에게 세금이 고지된다. 명의를 빌려준 사람은 자기 세금뿐만 아니라 다른 사람의 세금도 부담하게 되어 세금부담이 크게 늘어나게 된다.

때로는 실제로는 소득이 없는데도 소득이 있는 것으로 기록되어 세무서로 통보된 소득을 기준으로 부과되는 국민연금 및 건강보험료 부담이 늘어날 수 있다.

□ 재산상 손해

명의를 빌려간 사람이 제때 세금을 납부하지 못할 경우 세무서는 사업자등록상에 등록된 사람을 기준으로 세금을 받기 위해 재산조사를 하고 재산이 있는 경우 압류 등 체납처분를 하게 되어 명의를 빌려준 사람이 재산상 큰 피해를 볼 수 있다.

명의를 빌려간 사람이 부동산 및 예금계좌 등 재산을 보유하고 있더라도 명의를 빌려준 사람의 소유재산이 압류되며, 계속 세금을 내지 않는 경우 압류한 재산을 공매처분하여 밀린 세금에 충당한다.

그리고 세금을 납부하지 아니한 경우 그 사실이 금융회사 등에 통보되어 은행대출금의 변제요구 및 신용카드 사용정지 등 금융거래상의 불이익을 받을 수도 있고 때로는 해외 출국금지 조치를 당하는 등 생활에 불편을 겪을 수 있다.

□ 「조세범처벌법」에 따른 처벌

「조세범처벌법」은 세법의 실효성을 높이고 국민의 건전한 납세의식을 확립함을 목적으로 세법을 위반한 자에 대한 형벌 및 과태료 등에 관한 사항을 규정하고 있다. 명의를 빌려주는 행위는 '소득이 있는 곳에 과세된다'는 세법의 실효성을 저해하고 국민의 건전한 납세의식을 훼손하기 때문에 「조세범처벌법」에 따른 형벌 및 과태료의 대상에 해당한다.

실질사업자가 밝혀지더라도 명의를 빌려준 책임은 피할 수 없으며, 명의를 빌려간 사람과 함께 「조세범처벌법」에 의하여 처벌을 받을 수 있다.

| 표 5-2 | 명의대여에 따른 처벌

구분	처벌
조세의 회피 또는 강제집행의 면탈을 목적으로 타인의 성명을 사용하여 사업자등록을 한 자	2년 이하의 징역 또는 2천만 원 이하의 벌금
조세의 회피 또는 강제집행의 면탈을 목적으로 자신의 성명을 사용하여 타인에게 사업자등록을 할 것을 허락한 자	1년 이하의 징역 또는 1천만 원 이하의 벌금

명의대여사실이 확인되면 명의대여사실이 국세청에 기록 · 관리되므로 향후 명의를 대여한 사람이 실제사업을 하고자 할 때 실제사업을 하지 않을 것으로 분류되어 불이익을 받을 수 있다.

□ 사업자등록실무

우리나라에서는 부가가치세와 관련하여 재화 또는 용역을 공급하는 사업장별 과세를 원칙으로 하고 있어 사업자등록은 사업장마다 하여야 한다. 사업장이 여러 지역에 분산되어 있으면 각각의 사업장마다 별도로 사업자등록을 하여야 한다.

○ 신청시기

사업을 시작한 날로부터 20일 이내에 구비서류를 갖추어 사업장 관할세무서 민원봉사실에 신청하여야 한다. 다만, 사업개시 전에도 사업자등록신청이 가능하다.

○ 사업자등록신청방법

사업자가 신청자 본인인 경우에는 사업자등록신청서는 사업자 본인이 자필로 서명하여 신청하여야 한다. 대리인신청의 경우에는 대리인과 위임자의 신분증을 필히 지참하여야 하며 사업자등록신청서에 사업자 본인 및 대리인 모두 인적사항을 기재하고 자필서명하여 신청한다.

○ 공동사업의 경우

2인 이상의 사업자가 공동사업을 하는 경우 사업자등록신청은 공동사업자 중 1인을 대표자로 하여 대표자명의로 신청하여야 한다.

□ 사업자단위 과세제도

최근에 정보통신기술이 발전함에 따라 기업체들이 사업장소별 관리방식에서 전체 사업장의 자원을 통합하여 전자적 형태로 관리하는 전사적 기업자원관리를 도입해 기업업무의 효율성을 제고하는 추세에 있다. 전사적 기업자원관리시스템에서는 전국에 흩어져 있는 사업장을 전산으로 묶어 관리하기 때문에 사업장별 과세보다는 사업자단위 과세가 바람직할 수 있다.

전사적 기업자원관리를 도입한 기업의 납세편의 증진 · 도모를 위해 해당 기업은 사업자단위로 주사업장에서 일괄하여 사업자등록 및 신고 · 납부할 수 있도록 하고 있다. 사업자단위 과세사업자는 각 사업장을 대신하여 그 사업자의 본점 또는 주사무소의 소재지를 부가가치세의 납세지로 할 수 있다.

○ 신규사업자

사업을 새로이 시작하는 경우 사업장이 둘 이상인 사업자는 사업자단위로 해당 사업장의 본점 또는 주사무소 관할세무서장에게 등록을 신청할 수 있으며, 사업자단위 과세 적용 사업장은 한 개의 등록번호를 부여받게 된다.

○ 기존사업자

이미 사업장단위로 사업자등록을 했을 경우 사업자단위 과세사업자 적용을 받기 위해서는 과세기간의 개시 20일 전에 주사무소 또는 본점 관할세무서에 가서 변경등록을 신청하여야 한다.

□ 인터넷에 의한 사업자등록신청

종전에는 사업자등록을 하기 위해 사업장을 관할하는 세무서에 방문하여 사업자등록을 신청하였으나 사업자의 시간 및 비용을 절약하기 위해 세무서 방문 없이 사업자등록을 신청할 수 있는 서비스가 있다.

인터넷으로 사업자등록을 하고자 하는 경우 국세청 홈택스(www.hometax.go.kr)에 가입되어 있고 공인인증서를 보유한 경우 세무서를 방문하지 않고 인터넷으로 사업자등록을 신청하고 발급받을 수 있다. 홈택스는 인터넷을 통하여 세금신고 · 납부, 민원증명발급 등을 편리하게 이용할 수 있는 국세종합서비스이다.

사업자등록신청서는 인터넷에서 실시간으로 처리되기 때문에 홈택스에서 확인할 수 있는데 결과는 홈택스의 '나의 세무서류신고 · 신청결과'에서 확인가능하며 휴대전화번호 입력 시 단문메시지를 발송한다.

라. 명의위장사업자 신고제도

명의위장사업자를 효율적으로 찾아내기 위해 타인의 명의를 사용하여 경영하는 자를 발견하여 신고하는 경우에는 신고건별로 100만 원에 해당하는 포상금을 지급받을 수 있다. 다만, 타인의 명의를 사용하여 사업을 하는 자가 배우자, 직계존속 또는 직계비속의 명의를 사용한 경우 등에 해당되어 조세를 회피할 목적이 없거나 강제집행을 면탈할 목적이 없다고 인정되면 포상금 지급대상에서 제외된다.

제6장

창업과 세금

1. 사업자유형별 과세문제
2. 기타 절차적 사항

1. 사업자유형별 과세문제

가. 개인사업자

개인사업자는 회사를 설립하는 데 「상법」 등에서 별도의 절차가 필요하지 않아 그 설립 절차가 간편하고 사업을 수행함에 있어 휴 · 폐업이 비교적 간단하다. 개인사업자의 경우 개인 한 사람의 자본에 의지하고 사업운영과 관련된 판단에 있어 사업주 자신이 혼자 결정할 수 있어 의사결정이 신속하며 자유로운 편이나 사업에서 발생한 모든 손실에 대해 사업주 단독으로 책임지며 자금인출 시 이사회 또는 주주총회를 별도로 거쳐야 하는 법인에 비해 별다른 세무상 제재가 없는 편이다.

개인사업자의 경우 사업자등록이 간편하며, 최소자본금 제한이 없이 설립할 수 있으며, 사업에서 이익이 발생한 경우 사업자에게 그대로 귀속되어 이익분배도 간편하고, 사업과 관련하여 부담하는 주된 세금으로 부가가치세 및 소득세를 부담한다. 다만, 개인사업자의 경우 대외신인도가 사업자 개인의 역량 등으로 한정되어 일반적으로 법인사업자에 비해 그다지 높지 않은 편이다.

여기서는 개인사업자가 창업하는 경우 납부하는 세금 중 가장 큰 비중을 차지하는 부가가치세와 소득세에 대해서 자세히 살펴보고자 한다. 개인사업자로 창업하는 경우 개인이 사업의 전반적인 책임을 부담하며, 자신의 능력과 경험을 살려 사업을 할 수 있는 장점이 있다. 개인사업자로 사업을 하면서 상품 또는 서비스를 제공하면 부가가치세 과세대상사업의 경우 매출에 대해 부가가치세를 부담하고, 개인사업에서 발생한 이익이 개인에게 자동으로 귀속되어 종합소득세를 부담하게 된다.

□ 부가가치세

○ 부가가치의 개념

부가가치란 재화나 용역이 생산 · 제공되거나 유통될 때에 각 단계마다 기업이 창출하는 새로이 창출한 '가치증식'을 말한다. 일반적으로 부가가치는 사업자가 원재료 등을 구입하여 제품 등을 생산하는 과정에서 원재료 등의 가치보다 증가한 제품의 가치로 표현된다.

부가가치세는 상품의 거래나 서비스의 제공과정에서 얻어지는 부가가치에 대하여 일정비율을 곱하여 과세하는 세금이다.

기업활동과정에서 산출되는 가치는 매출액으로, 투입된 가치는 생산수단과 원재료 등이므로 사업자가 부담하는 부가가치세는 매출세액에서 매입세액을 차감하여 계산한다.

사업자 부담 부가가치세 = 매출세액 − 매입세액

사업자는 재화 또는 용역을 공급하는 때에 당해 재화 또는 용역에 대한 과세표준에 세율을 적용하여 그 거래상대방으로부터 부가가치세를 징수하여 납부한다.

매입자 부담 부가가치세 = 과세표준 × 세율

즉, 상품을 판매하거나 서비스를 제공할 때 거래금액에 일정금액의 부가가치세를 징수하여 납부해야 하며, 물건값에 부가가치세가 포함되기 때문에 이 세금은 최종소비자가 부담하게 된다.

○ 면세대상

일부 생활필수품을 판매하거나 의료 · 교육관련 용역의 공급에 대해서는 부가가치세가 면제된다.

| 표 6-1 | 면세재화

구분	대상
기초생활필수 재화 또는 용역	곡물 · 채소 등 미가공식료품, 비식용 국산 농산물 등, 연탄, 수돗물
국민후생용역	의료보건용역, 대중교통용역
교육문화관련 재화 또는 용역	허가받은 학원 등, 신문 · 도서 · 잡지 등
부가가치 생산요소에 대한 재화 또는 용역	금융, 토지, 인적용역
주택 및 그 부수토지 임대용역	
국가 등이 공급하는 재화 또는 용역	
「조세특례제한법」에 따른 면세용역	국민주택과 국민주택 건설용역

○ 일반과세와 간이과세

개인사업자는 매출액의 규모에 따라 또는 세금계산서를 발급할 수 있는지 여부에 따라 일반과세자와 간이과세자로 구분된다.

① 일반사업자

일반사업자는 1년간 매출액 4,800만 원 이상이거나 간이과세가 배제되는 업종 또는 지역인 경우가 이에 해당한다. 참고로 광업 · 제조업 · 도매업 · 전문직 사업자, 다른 일반과세사업장을 이미 보유한 사업자, 간이과세 배제기준(종목 · 부동산임대업 · 과세유흥장소 · 지역)에 해당되는 사업자 등은 간이과세 적용이 배제된다.

간이과세 배제기준은 종목기준, 부동산임대업기준, 과세유흥장소기준 및 지역기준이 있으며 종목기준, 부동산임대업기준, 과세유흥장소기준을 우선 적용하여 간이과세에 해당하는 경우에는 지역기준을 중복하여 적용하지 아니한다.

일반사업자의 경우 매출세액은 공급가액의 10%를 적용하며, 거래 시 세금계산서를 발급하여야 하며, 매입세액에 대해 공제를 적용받을 수 있다. 일반과세자의 부가가치세는 매출세액에서 매입세액을 차감하여 계산한다.

납부세액 = 매출세액(매출액 × 10%) − 매입세액(매입액 × 10%)

매출액 등이 간이과세 배제기준에 해당되지 아니하여, 간이과세자에 해당되더라도 거래 시 세금계산서를 주고받을 필요가 있는 사업자는 반드시 일반과세자로 신청하여야 하므로 업종에 맞는 유형을 선택하여야 한다.

② 간이과세자

간이과세사업자는 1년간 매출액 4,800만 원 미만이고 간이과세가 배제되는 업종 및 지역에 해당되지 않는 경우가 이에 해당한다. 「소득세법 시행령」에 따른 일정규모 미만의 사업자에 해당하지 아니하는 개인사업자는 간이과세가 적용되지 아니하며, 이 경우 해당 개인사업자에 부합되는지를 판단하기 위한 수입금액의 범위에는 면세사업 수입금액이 포함된다.

간이과세자의 매출세액은 공급대가에 업종별 부가가치율을 적용하여 10%를 곱한 금액으로 하며, 세금계산서를 발급할 수 없으며, 매출세액에서 공제되는 세액은 매입세액에 업종별 부가가치율을 곱한 금액으로 한다.

| 표 6-2 | 업종별 부가가치율

구분	부가가치율
전기, 가스, 증기 및 수도사업	5%
소매업, 재생용 재료수집 및 판매업, 음식점업	10%
제조업, 농업, 임업 및 어업, 숙박업, 운수 및 통신업	20%
건설업, 부동산임대업 및 그 밖의 서비스업	30%

간이과세자의 부가가치세는 업종별 부가가치율을 적용한 매출세액에서 업종별 부가가치율을 적용한 매입세액을 차감하여 계산한다.

> 납부세액 = 매출액 × 부가가치율 × 10% − 공제세액(세금계산서상 매입세액 × 부가가치율)

간이과세자로 보지 아니하는 사업자란 다음의 어느 하나에 해당하는 사업을 경영하는 자를 말한다.

- 광업
- 제조업. 다만, 주로 최종소비자에게 직접 재화를 공급하는 사업으로서 기획재정부령으로 정하는 것은 제외한다.
- 도매업. 소매업을 겸영하는 경우를 포함하되, 재생용 재료수집 및 판매업은 제외한다.
- 부동산매매업
- 「개별소비세법」 제1조 제4항에 해당하는 과세유흥장소를 경영하는 사업으로서 기획재정부령으로 정하는 것
- 부동산임대업으로서 기획재정부령으로 정하는 것
- 변호사업, 심판변론인업, 변리사업, 법무사업, 공인회계사업, 세무사업, 경영지도사업, 기술지도사업, 감정평가사업, 손해사정인업, 통관업, 기술사업, 건축사업, 도선사업, 측량사업, 공인노무사업, 의사업, 한의사업, 약사업, 한약사업, 수의사업과 그 밖

에 이와 유사한 사업서비스업으로서 기획재정부령으로 정하는 것

- 일반과세자로부터 양수한 사업
- 사업장의 소재지역과 사업의 종류 · 규모 등을 고려하여 국세청장이 정하는 기준에 해당하는 것
- 전전년도 기준 복식부기의무자가 경영하는 사업
- 둘 이상의 사업장이 있는 사업자가 경영하는 사업으로서 그 둘 이상의 사업장의 공급대가의 합계액이 4,800만 원 이상인 경우

○ 일반사업자의 신고방법

일반사업자는 부가가치세를 상 · 하반기 각 6개월을 1개 과세기간으로 하여 1년을 2개의 과세기간으로 나누고, 각각의 과세기간별로 확정신고 및 납부하여야 한다. 다만, 각 과세기간의 시작일부터 3개월씩을 예정신고기간으로 하여 예정신고기간에 대한 과세표준과 납부세액 또는 환급세액을 사업장 관할세무서장에게 신고 · 납부하거나, 직전 과세기간 납부금액의 1/2을 정부에서 예정고지결정하여 납부한다.

① 예정신고대상

법인사업자는 전부 예정신고대상이고, 개인 일반사업자는 다음에 해당하는 경우 예정신고를 할 수 있다.

- 휴업 또는 사업부진으로 인하여 각 예정신고기간의 공급가액 또는 납부세액이 직전 과세기간의 공급가액 또는 납부세액의 3분의 1에 미달하는 자
- 조기환급을 받고자 하는 자

부담할 부가가치세 = 예정신고기간의 매출세액 − 예정신고기간의 매입세액

② 예정고지대상

예정신고대상자에 해당하지 않는 개인 일반과세사업자는 각 예정신고기간마다 직전 과세기간에 대한 납부세액의 2분의 1에 상당하는 금액을 결정하여 해당 예정신고기한 내에 징수한다.

고지세액 = 직전 과세기간에 대한 납부세액* × 1/2

* 신용카드매출전표 등 발행세액공제액, 전자세금계산서 발급 · 전송세액공제액, 전자신고에 대한 세액공제는 빼고, 결정 또는 경정과 수정신고 및 경정청구에 의한 결정금액이 있는 경우는 이를 반영한 금액

다만, 징수하여야 할 금액이 20만 원 미만이거나 간이과세자에서 해당 과세기간개시일 현재 일반과세자로 변경된 경우에는 이를 징수하지 아니한다.

③ 확정신고

확정신고 · 납부의 대상은 각 과세기간, 즉 6개월에 대한 과세표준과 납부세액 또는 환급세액으로 한다. 다만, 일반사업자가 확정신고 시 예정신고 및 조기환급신고에 의한 영세율 또는 사업설비투자로 인하여 이미 신고한 과세표준과 세액은 제외한다.

- 법인사업자: 법인사업자는 예정신고기간에 예정신고를 이미 하였으므로, 확정신고 시에는 4～6월 또는 10～12월의 사업실적만을 신고한다.
- 개인사업자: 개인사업자의 경우 예정신고대상사업를 제외하고 예정신고를 하지 않으므로 1～6월 또는 7～12월의 사업실적(조기환급신고분 제외)에 대한 부가가치세를 신고 · 납부한다.

  다만, 개인사업자라도 신규개업, 조기환급, 사업부진(매출액 또는 납부세액이 직전 과세기간의 1/3에 미달하는 경우) 등으로 예정신고를 했던 사업자는 4～6월 또는 10～12월의 사업실적을 신고한다.

○ 간이과세자의 신고방법

① 예정부과대상

간이과세자에 대해서는 예정부과기간마다 직전 과세기간에 대한 납부세액의 2분의 1에 해당하는 금액을 경정하여 예정부과기한(예정부과기간이 끝난 후 25일 이내)까지 징수한다. 다만, 징수하여야 할 금액이 20만 원 미만인 자 또는 일반과세자에서 해당 과세기간 개시일 현재 간이과세자로 유형전환된 경우에는 제외한다.

② 선택적 예정신고 · 납부의무자

예정부과에도 불구하고 휴업 또는 사업부진 등으로 인하여 예정부과기간의 공급가액 또는 납부세액이 직전 예정부과기간의 공급가액 또는 납부세액의 3분의 1에 미달하는 자는 예정부과기간이 끝난 후 25일까지 신고 · 납부할 수 있다. 이 경우 예정부과에 따른 결정은 없는 것으로 본다.

③ 확정신고

확정신고 · 납부의 대상은 각 과세기간, 즉 6개월에 대한 과세표준과 납부세액 또는 환급세액이나, 간이과세자는 2013년부터 과세기간이 1월 1일부터 12월 31일로 개정되어, 1년에 1번 익년 1월 25일까지 부가가치세를 신고 · 납부한다. 신고기간 중 휴업 등으로 인하여 사업실적이 전혀 없는 경우에도 반드시 부가가치세신고를 하여야 한다.

○ 신고 시 제출하여야 할 서류

부가가치세를 신고하는 경우 다음에 해당하는 서류를 갖추어 제출하여야 한다.

- 부가가치세 예정(확정)신고서
- 매출 · 매입처별 세금계산서 합계표
- 영세율 첨부서류 등 입증서류
- 부동산임대 공급가액명세서 및 전문직 사업자의 현금매출명세서 등 각종 신고부속서류

○ 부가가치세신고를 하지 않는 경우의 불이익

사업자가 부가가치세를 신고하지 아니한 경우 세무조사에 의한 결정에 의하여 납부하지 아니한 세금뿐만 아니라 무신고에 따른 가산세를 추가로 부담하여야 한다.

○ 부가가치세의 납부

사업자는 납부할 세금을 납부서에 기재하여 금융기관 또는 우체국에 납부하거나, 인터넷을 통한 전자납부방법을 이용하여 납부할 수 있다. 부가가치세를 납부하지 아니한 경우 가산세 및 가산금이 부과되므로 신고와 함께 기한 내 납부하여야 한다.

□ 소득세

○ 소득세 과세의 개요

소득세는 개인이 얻은 1년 동안(1월 1일부터 12월 31일까지)의 소득에 대하여 부과되는 세금으로 원칙적으로 종합과세를 하면서 일부 소득에 대하여는 분류과세하고 있다.

| 표 6-3 | 종합소득 · 분리과세 · 분류과세

구분	종합소득과세	분리과세소득	분류과세소득
대상소득	• 이자소득 • 배당소득 • 사업소득 • 근로소득 • 연금소득 • 기타소득	• 분리과세 이자소득 • 분리과세 배당소득 • 분리과세 연금소득 • 분리과세 기타소득 • 일용근로자의 급여	• 퇴직소득 • 양도소득

○ 우리나라 소득세의 특징

① 개인별 과세

소득을 종합하여 과세하는 인적단위를 과세단위라고 한다. 소득세 과세단위는 개인단위주의와 부부단위주의 또는 가족단위주의로 구분하며, 누진세율(과세표준금액이 커짐에 따라 적용되는 세율이 높아지는 세율구조를 말한다) 구조에서는 과세단위에 따라 세부담 크기가 달라지는데 우리나라의 소득세는 개인별 과세(개인단위주의)하는 것이 원칙이다.

예외적으로 특수관계자가 공동사업을 하는 경우로서 손익분배비율을 거짓으로 정하는 등의 조세회피 사유가 있는 경우 합산과세한다. 손익분배비율을 거짓으로 정하는 등의 사유은 다음의 어느 하나에 해당하는 경우를 말한다.

- 공동사업자가 제출한 신고서와 첨부서류에 기재한 사업의 종류, 소득금액내역, 지분비율, 약정된 손익분배비율 및 공동사업자 간의 관계 등이 사실과 현저하게 다른 경우
- 공동사업자의 경영참가, 거래관계, 손익분배비율 및 자산 · 부채 등의 재무상태 등을 감안할 때 조세를 회피하기 위하여 공동으로 사업을 경영하는 것이 확인되는 경우

② 과세방법

종합과세대상 이자, 배당, 사업, 근로, 연금, 기타소득 등의 소득을 종합하여 과세하고, 일정한 이자 · 배당, 일용근로자의 급여, 연금, 기타소득 등 일부 소득에 대하여 분리과세한다.

종합과세는 개인에게 귀속되는 소득에 대해 그 과세기간에 획득한 모든 소득을 합하여 하나의 과세표준으로 하여 소득세를 과세하는 방법이나, 분리과세는 특정한 소득에 대하여 일정한 세액을 원천징수함으로써 납세의무를 종결시키고 당해 소득을 종합소득에 합산하지 아니하는 과세방식을 말한다.

다만, 장기간을 통하여 형성된 퇴직소득과 양도소득에 대하여는 장기간에 걸쳐 발생한 소득이므로 종합과세하지 않고 별도로 분류과세한다.

③ 과세소득 규정방식

「소득세법」에서 구체적으로 과세대상으로 열거한 소득에 대해서만 소득세가 과세되고 열거하지 아니한 소득은 과세되지 않지만, 이자 · 배당 · 사업 · 연금소득 과세대상에 유형별 포괄주의를 도입하고 있다. 유형별 포괄주의는 과세대상을 열거하고 난 다음에 열거한 소득과 유사한 소득으로서 특정 성격이 있는 소득을 하나의 유형별로 묶어 과세할 수 있도록 한 것을 말한다.

예를 들어, 이자소득의 경우에는 과세대상 이자소득을 열거하고 이미 열거한 소득과 유사한 소득으로서 금전 사용에 따른 대가로서의 성격이 있는 것으로, 배당소득의 경우 배당소득으로 과세되는 것을 열거하고 이미 열거한 배당소득과 유사한 소득으로서 수익분배의 성격이 있는 것으로 규정하고 있다.

○ 신고납세제도

해당 과세기간의 소득을 다음연도 5월 1일부터 5월 31일까지(성실신고확인대상 사업자는 6월 1일부터 6월 30일까지) 납세자가 스스로 과세표준확정신고를 한다. 성실신고확인대상 사업자는 성실한 납세를 위하여 필요하다고 인정되어 수입금액이 업종별로 일정규모 이상인 사업자를 말한다.

① 농업 · 임업 및 어업, 광업, 도매 및 소매업(상품중개업 제외), 부동산매매업, 그 밖에 ② 및 ③에 해당하지 아니하는 사업: 20억 원

② 제조업, 숙박 및 음식점업, 전기 · 가스 · 증기 및 수도사업, 하수 · 폐기물처리 · 원료재생 및 환경복원업, 건설업(비주거용 건물 건설업은 제외하고, 주거용 건물 개발 및 공급업을 포함한다), 운수업, 출판 · 영상 · 방송통신 및 정보서비스업, 금융 및 보험업, 상품중개업: 10억 원

③ 부동산임대업, 부동산관련 서비스업, 임대업(부동산임대업을 제외한다), 전문 · 과학 및 기술서비스업, 사업시설관리 및 사업지원서비스업, 교육서비스업, 보건업 및 사회복지서비스업, 예술 · 스포츠 및 여가관련 서비스업, 협회 및 단체, 수리 및 기타 개인서비스업, 가구 내 고용활동: 5억 원

○ 사업소득

① 사업소득의 개념

사업소득은 영리를 목적으로 독립된 지위에서 계속적으로 영위하는 사업에서 발생하는 소득으로 사업의 범위에 관하여는 「소득세법」에 특별한 규정이 있는 경우 외에는 「통계법」에 따라 통계청장이 고시하는 한국표준산업분류(KSIC)에 따른다.

한국표준산업분류(KSIC)는 각 생산단위가 계속적으로 수행하는 생산적인 경제활동의 유형을 결정하기 위하여 모든 생산적인 경제활동을 일정한 기준과 원칙에 따라 체계적으로 유형화한 것이다.

② 사업소득의 범위

- 농업 · 임업 및 어업에서 발생하는 소득. 이 경우 농업 중 작물재배업 중 곡물 및 기타 식량작물재배업은 「소득세법」상 사업소득의 범위에서 제외한다.

  「통계법」 제22조의 규정에 의하여 통계청장이 작성 · 고시하는 한국표준산업분류상의 농업 중 작물재배업에서 발생한 소득은 「소득세법」에서 규정하는 과세소득에 해당되지 아니하나 농지에서 재배한 작물을 판매장을 특설하여 판매하는 경우에는 판매장을 특설하여 판매함으로써 추가로 발생되는 소득은 도매업 또는 소매업에서 발생한 소득으로 본다.

  제조장을 특설하여 자기가 재배한 작물을 원료로 하여 제품을 생산하거나 가공하여 판매할 때에는 제조장 특설로 인하여 추가로 발생되는 소득은 제조업에서 발생한 소득으로 본다.

종전에 분류과세하던 산림소득은 2007년부터 사업소득에 포함되었으며, 종합소득 중 부동산임대소득은 2010년부터 사업소득(부동산임대업소득)으로 분류된다.

- 광업에서 발생하는 소득
- 제조업에서 발생하는 소득. 자기가 제품을 직접 제조하지 아니하고 제조업체에 의뢰하여 제조하는 경우에도 다음 요건에 해당되는 경우에는 제조업으로 본다.
  - 생산할 제품을 직접 기획(고안 및 디자인, 견본제작 등 포함)할 것
  - 제품을 자기명의로 제조할 것
  - 그 제품을 인수하여 자기책임하에 직접 판매할 것
- 전기, 가스, 증기 및 수도사업에서 발생하는 소득
- 하수 · 폐기물처리, 원료재생 및 환경복원업에서 발생하는 소득
- 건설업에서 발생하는 소득
- 도매업 및 소매업에서 발생하는 소득
- 운수업 및 통신업에서 발생하는 소득
- 숙박 및 음식점업에서 발생하는 소득
- 출판, 영상, 방송통신 및 정보서비스업에서 발생하는 소득
- 금융 및 보험업에서 발생하는 소득
- 부동산업 및 임대업에서 발생하는 소득. 부동산업 및 임대업에서 발생하는 소득에는 지역권과 지상권(지하 또는 공중에 설정된 권리 포함)을 대여함으로써 발생하는 소득은 제외한다. 이 경우 부동산업은 부동산임대업, 부동산 개발 및 공급업, 부동산의 관리 · 감정평가 · 중개업 등 부동산관련 서비스업을 말한다.
- 전문 · 과학 및 기술서비스업에서 발생하는 소득
- 사업시설관리 및 사업지원서비스업에서 발생하는 소득
- 교육서비스업에서 발생하는 소득. 다만, 다음에 해당하는 교육기관은 교육서비스업에서 제외한다.
  - 「유아교육법」에 의한 유치원, 「초 · 중등교육법」 및 「고등교육법」에 따른 학교
  - 「근로자직업능력개발법」에 의하여 사업주가 근로자의 직업능력의 개발 · 향상을 위하여 설치 · 운영하는 직업능력개발훈련시설
  - 한국표준산업분류상의 달리 분류되지 않은 기타 교육기관 중 노인학교
- 보건업 및 사회복지서비스업에서 발생하는 소득. 「사회복지사업법」에 의한 사회복지

사업과 「노인장기요양보험업법」에 의한 장기요양사업은 사업소득의 범위에서 제외한다.

- 예술, 스포츠 및 여가관련 서비스업에서 발생하는 소득. 연예인 및 직업운동선수 등이 사업활동과 관련하여 받는 전속계약금은 사업소득이다.
- 협회 및 단체, 수리 및 기타 개인서비스업에서 발생하는 소득
- 가구 내 고용활동에서 발생하는 소득
- 위에 따른 소득과 유사한 소득으로서 영리를 목적으로 자기의 계산과 책임하에 계속적 · 반복적으로 행하는 활동을 통하여 얻는 소득

③ 비과세사업소득

- 논 · 밭을 작물생산에 이용하게 함으로 인하여 발생하는 소득. 농작물을 재배하지 않고 전답 본래의 목적과 다르게 이용하게 함으로 인하여 발생하는 소득에 대하여는 소득세를 과세한다.
- 1개의 주택을 소유하는 자의 주택임대소득. 과세기간 종료일 또는 해당 주택의 양도일 기준으로 「소득세법」 제99조에 따른 기준시가가 9억 원을 초과하는 주택 및 국외에 소재하는 주택의 임대소득은 제외한다.
  이 경우 주택 수는 다음에 따라 계산한다.
  - 다가구주택은 1개의 주택으로 보되, 구분등기된 경우에는 각각을 1개의 주택으로 계산한다.
  - 공동소유의 주택은 지분이 가장 큰 자의 소유로 계산하되, 지분이 가장 큰 자가 2인 이상인 경우에는 각각의 소유로 계산한다. 다만, 지분이 가장 큰 자가 2인 이상인 경우로서 그들이 합의하여 그들 중 1인을 당해 주택의 임대수입의 귀속자로 정한 경우에는 그의 소유로 계산한다.
  - 임차 또는 전세받은 주택을 전대하거나 전전세하는 경우에는 당해 임차 또는 전세받은 주택을 임차인 또는 전세받은 자의 주택으로 계산한다.
  - 본인과 배우자가 각각 주택을 소유하는 경우에는 이를 합산한다.
- 농가부업소득. 농가부업소득이란 농 · 어민이 부업으로 영위하는 축산, 고공품 제조, 민박, 음식물 판매, 특산물 제조, 전통차 제조, 어로, 양어 및 그 밖에 이와 유사한 활동에서 발생한 소득 중 다음에 해당하는 소득을 말한다.

㉮ 「소득세법 시행령」 [별표 1]의 농가부업규모의 축산에서 발생하는 소득

㉯ '㉮' 외의 소득으로서 소득금액의 합계액이 연 2천만 원 이하인 소득

| 표 6-4 | 농가부업규모에 해당하는 축산규모기준

가축별	규모	가축별	규모
젖소	50마리	면양	300마리
소	50마리	토 끼	5,000마리
돼지	700마리	닭 · 오리	15,000마리
산양	300마리	양봉	100군

- 전통주의 제조에서 발생하는 소득. 「주세법」에 의한 전통주류를 「수도권정비계획법」에 의한 수도권지역 밖의 읍면지역에서 제조하여 발생하는 소득으로서 소득금액의 합계액이 연 1,200만 원 이하인 것으로 한다.
- 조림기간이 5년 이상인 임지의 임목의 벌채 또는 양도로 인하여 발생하는 소득으로서 연 600만 원 이하의 금액

④ 사업소득금액의 계산

사업소득금액을 결정할 때 장부기장에 의한 방법과 추계에 의한 방법으로 구분된다.

- 장부를 비치 · 기장한 사업자: 소득금액은 다음과 같이 계산하며 장부기장방법에는 복식장부(자기조정, 외부조정신고 등), 간편장부기장이 있다.

소득금액 = 총수입금액 − 필요경비

- 장부를 비치 · 기장하지 않은 사업자: 장부를 비치 · 기장하지 않은 사업자는 추계에 의한 방법으로 단순경비율, 기준경비율에 의한 방법이 있으며 장부를 비치 · 기장하지 않은 사업자의 소득금액은 다음과 같이 계산한다.
  - 기준경비율 적용대상자

소득금액 = 수입금액 − 주요경비 − (수입금액 × 기준경비율)

– 단순경비율 적용대상자

소득금액 = 수입금액 – (수입금액 × 단순경비율)

기준경비율 또는 단순경비율은 국세청장이 규모와 업황에 있어서 평균적인 기업에 대하여 업종과 기업의 특성에 따라 조사한 평균적인 경비비율을 참작하여 기준경비율심의회의 심의를 거쳐 결정한 경비율로 한다.

○ 주소지 과세제도

거주자의 소득세 납세지는 그 주소지로 한다. 다만, 주소지가 없는 경우에는 그 거소지로 한다. 국세청장 또는 관할지방국세청장은 사업소득이 있는 거주자가 사업장 소재지를 납세지로 신청한 경우에는 납세지를 따로 지정할 수 있다.

이와 같이 거주자의 주소지를 납세지로 하여 과세함을 원칙으로 하고 예외적으로 납세지 지정(신청 · 직권에 의한 지정) 시 소득발생지를 납세지로 할 수 있다.

○ 납세의무자

소득세 납세의무자는 「소득세법」상의 소득이 있는 개인을 말한다. 이 경우 과세의 대상이 되는 소득, 수익, 재산, 행위 또는 거래의 귀속이 명의일 뿐이고 사실상 귀속되는 자가 따로 있는 때에는 사실상 귀속되는 자를 납세의무자로 하여 세법을 적용한다.

① 개인(자연인)

- 거주자: 국내에 주소를 두거나 183일 이상의 거소를 둔 개인을 말한다. 거주자에게는 「소득세법」에서 규정하는 모든 소득(국내외에서 발생한 소득세가 과세되는 모든 소득을 말한다)에 대해서 과세한다.

  다만, 해당 과세기간 종료일 10년 전부터 국내에 주소나 거소를 둔 기간의 합계가 5년 이하인 외국인 거주자에게는 과세대상소득 중 국외에서 발생한 소득의 경우 국내에서 지급되거나 국내로 송금된 소득에 대해서만 과세한다.
- 비거주자: 거주자가 아닌 개인으로 국내에 주소가 없고 183일 이상 거소를 두지 아니한 자를 말한다. 비거주자에게는 「소득세법」 제119조에 따른 국내원천소득에 대해서

만 과세한다.

② 개인으로 보는 단체

법인 아닌 단체 중 '법인으로 보는 단체 외의 단체'는 소득세 납세의무가 있다.

| 표 6-5 | 개인으로 보는 납세의무 구분

<table>
<tr><th colspan="2">개인</th><th rowspan="2">소득세 납세의무</th></tr>
<tr><td rowspan="2">법인 아닌 단체</td><th>개인으로 보는 단체</th></tr>
<tr><td>법인으로 보는 단체*</td><td rowspan="2">법인세 납세의무</td></tr>
<tr><td colspan="2">법인</td></tr>
</table>

* 법인으로 보는 단체(국세기본법 제13조)

- 1거주자 등으로 보는 경우: 개인으로 보는 단체가 다음의 요건을 갖춘 경우에는 그 단체를 1거주자 또는 1비거주자로 보아 과세한다. 따라서 그 단체를 납세의무자로 보고 단체의 소득을 대표자나 관리인의 다른 소득과 합산하지 않으며 대표자 등의 개인의 재산으로 납세의무를 지지 아니한다.
  - 대표자 또는 관리인이 선임되어 있고
  - 이익의 분배방법이나 분배비율이 정하여져 있지 아니할 것(사실상 이익이 분배되지 아니할 것)

  예를 들어, 개인은 거주자별로 각자의 소득에 대하여 소득세를 납부할 의무를 지는 것이며, 법인격 없는 단체로서 법인으로 보지 아니하는 종중이 대표자 또는 관리인이 선임되어 있고 이익의 분배방법이나 분배비율이 없는 경우에는 그 종중을 하나의 거주자로 본다.

  따라서 이러한 요건을 충족하는 종중의 소득은 그 대표자나 관리인의 다른 소득과 합산하여 과세하지 아니한다.
- 공동사업으로 보는 경우: 1거주자 등으로 보지 아니하는 개인으로 보는 단체는 그 단체의 구성원이 공동으로 사업을 경영하는 것으로 보아 각 구성원별로 분배되었거나 분배될 손익분배(지분)비율에 따른 소득금액에 대해 거주자별로 납세의무를 진다.

○ 과세기간

① 원칙

과세기간은 세법에 따라 국세의 과세표준 계산의 기초가 되는 기간이며 소득세는 과세기간이 끝나는 때 납세의무가 성립하며 소득세의 과세기간은 1월 1일부터 12월 31일까지로 1년 동안의 소득금액에 대하여 과세한다.

② 과세기간 특례

- 거주자가 사망한 경우: 1월 1일부터 사망한 날까지를 1과세기간으로 한다.
- 거주자가 출국하는 경우: 1월 1일부터 출국한 날까지를 1과세기간으로 한다. 이 경우 출국이라 함은 거주자의 주소 또는 거소의 국외이전을 말한다.
- 폐업하는 경우: 과세연도는 폐업일과는 관계없이 1월 1일부터 12월 31일까지로 본다.

○ 납세지

① 거주자

거주자의 소득세 납세지는 주소지로 하나 주소지가 없는 경우에는 그 거소지로 한다.

- 납세지가 불분명한 경우로서 주소지가 2 이상인 경우: 「주민등록법」에 의하여 등록된 곳을 납세지로 한다.
- 납세지가 불분명한 경우로서 거소지가 2 이상인 경우: 생활관계가 보다 밀접한 곳을 납세지로 한다.
- 거주자가 취학, 질병의 요양, 근무상 · 사업상의 형편으로 일시퇴거한 경우에는 본래의 주소지 또는 거소지를 납세지로 한다.

② 비거주자

- 국내사업장이 있는 경우
  - 국내사업장의 소재지로 하며 국내사업장이 2 이상인 경우에는 주된 국내사업장의 소재지를 납세지로 한다.
  - 주된 사업장을 판단하기 곤란할 때에는 비거주자가 납세지로 신고한 장소로 한다.

- 국내사업장이 없는 경우
  - 국내원천소득(부동산임대, 양도소득 등)이 발생하는 장소를 납세지로 한다.
  - 다만, 국내원천소득이 발생하는 장소가 2 이상인 경우에는 그 중 납세지로 신고한 장소로 하고, 신고를 하지 아니한 경우에는 소득상황 및 세무관리의 적정성 등을 참작하여 국세청장 또는 관할지방국세청장이 지정하는 장소로 한다.

③ 상속하는 경우의 납세지

상속하는 경우의 납세지는 피상속인의 소득금액에 대한 소득세의 납세지로 한다. 피상속인 · 상속인 · 납세관리인의 주소지나 거소지 중 상속인 · 납세관리인이 납세지로 신고한 장소로 한다. 다만, 신고가 없는 경우에는 피상속인의 주소지 또는 거소지로 한다.

④ 비거주자가 납세관리인을 둔 경우의 납세지

국내사업장의 소재지 또는 납세관리인의 주소지 · 거소지 중에서 납세관리인이 납세지로 신고한 장소로 한다.

⑤ 납세지의 지정

- 지정요건
  - 신청에 의한 지정: 사업소득이 있는 거주자가 사업장 소재지를 납세지로 신청한 때
  - 직권에 의한 지정: 납세의무자의 소득상황으로 보아 부적당하거나 납세의무의 이행상 불편하다고 인정될 때
- 지정권자: 납세지 지정권자는 관할지방국세청장이나 새로 지정할 납세지와 종전의 납세지의 관할지방국세청장이 다를 때에는 국세청장이 지정한다.

○ 중간예납

소득세는 과세기간단위로 과세하므로 과세기간 종료 후 확정신고와 함께 소득세를 납부하는 것이 원칙이다. 그러나 사업소득이 있는 거주자는 전반기(6개월)의 소득세를 미리 납부하여야 하는데 이를 중간예납이라 한다.

① 중간예납대상자

사업소득이 있는 거주자는 중간예납의무가 있으나 다음의 경우에는 중간예납의무가 없다.

- 신규사업자
- 사업소득 중 속기 · 타자 등 한국표준산업분류상의 사무지원서비스업에서 발생하는 소득
- 사업소득 중 「소득세법」 제82조의 규정에 의하여 장기간 휴 · 폐업으로 소득세 포탈의 우려가 있는 등의 사유로 수시부과하는 소득
- 다음에 해당하는 소득
  - 저술가 · 화가 · 배우 · 가수 · 영화감독 · 연출가 · 촬영사 등 자영예술가의 사업소득
  - 직업선수 · 코치 · 심판 등 자영경기업의 사업소득
  - 독립된 자격으로 보험모집, 증권매매권유, 저축권장 또는 집금 등의 용역을 제공하고 그 실적 등에 따라 수당 등을 받는 사업소득
  - 「방문판매 등에 관한 법률」에 의하여 방문판매수당을 받는 사업소득: 원천징수의무자가 직전연도의 사업소득에 대하여 연말정산을 한 것에 한한다.
  - 「소득세법」이 적용되는 전환정비사업조합의 조합원이 영위하는 공동사업
  - 「소득세법」이 적용되는 주택조합의 조합원이 영위하는 공동사업
- 납세조합이 중간예납기간 중 해당 조합원의 소득에 대한 소득세를 매월 원천징수납부하는 경우의 해당 소득

② 중간예납기간과 납부기간

중간예납기간과 납부기간을 표로 나타내면 [표 6-6]과 같다.

| 표 6-6 | 중간예납기간과 납부기간

<table>
<tr><th>구분</th><th colspan="2">기간</th></tr>
<tr><td>중간예납기간</td><td colspan="2">1. 1.~6. 30.</td></tr>
<tr><td>추계액신고기간</td><td colspan="2">11. 1.~11. 30.</td></tr>
<tr><td>세액고지기간</td><td>11. 1.~11. 15.</td><td>미납세액 중 분납가능세액
다음연도 1. 1.~1. 15.</td></tr>
<tr><td>세액납부기간</td><td>11. 16.~11. 30.</td><td>분납세액의 경우
다음연도 1. 31.</td></tr>
</table>

③ 중간예납세액의 계산

• 전년도에 과세실적이 있는 경우

중간예납세액 = 중간예납기준액 × 1/12

이 경우 중간예납기준액은 전년도의 종합소득에 대한 소득세로서 납부하였거나 납부하여야 할 세액으로 다음 세액의 합계액에서 환급세액을 공제한 금액이다.

직전 과세기간의 중간예납세액, 확정신고납부세액, 추가납부세액(가산세 포함), 기한 후 신고납부세액(가산세 포함) 및 추가자진납부세액(가산세 포함)

중간예납기간 중 토지 등 매매차익예정신고 · 납부를 한 경우에는 그 신고 · 납부한 세액을 중간예납기준액의 2분의 1에 해당하는 금액에서 차감한다. 그러나 그 신고 · 납부한 세액이 중간예납기준액의 2분의 1을 초과하는 경우에는 중간예납세액이 없는 것으로 한다.

• 전년도의 소득세 납부실적이 없거나 해당연도의 중간예납추계액이 중간예납기준액의 30/100에 미달하는 경우: [표 6-7]에 의한 계산방식에 의해 계산된 중간예납추계액으로 한다.

| 표 6-7 | 중간예납추납액 계산산식

구분	산식
종합소득 과세표준	(중간예납기간의 종합소득금액 × 2) − 이월결손금 − 종합소득공제
종합소득 산출세액	종합소득 과세표준 × 기본세율
중간예납추계액	(종합소득 산출세액 ÷ 2) − (중간예납기간 종료일까지의 종합소득에 대한 감면세액 · 세액공제액, 토지 등 매매차익예정신고 산출세액 · 수시부과세액 · 원천징수세액)

○ 종합소득세 과세표준확정신고

① 확정신고의무자

• 해당 과세기간의 종합소득금액이 있는 거주자

- 해당 과세기간의 과세표준이 없거나 결손금액이 있는 경우에도 확정신고의무 있음.
- 국내사업장이 있는 경우의 국내원천소득이 있는 비거주자도 신고의무 있음.

② 확정신고의무가 없는 자

- 다음의 어느 하나에 해당하는 거주자는 해당 소득에 대하여 과세표준확정신고를 하지 아니할 수 있다.
  - ㉮ 근로소득만 있는 자
  - ㉯ 퇴직소득만 있는 자
  - ㉰ 공적연금소득(「국민연금법」에 의한 연금 및 「공무원 · 군인 · 사립학교교직원연금법」, 「별정우체국법」에 의한 연금, 「국민연금과 직역연금의 연계에 관한 법률」에 따라 받는 연계노령연금 · 연계퇴직연금)만 있는 자
  - ㉱ 원천징수되는 사업소득으로서 다음의 사업소득만 있는 간편장부대상자
    - 보험모집인의 모집수당 등
    - 방문판매원의 판매수당 등(연말정산한 경우에 한함)
  - ㉲ 근로소득과 퇴직소득만 있는 자
  - ㉳ 퇴직소득과 공적연금소득만 있는 자
  - ㉴ 퇴직소득과 위 ㉱의 사업소득만 있는 자
  - ㉵ 분리과세되는 이자 · 배당 · 연금 · 기타소득만 있는 자
  - ㉶ 위의 ㉮ 내지 ㉴에 해당하는 사람으로서 분리과세되는 이자 · 배당 · 연금 · 기타소득만 있는 자
  - ㉷ 수시부과 후 추가로 발생한 소득이 없는 자
- 일용근로자 외의 자로서 2인 이상으로부터 받는 근로소득, 연금소득, 퇴직소득 또는 위의 ㉱에 따른 소득이 있는 자는 확정신고의무가 있다. 다만, 「소득세법」 제137조의2(2인 이상으로부터 근로소득을 받는 사람에 대한 근로소득세액의 연말정산), 제138조(재취직자에 대한 근로소득세액의 연말정산) 또는 제144조의2(과세표준확정신고 예외 사업소득세액의 연말정산)에 따른 연말정산에 의하여 소득세를 납부함으로써 확정신고납부를 할 세액이 없는 자는 확정신고를 하지 아니할 수 있음.
- 원천징수대상이 아닌 근로소득 또는 퇴직소득이 있는 자는 소득세 확정신고의무가 있다. 다만, 납세조합이 「소득세법」 제137조(근로소득세액의 연말정산), 제137조의2(2

인 이상으로부터 근로소득을 받는 사람에 대한 근로소득세액의 연말정산), 제138조(재취직자에 대한 근로소득세액의 연말정산)의 예에 따른 원천징수에 의하여 소득세를 납부한 자와 제156조의5(비거주 연예인 등의 용역 제공과 관련된 원천징수절차 특례)에 따른 원천징수에 의하여 소득세를 납부한 자는 확정신고를 하지 아니할 수 있다.

- 근로소득(일용근로소득 제외), 연금소득, 퇴직소득 또는 위의 ㉣에 따른 소득이 있는 자에 대하여 원천징수의무자가 연말정산에 의하여 소득세를 원천징수하지 아니한 때에는 확정신고의무가 있다.

③ 신고기간

- 원칙: 해당 과세기간의 종합소득금액이 있는 거주자(종합소득 과세표준이 없거나 결손금이 있는 거주자 포함)는 그 종합소득 과세표준을 그 과세기간의 다음연도 5월 1일부터 5월 31일까지 신고하여야 한다. 성실신고확인대상 사업자가 성실신고확인서를 제출하는 경우에는 그 종합소득 과세표준을 그 다음연도 5월 1일부터 6월 30일까지 신고하여야 한다.
- 확정신고의 특례
  - 사망한 경우: 거주자가 사망한 경우 상속인은 상속개시일이 속하는 달의 말일부터 6개월이 되는 날까지 사망일이 속하는 과세기간에 대한 그 거주자의 과세표준을 신고하여야 한다.
  - 출국하는 경우: 거주자가 주소 또는 거소의 국외이전을 위하여 출국하는 경우에는 출국일이 속하는 과세기간의 과세표준을 출국일 전날까지 신고한다.

④ 확정신고 및 납부

■ 확정신고서 첨부서류

- 사업소득금액을 비치 · 기록된 장부와 증명서류에 의하여 신고하는 경우
- 소득공제사항을 확인할 수 있는 서류: 인적공제 · 연금보험료공제 · 주택담보노후연금이자비용공제 · 특별공제대상임을 증명하는 서류를 말한다.
- 종합소득금액의 계산의 기초가 된 총수입금액 · 필요경비의 계산에 필요한 서류
  - 비과세사업소득(농가부업소득)명세서
  - 소득세 감면을 받는 경우: 소득세 감면소득 구분계산서

| 표 6-8 | 종합소득세 확정신고 첨부서류

구분	첨부서류
복식부기의무자	기업회계기준을 준용하여 작성한 재무상태표 · 손익계산서와 그 부속서류 및 합계잔액시산표와 조정계산서(과세표준확정신고서에 이를 첨부하지 아니한 경우에는 무신고로 본다)
간편장부대상자	간편장부소득금액계산서
성실신고확인대상자	확정신고 시 제출대상서류에 추가하여 사업소득의 적정성을 세무사 등이 확인하여 작성한 확인서

- 충당금 · 준비금 등을 필요경비 · 총수입금액에 산입하는 경우: 관련명세서
- 공동사업자의 경우: 공동사업자별 소득금액 등분배명세서
- 이월결손금을 처리하는 경우: 이월결손금명세서
- 기타 총수입금액과 필요경비 계산에 필요한 참고서류

• 사업소득금액을 비치 · 기록된 장부와 증명서류에 의하여 계산하지 아니한 경우: 추계소득금액신고서

• 상속의 경우

- 피상속인에 대한 과세표준확정신고서에는 상속인의 성명과 주소, 피상속인과의 관계, 상속인이 2인 이상인 경우에는 상속지분에 따라 안분계산한 세액 등을 기재한

| 표 6-9 | 기준경비율과 단순경비률

기준경비율과 단순경비율
경비율제도는 장부작성하지 않는 사업자의 소득금액 계산방법을 말한다. 소득금액은 수입금액에서 필요경비를 차감하여 계산하나, 장부를 작성한 사업자는 장부에 의한 필요경비를 차감하나, 장부를 작성하지 않는 사업자는 필요경비를 계산할 수 없기 때문에 정부에서 정한 경비율에 의해 필요경비를 차감하게 되며, 이러한 경비율에는 단순경비율과 기준경비율이 있다. • 단순경비율 적용대상자의 소득금액 계산 – 장부나 증빙서류에 의하지 않고, 수입금액에 단순경비율을 곱한 금액을 필요경비로서 인정받게 됨. * 소득금액 = 수입금액 – (수입금액 × 단순경비율) • 기준경비율 적용대상자의 소득금액 계산 – 필요경비 해당액을 주요경비(매입비용, 인건비, 임차료를 말함)와 기타경비로 구분하고, – 주요경비는 증빙서류에 의한 금액을, 기타경비는 수입금액에 기준경비율을 곱한 금액을 비용으로 인정받게 됨. * 소득금액 = 수입금액 – 주요경비 – (수입금액 × 기준경비율)

서류를 제출하여야 하며

- 상속인이 2인 이상인 경우의 과세표준확정신고서는 각 상속인이 연서하여 하나의 신고서를 제출하거나 상속인별로 다른 상속인의 성명을 부기하여 각각 제출할 수 있음.

■ 확정신고 · 납부

다음과 같이 계산된 확정신고 · 납부세액을 과세표준 확정신고기한까지 납세지 관할세무서장, 한국은행 또는 체신관서에 납부한다.

자진납부세액 = 산출세액 − 감면세액 및 세액공제 + 가산세 − 기납부세액

이 경우 기납부세액은 다음에 해당하는 세액을 말한다.

- 중간예납세액
- 토지 등 매매차익예정신고 산출세액 또는 그 결정 · 경정한 세액
- 수시부과세액
- 원천징수세액(「소득세법」 제46조 제1항에 의한 채권 등의 이자소득 원천징수세액은 해당 거주자의 보유기간 이자상당세액에 한함)
- 납세조합 징수세액 및 공제액

■ 분납

자진납부할 세액이 1천만 원을 초과하는 경우에는 그 세액의 일부를 납부기한 경과 후 2개월 이내에 [표 6-10]과 같이 분납가능하다.

| 표 6-10 | 분납세액

구분	분납세액
납부할 세액이 2천만 원 이하인 경우	1천만 원을 초과하는 금액
납부할 세액이 2천만 원을 초과하는 경우	그 세액의 50% 이하의 금액

○ 사업장현황신고

① **신고대상자**

사업소득을 영위하는 사업자(해당 과세기간 중 폐업 또는 휴업한 사업자 포함)는 사업장현황신고대상에 해당한다. 다만, 다음에 해당하는 경우에는 제외한다.

- 사업자가 사망하거나 출국으로 인하여 과세표준확정신고를 한 때
- 사업자가 「부가가치세법」의 규정에 의한 예정신고와 확정신고를 한 때

② **신고기한**

사업장현황신고는 해당 과세기간의 다음연도 2월 10일까지 신고하여야 한다.

③ **신고방법**

사업자는 다음 사항이 포함된 사업장현황신고서를 제출하여야 한다. 사업자 인적사항, 업종별 수입금액명세, 시설현황 및 다음에 해당하는 내용이 포함되어야 한다.

- 수입금액의 결제수단별 내역
- 계산서 · 세금계산서 · 신용카드 매출전표 및 현금영수증 수취내역
- 임차료 · 매입액 및 인건비 등 비용내역
- 그 밖에 사업자의 현황과 관련된 사항으로 기획재정부령이 정하는 사항

2 이상의 사업장이 있는 사업자는 각 사업장별로 사업장현황신고를 하며 사업자가 그 사업을 폐업 또는 휴업하는 경우에는 폐업신고서 또는 휴업신고서와 함께 사업장현황신고서를 사업장 관할세무서장에게 제출하여야 한다.

공동으로 사업을 경영하는 경우에는 대표공동사업자가 해당 공동사업장의 사업장현황신고서를 작성하여 제출하는 것이며, 이에 대표자 및 구성원 각각의 사업장현황보고서를 별지로 작성하여 부표로 제출하여야 한다.

나. 법인사업자

법인사업자에는 법인설립등기를 함으로써 법인격을 취득한 법인뿐만 아니라 「국세기본

법」에서 정한 요건을 충족하여 법인으로 보는 법인격 없는 단체 등을 포함하고 있다.

법인사업자는 개인사업자와 달리 법인을 설립하여 등기를 하는 등 그 설립절차가 복잡하나 여러 사람을 통해 자금조달이 가능하며 대규모 자본에 의한 사업이 가능하고 주주로 참여하는 경우 출자지분한도 내에서만 책임을 지는 등 사업수행에 따른 부담을 덜 수 있고 개인사업자에 비해 대외신인도가 높은 편이다.

다만, 법인의 경우 별도 인격이 존재하므로 법인은 의사결정에 있어 주주총회 또는 이사회 등의 의결을 거쳐야 하며 임의로 회사자금을 인출하는 경우 「법인세법」에 의해 손금으로 보지 아니하고 가지급금 또는 상여로 보아 세금을 추가로 부담하게 된다. 특히 상여처분이 발생하는 경우 법인은 법인세, 소득귀속자는 소득세를 추가로 부담하여야 한다.

법인은 또한 이익이 발생하는 경우 개인사업자와 달리 주주총회의 잉여금처분결의를 통해 배당형태로 인출하여야 한다. 법인은 사업을 수행함에 있어 부가가치세와 법인에서 발생한 이익에 대해 법인세를 부담하게 된다. 법인의 부가가치세는 개인사업자의 부가가치세와 크게 다르지 않기 때문에 여기서는 법인세를 중심으로 살펴보고자 한다.

법인세는 법인이 경제활동을 통하여 얻는 소득에 대해 법인에게 부과되는 세금으로 법인세 납세의무자는 설립등기를 한 법인뿐만 아니라, 「국세기본법」에 따라 법인으로 보거나 법인으로 승인을 받는 단체를 포함한다.

□ 법인의 범위

○ 내국법인

내국법인이란 국내에 본점이나 주사무소 또는 사업의 실질적 관리장소를 둔 법인으로 영리내국법인과 비영리내국법인으로 나눌 수 있다. 이 경우 사업의 실질적 관리장소는 법인이 사업을 수행함에 있어 중요한 관리 또는 상업적 의사결정이 실질적으로 이루어지는 장소를 의미한다.

① 영리내국법인

「상법」에 따른 영리내국법인과 특별법에 따른 영리내국법인으로 「상법」에 따른 영리법인은 합명회사, 합자회사, 주식회사, 유한회사, 유한책임회사 등이 있다. 특별법에 의하여 설립되는 법인은 대부분 비영리법인이나, 영리를 목적으로 하는 경우에는 영리법인에 해당된다. 예를 들어, 「전기공사공제조합법」에 의하여 설립된 법인인 전기공사공제조합은 영리법인에 해당한다.

② 비영리내국법인

비영리법인이란 학술 · 종교 · 자선 · 사교 기타 영리 아닌 사업을 목적으로 하는 법인으로 「법인세법」에 따른 비영리내국법인은 다음과 같이 구분할 수 있다.

- 「민법」 제32조 규정에 의하여 설립된 법인
- 「사립학교법」에 의하여 설립된 학교법인
- 특별법에 의하여 설립된 법인으로서 민법 제32조와 유사한 목적을 가진 법인
- 「국세기본법」에 의한 법인으로 보는 단체(법인으로 보는 법인 아닌 단체)

비영리법인이 수익사업을 하는 경우에는 자산 · 부채 및 손익을 그 수익사업에 속하는 것과 수익사업이 아닌 그 밖의 사업에 속하는 것을 각각 다른 회계로 구분하여 기록하여야 한다.

○ 외국법인

외국법인은 외국에 본점 또는 주사무소를 둔 단체(국내에 사업의 실질적 관리장소가 소재하지 아니하는 경우만 해당한다)로서 다음의 기준에 해당하는 법인이다.

- 설립된 국가의 법에 따라 법인격이 부여된 단체
- 구성원이 유한책임사원으로만 구성된 단체
- 구성원과 독립하여 자산을 소유하거나 소송의 당사자가 되는 등 직접 권리 · 의무의 주체가 되는 단체
- 그 밖에 해당 외국단체와 동종 또는 유사한 국내의 단체가 「상법」 등 국내의 법률에 따른 법인인 경우의 그 외국단체

○ 법인으로 보는 법인 아닌 단체

「국세기본법」은 다음에 해당하는 경우 법인으로 보도록 하고 있다.

- 「국세기본법」에 따른 요건만 충족하면 당연 법인으로 보는 경우(법인으로 보는 사단, 재단, 그 밖의 단체)

- 법인 아닌 단체 중 일정요건을 모두 갖춘 것으로서 대표자나 관리인이 관할세무서장에게 신청하여 승인을 받은 경우

① 법인으로 보는 사단, 재단, 그 밖의 단체

법인(내국법인 및 외국법인을 말한다)이 아닌 사단, 재단, 그 밖의 단체(이하 '법인 아닌 단체') 중 다음의 어느 하나에 해당하는 것으로서 수익을 구성원에게 분배하지 아니하는 것은 세무서장의 승인 등이 없이 법인으로 보아 「국세기본법」과 세법을 적용한다.

- 주무관청의 허가 또는 인가를 받아 설립되거나 법령에 따라 주무관청에 등록한 사단, 재단, 그 밖의 단체로서 등기되지 아니한 것
- 공익을 목적으로 출연된 기본재산이 있는 재단으로서 등기되지 아니한 것

② 세무서장의 승인을 받은 법인으로 보는 단체

법인으로 보는 사단, 재단, 그 밖의 단체 외의 법인 아닌 단체 중 다음의 요건을 모두 갖춘 것으로서 대표자나 관리인이 관할세무서장에게 신청하여 승인을 받은 것도 법인으로 보아 「국세기본법」과 세법을 적용한다. 이 경우 해당 사단, 재단, 그 밖의 단체의 계속성과 동질성이 유지되는 것으로 본다.

- 사단, 재단, 그 밖의 단체의 조직과 운영에 관한 규정을 가지고 대표자나 관리인을 선임하고 있을 것
- 사단, 재단, 그 밖의 단체 자신의 계산과 명의로 수익과 재산을 독립적으로 소유 · 관리할 것
- 사단, 재단, 그 밖의 단체의 수익을 구성원에게 분배하지 아니할 것

이 경우 법인으로 보는 법인 아닌 단체는 그 신청에 대하여 관할세무서장의 승인을 받은 날이 속하는 과세기간과 그 과세기간이 끝난 날부터 3년이 되는 날이 속하는 과세기간까지는 「소득세법」에 따른 거주자 또는 비거주자로 변경할 수 없다.

법인세의 신고 · 납부를 위해서는 결산확정, 세무조정절차를 거쳐 법인세신고를 하게 되고, 법인세신고한 내용에 대해 오류 등이 발생하는 경우 수정신고, 경정청구를 통해 이를 바로잡게 된다.

■ 수정신고

과세표준신고서를 법정신고기한까지 제출한 자는 다음의 어느 하나에 해당할 때에는 관할세무서장이 각 세법에 따라 해당 국세의 과세표준과 세액을 결정 또는 경정하여 통지하기 전으로서 국세부과의 제척기간이 끝나기 전까지 과세표준수정신고서를 제출할 수 있다.

- 과세표준신고서에 기재된 과세표준 및 세액이 세법에 따라 신고하여야 할 과세표준 및 세액에 미치지 못할 때
- 과세표준신고서에 기재된 결손금액 또는 환급세액이 세법에 따라 신고하여야 할 결손금액이나 환급세액을 초과할 때

■ 경정청구

과세표준신고서를 법정신고기한까지 제출한 자는 다음의 어느 하나에 해당할 때에는 최초신고 및 수정신고한 국세의 과세표준 및 세액의 결정 또는 경정을 법정신고기한이 지난 후 5년 이내에 관할세무서장에게 청구할 수 있다.

- 과세표준신고서에 기재된 과세표준 및 세액(각 세법에 따라 결정 또는 경정이 있는 경우에는 해당 결정 또는 경정 후의 과세표준 및 세액을 말한다)이 세법에 따라 신고하여야 할 과세표준 및 세액을 초과할 때
- 과세표준신고서에 기재된 결손금액 또는 환급세액(각 세법에 따라 결정 또는 경정이 있는 경우에는 해당 결정 또는 경정 후의 결손금액 또는 환급세액을 말한다)이 세법에 따라 신고하여야 할 결손금액 또는 환급세액에 미치지 못할 때

□ 법인세 과세소득

법인세는 다음에 해당하는 3가지의 소득에 대하여 과세한다.

- 각 사업연도 소득에 대한 법인세
- 청산소득에 대한 법인세
- 토지 등의 양도소득에 대한 법인세

○ 각 사업연도 소득에 대한 법인세

각 사업연도 소득은 법인이 일정한 회계기간 동안 경제활동을 통해 얻은 이익으로 내국법인의 각 사업연도의 소득은 그 사업연도에 속하는 익금의 총액에서 그 사업연도에 속하는 손금의 총액을 공제한 금액으로 한다.

각 사업연도 소득 = 익금의 총액 – 손금의 총액

○ 청산소득에 대한 법인세

청산소득은 법인이 해산 · 소멸할 때 잔여재산가액이 해산등기일 현재의 자기자본총액을 초과하는 경우 그 초과하는 금액을 말한다.

청산소득 = 잔여재산가액 – 해산등기일 현재의 자기자본총액

○ 토지 등의 양도소득에 대한 법인세

토지 등 양도소득에 대한 법인세는 법인이 토지 · 건물 등을 양도함으로써 발생하는 양도소득에 대하여 각 사업연도 소득에 대한 법인세에 추가하여 과세하는 법인세로 토지 등 양도소득은 양도가액에서 양도 당시의 장부가액을 공제하여 계산한다.

토지 등 양도소득 = 양도가액 – 양도 당시의 장부가액

| 표 6-11 | 법인유형별 과세대상소득

구분	내국법인		외국법인	
	영리법인	비영리법인	영리법인	비영리법인
각 사업연도 소득에 대한 법인세	국내외 모든 소득에 과세	국내외 수익사업에서 생긴 소득에만 과세	국내원천소득에만 과세	국내원천소득 중 수익사업에서 생긴 소득에만 과세
토지 등 양도소득에 대한 법인세	과세	과세	과세	과세
청산소득에 대한 법인세	과세	과세하지 아니함.	과세하지 아니함.	과세하지 아니함.

□ 사업연도

법인은 계속기업을 전제로 소득은 계속하여 발생하지만 법인세를 과세하기 위하여 이를 일정한 기간단위로 구분한 기간인 1회계기간을 사업연도라 한다.

- 법령 · 정관 등에서 사업연도에 관한 규정이 있는 법인: 법령 · 정관 등에서 규정한 사업연도로 하되 1년을 초과하지 못한다.
- 법령 · 정관 등에서 사업연도에 관한 규정이 없는 법인
  - 사업연도를 신고한 경우: 신고한 사업연도
  - 사업연도를 신고하지 않은 경우: 1. 1.~12. 31.

○ 신설법인의 사업연도 변경

신설법인의 경우에는 최초 사업연도가 경과하기 전에는 사업연도를 변경할 수 없는 것으로 한다.

○ 사업연도변경신고서를 미리 제출한 경우의 효력

사업연도변경신고서를 직전 사업연도 종료일 이전에 제출한 경우에도 적법한 변경신고로 본다.

○ 사업연도변경신고서를 늦게 제출한 경우의 효력

사업연도변경신고서를 직전 사업연도 종료일로부터 3월을 경과하여 제출한 경우에는 변경신고한 당해 사업연도는 변경되지 아니한 것으로 본다.

□ 결산확정

법인세 세액을 산출하기 위해서는 기업회계기준에 따른 당기순이익을 산출하여야 하는데 이를 위해 기업회계기준에 따라 재무제표를 작성하고, 「상법」에 의한 주주총회의 승인을 얻어 당기순이익을 확정하게 된다.

「주식회사의 외부감사에 관한 법률」 제2조에 따라 감사인에 의한 감사를 받아야 하는 내국법인이 해당 사업연도의 감사가 종결되지 아니하여 결산이 확정되지 아니하였다는 사유로 신고기한의 연장을 신청한 경우에는 그 신고기한을 1개월의 범위에서 연장할 수 있다.

□ 세무조정

각 사업연도의 소득을 계산하기 위해서는 먼저 기업회계기준에 의하여 산출한 당기순이익을 기초로 기업회계와 세무회계의 차이로 인하여 발생하는 세무조정금액을 가감하여 차가감소득금액을 계산한다.

당기순이익 ± 세무조정금액 = 차가감소득금액

세법에서는 원칙적으로 기업회계기준을 존중하고 있으나, 조세정책 또는 사회정책적인 목적 등을 고려하여 예외적으로 기업회계기준과 다소 다른 규정을 두고 있어 법인세의 주요 대상인 각 사업연도 소득금액은 기업회계기준의 당기순이익을 기초로 하여 산정하고 있으나 기업회계기준과 「법인세법」의 차이에 대해 세무조정이 필요하게 된다. 「법인세법」에 따라 세무조정계산서를 작성하고, 세무조정결과에 근거하여 법인세신고서를 작성하게 된다.

세무조정은 세무조정절차에 따라 결산조정 및 신고조정으로, 세무조정주체에 따라 자기조정 및 외부조정으로 구분된다.

○ 결산조정

사업연도 말의 결산을 통하여 장부에 반영하여야 하는 사항을 말한다. 따라서 세법에서는 특정한 손비에 대하여는 법인의 내부적 의사결정, 즉 결산확정에 의하여 손금으로 계상하여야만 손금으로 인정하는 항목이 결산조정항목에 해당한다.

○ 신고조정

결산서상 당기순손익의 기초가 되는 회사장부에 계상함이 없이 법인세 과세표준 및 세액신고서에만 계상해도 되는 사항을 말한다. 신고조정은 결산조정과는 달리 결산확정에 의한 손금산입을 필요로 하지 않고 세무조정계산서에서 익금과 손금을 가감조정하여 과세표준을 계산할 수 있는 항목이다.

○ 자기조정

법인세를 신고 · 납부함에 있어 해당 법인이 세무조정계산을 직접 신고하도록 하는 제도를 말한다.

○ 외부조정

조세감면을 받는 법인 등과 외부회계감사대상 법인 등은 기업회계와 세무회계의 차이가 많이 발생하므로 정확한 과세소득을 자체적으로 계산하기가 쉽지 않아 이러한 법인이 정확하고 성실한 납세의무이행을 위하여 법인세를 신고 · 납부함에 있어 세무사(공인회계사 및 변호사 포함)로부터 세무조정계산을 받아 신고하도록 하는 제도를 말한다.

□ 법인세신고

법인세는 법인의 소득에 대하여 과세하는 조세이며, 우리나라의 법인세는 순자산증가분에 대한 과세 및 기간별 종합과세 · 자진신고납부방식을 취하고 있다. 법인은 법인세 과세표준 및 세액계산서를 작성하여 각 사업연도의 종료일이 속하는 달의 말일부터 3개월 이내에 관할세무서에 신고하고 법인세를 납부하여야 한다. 천재 · 지변, 납세자가 화재 · 전화 기타 재해를 입거나 도난을 당한 때 등 사유에 해당하는 경우 신고 및 납부기한을 연장할 수 있다.

법인세신고를 할 때에는 그 신고서에 다음의 서류를 첨부하여야 한다.[1] 이 경우 내국법인으로서 각 사업연도의 소득금액이 없거나 결손금이 있는 법인의 경우에도 적용한다.

① 기업회계기준을 준용하여 작성한 개별 내국법인의 재무상태표 · 포괄손익계산서 및 이익잉여금처분계산서(또는 결손금처리계산서)

② 법인세 과세표준 및 세액조정계산서

③ 기타 부속서류 및 현금흐름표, 표시통화재무제표 · 원화재무제표

④ 피합병법인 등의 재무상태표, 합병 · 분할로 승계한 자산 · 부채명세서 등

법인세신고 시 그 신고서에 ① 및 ②의 서류를 첨부하지 아니하면 「법인세법」에 따른 신

1) ① 및 ③의 현금흐름표의 제출은 국세정보통신망(http://www.hometax.go.kr)을 이용하여 기획재정부령이 정하는 표준대차대조표(별지 3호의2), 표준손익계산서 및 표준손익계산서부속명세서(별지 3호의3)를 제출하는 것으로 갈음할 수 있다.

고로 보지 아니한다. 아울러, 「주식회사의 외부감사에 관한 법률」 제2조에 따른 외부감사 대상 법인의 경우 전자신고를 통하여 법인세를 신고하는 때에는 그 신고서에 대표자가 서명날인하여 서면으로 납세지 관할세무서장에게 제출하여야 한다.[2)]

□ 세액납부 및 환급

법인세 과세표준 및 세액신고서에 기재된 납부할 세액을 과세표준신고기한 내에 납부서를 작성하여 납부하여야 한다. 납부할 법인세액이 1천만 원을 초과한 경우에는 1천만 원은 기한 내 납부하고, 1천만 원을 초과하는 금액은 납부기한이 지난 날로부터 1개월, 「조세특례제한법 시행령」 제2조의 규정에 의한 중소기업의 경우 2개월 이내에 분납할 수 있다. 이 경우 납부할 법인세는 가산세 및 감면분 추가납부세액을 제외한 금액으로 한다.

법인세신고와 관련하여 총부담세액이 기납부세액(중간예납세액, 원천징수세액 등)보다 적은 경우에는 법인세 환급세액이 발생하게 된다.

법인세는 환급세액이 발생되나, 법인세분 농어촌특별세를 납부하여야 하는 경우에는 농어촌특별세 과세표준 및 세액신고서에 충당하고자 하는 금액을 기재하여 환급할 법인세에서 납부할 농어촌특별세를 충당할 수 있다.

□ 세무조정유형

○ 결산조정과 신고조정

세무조정을 절차상 특성에 따라 결산조정과 신고조정으로 구분하는데, 결산조정은 사업연도 말의 결산을 통하여 장부에 반영하여야 하나, 신고조정은 결산서상 당기순이익의 기초가 되는 회사장부에 계상 없이 법인세 과세표준 및 세액신고서에만 계상해도 된다. 따라서 결산조정사항에 대해 장부에 반영하지 아니한 경우에는 손금으로 인정되지 아니하고 향후 이에 대해 경정청구가 불가능하다.

결산조정항목은 주로 현금지출 등이 수반되지 않고 손금계상 여부가 법인의 의사에 맡겨져 있어 특정 손비항목을 과세소득 계산 시 손금으로 인정하는 대신에 그 금액만큼을 장부에 비용으로 계상하도록 강제하고 있다.

---

2) 2013년 2월 15일 이후 신고하는 분부터 적용한다.

| 표 6-12 | 결산조정 및 신고조정 주요 항목

결산조정 주요 항목	신고조정 주요 항목
• 감가상각비 • 고유목적사업준비금(외부감사를 받는 비영리법인의 경우 신고조정가능) • 퇴직급여충당금 • 대손충당금 • 천재 · 지변 등에 의한 고정자산평가손 • 주식을 발행한 법인이 파산한 경우의 그 주식평가손 • 생산설비의 평가손 • 다음에 해당하는 대손금 채무자의 파산, 강제집행, 형의 집행, 사업의 폐지, 사망, 실종 또는 행방불명으로 회수할 수 없는 채권, 부도발생일부터 6개월 이상 지난 수표 또는 어음상의 채권 및 외상매출금(중소기업의 외상매출금으로서 부도발생일 이전의 것에 한정한다), 회수기일이 6개월 이상 지난 채권 중 채권가액이 20만 원 이하(채무자별 채권가액의 합계액을 기준으로 한다)인 채권 등	• 무상으로 받은 자산의 가액과 채무의 면제 또는 소멸로 인한 부채의 감소액 중 이월결손금의 보전에 충당하는 금액 • 퇴직연금부담금 • 공사부담금 · 보험차익 · 국고보조금으로 취득한 고정자산가액의 손금산입 • 손익의 귀속 사업연도의 차이로 발생하는 익금산입 등 • 「조세특례제한법」에 따른 준비금(당해 사업연도의 이익처분 시 당해 준비금을 적립하여야 한다) • 다음에 해당하는 대손금 「상법」에 따른 소멸시효가 완성된 외상매출금 및 미수금, 「어음법」에 따른 소멸시효가 완성된 어음, 「수표법」에 따른 소멸시효가 완성된 수표, 「민법」에 따른 소멸시효가 완성된 대여금 및 선급금, 「채무자 회생 및 파산에 관한 법률」에 따른 회생계획인가의 결정 또는 법원의 면책결정에 따라 회수불능으로 확정된 채권, 「민사집행법」 제102조에 따라 채무자의 재산에 대한 경매가 취소된 압류채권, 물품의 수출 또는 외국에서의 용역제공으로 발생한 채권으로서 외국환거래에 관한 법령에 따라 한국은행총재 또는 외국환은행의 장으로부터 채권회수의무를 면제받은 것

○ 자기조정과 외부조정

법인세신고 시 법인 스스로 세무조정을 하는 자기조정도 가능하지만, 조세감면을 받는 법인 등과 외부회계감사대상 법인 등은 기업회계와 세무회계의 차이가 많이 발생하여 정확한 계산을 하기가 용이하지 않아 이러한 법인이 정확하고 성실한 납세의무이행을 위하여 법인세를 신고 · 납부함에 따라 세무사(「세무사법」 제20조의2에 따라 등록한 공인회계사 및 변호사를 포함)가 세무조정계산서를 작성하도록 하는 외부조정신고제도를 도입하고 있다.

외부세무조정대상 법인은 다음의 어느 하나에 해당하는 법인으로 「조세특례제한법」 제72조에 따른 당기순이익과세를 적용받는 법인은 제외한다.

① 직전 사업연도의 수입금액이 70억 원 이상인 법인 및 「주식회사의 외부감사에 관한 법률」 제2조에 따라 외부의 감사인에 의한 회계감사를 받아야 하는 법인

② 직전 사업연도의 수입금액이 3억 원 이상인 법인으로서 법 제29조(고유목적사업준비금의 손금산입) · 제30조(책임준비금 등의 손금산입) · 제45조(합병 시 이월결손금 등 공제 제한) 또는 「조세특례제한법」에 따른 조세특례[3]를 적용받는 법인

③ 직전 사업연도의 수입금액이 3억 원 이상인 법인으로서 해당 사업연도 종료일 현재 법 및 「조세특례제한법」에 따른 준비금 잔액이 3억 원 이상인 법인

④ 해당 사업연도 종료일부터 2년 이내에 설립된 법인으로서 해당 사업연도 수입금액이 3억 원 이상인 법인

⑤ 직전 사업연도의 법인세 과세표준과 세액에 대하여 법인세법 제66조 제3항 단서[장부나 그 밖의 증명서류에 의하여 소득금액을 계산할 수 없어 추계(推計)를 하는 경우]에 따라 결정 또는 경정받은 법인

⑥ 해당 사업연도 종료일부터 소급하여 3년 이내에 합병 또는 분할한 합병법인, 분할법인, 분할신설법인 및 분할합병의 상대방 법인

⑦ 국외에 사업장을 가지고 있거나 「법인세법」 제57조(외국납부세액공제 등) 제5항에 따른 외국자회사[4]를 가지고 있는 법인

⑧ 정확한 세무조정을 위하여 세무사가 작성한 세무조정계산서를 첨부하려는 법인[5]

이 경우 외부조정신고대상 법인이 이를 이행하지 아니한 경우에 「국세기본법」 제47조의 2 제1항에 따른 무신고가산세가 적용되므로 유의하여야 한다.

3) 「조세특례제한법」 제104조의5(지급명세서에 대한 세액공제) 및 제104조의8(전자신고에 대한 세액공제)에 따른 조세특례는 제외한다.

4) 내국법인이 의결권 있는 발행주식총수 또는 출자총액의 100분의 10(「조세특례제한법」 제22조에 따른 해외자원개발사업을 하는 외국법인의 경우에는 100분의 5를 말한다) 이상을 출자하고 있는 외국법인으로서 내국법인이 직접 외국자회사의 의결권 있는 발행주식총수 또는 출자총액의 100분의 10 이상을 해당 외국자회사의 배당확정일 현재 6개월 이상 계속하여 보유하고 있는 법인을 말한다.

5) ①부터 ③까지를 적용할 때에 해당 사업연도에 설립된 법인인 경우에는 해당 사업연도의 수입금액을 1년으로 환산한 금액을 직전 사업연도의 수입금액으로 본다.

□ 각 사업연도 소득금액 및 법인세 계산

○ 차가감소득

결산서상 당기순이익 + 익금산입 · 손금불산입 − 손금산입 · 익금불산입
= 차가감소득금액

① 각 사업연도 소득 계산	(101) 결산서상 당기순손익		01					
	소득조정 금액	(102) 익금산입	02					
		(103) 손금산입	03					
	(104) 차가감소득금액((101)+(102)−(103))		04					
	(105) 기부금한도초과액		05					
	(106) 기부금한도초과이월액 손금산입		54					
	(107) 각 사업연도 소득금액((104)+(105)−(106))		06					

○ 각 사업연도 소득금액

차가감소득금액 + 기부금한도초과액 − 기부금한도초과이월액 손금산입
= 각 사업연도 소득금액

○ 과세표준

각 사업연도 소득금액 − 이월결손금 − 비과세소득 − 소득공제 = 과세표준

○ 산출세액

과세표준 × 세율* = 산출세액

* 2억 원 이하 10%, 2억 원 초과 200억 원 이하 20%, 200억 원 초과분 22%

○ 산출세액 합계

산출세액 + 토지 등 양도소득에 대한 법인세 = 산출세액 합계

③ 산출세액 계산	⑪③ 과세표준(⑪②+⑮⑨)	56					
	⑪④ 세율	11					
	⑪⑤ 산출세액	12					
	⑪⑥ 지점유보소득(「법인세법」 제96조)	13					
	⑪⑦ 세율	14					
	⑪⑧ 산출세액	15					
	⑪⑨ 합계(⑪⑤+⑪⑧)	16					

○ 총부담세액

산출세액 합계 − 세액감면 − 세액공제 + 가산세 + 감면분 추가납부세액
= 총부담세액

○ 차감납부할 세액

총부담세액 − 기납부세액* = 차감납부할 세액

* 중간예납세액, 원천징수세액, 수시부과세액

④ 납부할 세액 계산	(120) 산출세액((120)=(119))								
	(121) 최저한세 적용대상 공제감면세액			17					
	(122) 차감세액			18					
	(123) 최저한세 적용제외 공제감면세액			19					
	(124) 가산세액			20					
	(125) 가감계((122)−(123)+(124))			21					
	기납부세액	기한내납부세액	(126) 중간예납세액	22					
			(127) 수시부과세액	23					
			(128) 원천납부세액	24					
			(129) 간접투자회사 등의 외국납부세액	25					
			(130) 소계((126)+(127)+(128)+(129))	26					
		(131) 신고 · 납부 전 가산세액		27					
		(132) 합계((130)+(131))		28					

□ 법인세 전자신고제도

○ 전자신고제도

법인세신고는 홈택스 홈페이지(http://www.hometax.go.kr)에 접속하여 인터넷을 통해 신고(전송)할 수 있으며 전자신고대상서식 이외에 당해 법인에게 보관의무가 부여된 제출제외서류에 대하여는 신고 시 별도로 제출하지 않아도 된다. 이 경우 외부회계감사대상 법인, 외형 30억 원 이상 법인 등 일부 법인은 결산보고서 및 부속명세서를 신고기한 종료 후 10일 이내에 우편 등의 방법으로 제출하여야 한다.

따라서 수동제출대상서식이 없는 법인은 전자신고로 법인세신고가 완료되어 편리하다.

○ 전자신고세액공제

법인이 직접 법인세 전자신고를 하는 경우 전자신고세액공제(2만 원)를 받을 수 있다. 세무대리인이 납세자를 대리하여 법인세 전자신고 시 납세자 1인당 4만 원(공제한도 연

300만 원, 세무 · 회계법인은 연 1,000만 원)의 세액공제를 받을 수 있다.

□ 신고 및 납부기한 연장제도

법인이 화재, 전화, 기타 재해를 입거나 도난을 당하는 등의 다음에 해당하는 사유로 법정신고기한 내에 법인세 과세표준 및 세액을 신고할 수 없을 때에는 관할세무서장의 승인을 받아 그 신고 및 납부기한을 연장할 수 있다.

① 납세자가 화재, 전화(戰禍), 그 밖의 재해를 입거나 도난을 당한 경우

② 납세자 또는 그 동거가족이 질병으로 위중하거나 사망하여 상중(喪中)인 경우

③ 납세자가 그 사업에서 심각한 손해를 입거나, 그 사업이 중대한 위기에 처한 경우(납부의 경우만 해당한다)

④ 정전, 프로그램의 오류, 그 밖의 부득이한 사유로 한국은행(그 대리점을 포함한다) 및 체신관서의 정보통신망의 정상적인 가동이 불가능한 경우

⑤ 금융회사 등(한국은행 국고대리점 및 국고수납대리점인 금융회사 등만 해당한다) 또는 체신관서의 휴무, 그 밖의 부득이한 사유로 정상적인 세금납부가 곤란하다고 국세청장이 인정하는 경우

⑥ 권한 있는 기관에 장부나 서류가 압수 또는 영치된 경우

⑦ 납세자의 형편, 경제적 사정 등을 고려하여 기한의 연장이 필요하다고 인정되는 경우로서 국세청장이 정하는 기준에 해당하는 경우(납부의 경우만 해당한다)

⑧ ①, ② 또는 ⑥에 준하는 사유가 있는 경우

이 경우 납부기한을 연장하는 경우 관할세무서장은 납부할 금액에 상당하는 담보의 제공을 요구할 수 있으며, 위 ① · ④ 및 ⑤에 해당하는 경우와 그 밖에 이에 준하는 사유에 해당하는 경우에는 담보를 제공하지 아니할 수 있다.

□ 법인세 주요 사례 검토

○ 매출누락액 수정신고

내국법인이 「국세기본법」 제45조의 수정신고기한 내에 매출누락, 가공경비 등 부당하게 사외유출된 금액을 회수하고 세무조정으로 익금에 산입하여 신고하는 경우의 소득처분은

사내유보로 한다. 다만, 다음의 어느 하나에 해당되는 경우로서 경정이 있을 것을 미리 알고 사외유출된 금액을 익금산입하는 경우에는 그러하지 아니하다.

- 세무조사의 통지를 받은 경우
- 세무조사가 착수된 것을 알게 된 경우
- 세무공무원이 과세자료의 수집 또는 민원 등을 처리하기 위하여 현지출장이나 확인업무에 착수한 경우
- 납세지 관할세무서장으로부터 과세자료 해명통지를 받은 경우
- 수사기관의 수사 또는 재판과정에서 사외유출사실이 확인된 경우
- 그 밖에 위에 열거한 사항과 유사한 경우로서 경정이 있을 것을 미리 안 것으로 인정되는 경우

○ 토지만을 사용할 목적으로 취득한 건축물의 철거비용

내국법인이 토지만을 사용할 목적으로 건축물이 있는 토지를 취득하여 그 건축물을 철거한 경우, 철거한 건축물의 취득가액과 철거비용은 당해 토지에 대한 자본적 지출로 보아 당해 토지의 장부가액에 가산하는 것으로, 당해법인이 건설업자와 건물신축공사 계약 시 공사도급금액에 포함된 기존 건물 철거공사비는 토지에 대한 자본적 지출로 본다.

○ 임원 퇴직급여 지급규정 적용방법

내국법인이 개별 임원별 퇴직급여한도액을 정관에 정하되 재임기간, 재임 시 성과 및 임원 취임 시 약정내용 등을 감안하여 이사회에서 개별 임원별 퇴직급여를 정하는 경우에는 「법인세법 시행령」 제44조 제4항 제1호의 정관에 퇴직급여로 지급할 금액이 정하여진 경우에 해당하지 아니한다.

○ 대주주 자녀에게 증여한 토지의 소득처분

법인이 보유 중인 토지를 당해 법인의 발행주식을 전량 보유하고 있는 대주주의 자녀에게 정당한 사유 없이 증여하는 경우에는 당해 토지에 대하여 증여 당시의 시가(「법인세법 시행령」 제89조에 규정된 시가를 말함)를 기준으로 처분손익을 계상한 후 토지의 시가상당액을 대주주에 대하여 「법인세법 시행령」 제106조의 규정에 따라 소득처분하는 것이며, 동 대주주의 자녀가 당해 법인으로부터 토지를 수증받은 행위에 대하여는 「상속세 및 증여

세법」의 규정이 적용된다.

2. 기타 절차적 사항

가. 가산세

정부는 세법에서 규정한 의무를 위반한 자에게 「국세기본법」 또는 세법에서 정하는 바에 따라 가산세를 부과할 수 있다. 이 경우 가산세는 해당 의무가 규정된 세법의 해당 국세의 세목으로 하며, 가산세는 납부할 세액에 가산하거나 환급받을 세액에서 공제한다. 그리고 해당 국세를 감면하는 경우에는 가산세는 그 감면대상에 포함시키지 아니한다.

□ 무신고가산세

납세의무자가 법정신고기한까지 세법에 따른 국세의 과세표준신고(예정신고 및 중간신고를 포함하며, 「교육세법」, 「농어촌특별세법」 및 「종합부동산세법」에 따른 신고는 제외한다)를 하지 아니한 경우에는 그 신고로 납부하여야 할 세액의 100분의 20에 상당하는 금액을 가산세로 한다.

□ 과소신고가산세

납세의무자가 법정신고기한까지 세법에 따른 국세의 과세표준신고(예정신고 및 중간신고를 포함하며, 「교육세법」 및 「농어촌특별세법」에 따른 신고는 제외한다)를 한 경우로서 납부할 세액을 신고하여야 할 세액보다 적게 신고(과소신고)하거나 환급받을 세액을 신고하여야 할 금액보다 많이 신고(초과신고)한 경우에는 과소신고한 납부세액과 초과신고한 환급세액을 합한 금액의 100분의 10에 상당하는 금액을 가산세로 한다.

□ 납부불성실 · 환급불성실가산세

납세의무자(연대납세의무자, 납세자를 갈음하여 납부할 의무가 생긴 제2차 납세의무자 및 보증인을 포함한다)가 세법에 따른 납부기한까지 국세의 납부(중간예납 · 예정신고납부 · 중간신고납부를 포함한다)를 하지 아니하거나 납부하여야 할 세액보다 적게 납부(이하 '과소납부' 라 한다)하거나 환급받아야 할 세액보다 많이 환급(이하 '초과환급' 이라 한다)받은 경우에는 다음의 금액을 합한 금액을 가산세로 한다.

- 납부하지 아니한 세액 또는 과소납부분 세액(세법에 따라 가산하여 납부하여야 할 이자상당가산액이 있는 경우에는 그 금액을 더한다) × 납부기한의 다음 날부터 자진납부일 또는 납세고지일까지의 기간 × 금융회사 등이 연체대출금에 대하여 적용하는 이자율 등을 고려한 이자율(1일 1만분의 3의 비율)
- 초과환급받은 세액(세법에 따라 가산하여 납부하여야 할 이자상당가산액이 있는 경우에는 그 금액을 더한다) × 환급받은 날의 다음 날부터 자진납부일 또는 납세고지일까지의 기간 × 금융회사 등이 연체대출금에 대하여 적용하는 이자율 등을 고려한 이자율(1일 1만분의 3의 비율)

□ 가산세 감면

정부는 세법에 따라 가산세를 부과하는 경우 그 부과의 원인이 되는 사유가 기한연장사유에 해당하거나 납세자가 의무를 이행하지 아니한 데 대한 정당한 사유가 있는 때에는 해당 가산세를 부과하지 아니한다.

정부는 다음의 어느 하나에 해당하는 경우에는 해당 가산세액에서 다음에서 정하는 금액을 감면한다.

○ 수정신고에 따른 감면

법정신고기한이 지난 후 수정신고한 경우(신고불성실가산세만 해당하며, 과세표준과 세액을 경정할 것을 미리 알고 과세표준수정신고서를 제출한 경우는 제외한다)에는 다음의 구분에 따른 금액을 감면한다.

- 법정신고기한이 지난 후 6개월 이내에 수정신고한 경우: 해당 가산세액의 100분의 50에 상당하는 금액
- 법정신고기한이 지난 후 6개월 초과 1년 이내에 수정신고한 경우: 해당 가산세액의 100분의 20에 상당하는 금액

- 법정신고기한이 지난 후 1년 초과 2년 이내에 수정신고한 경우: 해당 가산세액의 100분의 10에 상당하는 금액

○ 기한 후 신고에 따른 감면

법정신고기한이 지난 후 '기한 후 신고'를 한 경우(신고불성실가산세만 해당하며, 과세표준과 세액을 결정할 것을 미리 알고 '기한 후 과세표준신고서'를 제출한 경우는 제외한다)에는 다음의 구분에 따른 금액을 감면한다.

- 법정신고기한이 지난 후 1개월 이내에 기한 후 신고를 한 경우: 해당 가산세액의 100분의 50에 상당하는 금액
- 법정신고기한이 지난 후 1개월 초과 6개월 이내에 기한 후 신고를 한 경우: 해당 가산세액의 100분의 20에 상당하는 금액

○ 기타 사유에 따른 감면

다음의 어느 하나에 해당하는 경우에는 해당 가산세액의 100분의 50에 상당하는 금액을 감면한다.

- 과세전적부심사 결정 · 통지기간에 그 결과를 통지하지 아니한 경우: 감면대상 가산세는 결정 · 통지가 지연됨으로써 해당 기간에 부과되는 납부불성실 · 환급불성실가산세만 해당한다.
- 세법에 따른 제출, 신고, 가입, 등록, 개설('제출 등'이라 한다)의 기한이 지난 후 1개월 이내에 해당 세법에 따른 제출 등의 의무를 이행하는 경우: 제출 등의 의무위반에 대하여 세법에 따라 부과되는 가산세만 해당한다.

□ 가산세 한도

가산세에 대해서는 「중소기업기본법」 제2조 제1항에 따른 중소기업은 그 의무위반의 종류별로 각각 5천만 원을 한도로 한다. 「중소기업기본법」 제2조 제1항에 따른 중소기업이 아닌 기업은 그 의무위반의 종류별로 각각 1억 원을 한도로 한다. 다만, 해당 의무를 고의적으로 위반한 경우에는 그러하지 아니한다.

나. 수정신고, 경정청구 및 기한 후 신고

□ 수정신고

법정신고기한 내에 제출한 신고서상에 기재된 과세표준 및 세액(환급세액 포함) 또는 결손금액이 사실과 달리 세법에 따라 신고하여야 할 과세표준 및 세액에 미치지 못하거나 결손금액 또는 환급세액을 초과하는 경우에는 수정신고를 하여야 한다. 이 경우 관할세무서장이 법인세 과세표준 및 세액을 경정하여 통지를 하기 전으로서 국세부과의 제척기간이 끝나기 전까지 수정신고가 가능하다.

법인이 잘못 신고된 내용을 빠른 시일 내에 바로 잡기 위해 수정신고하는 경우 이를 지원하기 위해 다음과 같이 수정신고기간에 따라 신고불성실가산세를 경감하고 있다.

| 표 6-13 | 수정신고기간별 경감비율

수정신고기간	경감비율
법정신고기한 경과 후 6개월 이내	100분의 50
6개월 초과 1년 이내 수정신고	100분의 20
1년 초과 2년 이내 수정신고	100분의 10

다만, 과세관청이 경정할 것을 미리 알고 수정신고서를 제출한 경우에는 가산세 경감혜택을 적용받을 수 없다.

□ 경정청구

법정신고기한 내에 과세표준신고서를 제출한 법인으로서 신고한 과세표준과 세액이 신고할 과세표준과 세액을 초과할 때 또는 신고한 결손금액 · 환급세액이 신고할 결손금액 · 환급세액에 미치지 못할 때 경정청구를 할 수 있다. 이 경우 법정신고기한 경과 후 3년 이내에 최초에 신고하거나 수정신고한 과세표준과 세액의 경정을 청구할 수 있다.

다만, 신고한 과세표준 및 세액의 계산근거가 된 거래 · 행위 등이 소송의 판결에 의하여 다른 것으로 확정되는 등의 사유가 발생한 경우 그 사유가 발생한 것을 안 날로부터 2개월 이내에 경정청구할 수 있다.

○ 일반적인 경우 경정청구

일반적인 경우 경정청구의 대상 및 기한은 [표 6-14]와 같다.

| 표 6-14 | 경정청구의 대상 및 기한

구분	내용
대상자	과세표준확정신고서를 법정신고기한 내에 제출한 자로서 • 신고하여야 할 과세표준 및 세액을 초과하여 신고하거나 • 신고하여야 할 결손금액 및 환급세액에 미달하게 신고한 자
경정청구기한	법정신고기한 경과 후 3년[다만 법에 따른 결정 또는 경정이 있는 경우에는 이의신청 · 심사청구(처분을 안 날 90일 이내, 처분을 통지받은 날 90일 이내) 또는 심판청구(처분을 안 날 90일 이내, 처분을 통지받은 날 90일 이내) 기간] 이내에 과세표준 및 세액의 결정 또는 경정청구가능

○ 후발적 사유 발생 시의 경정청구

다음의 후발적 사유가 발생한 때에는 발생한 것을 안 날부터 2개월 이내에 청구하여야 한다.

- 최초의 신고 · 결정 또는 경정에 있어서 과세표준 및 세액의 계산근거가 된 거래 또는 행위 등이 그에 관한 소송에 대한 판결(판결과 동일한 효력을 가지는 화해 기타 행위 포함)에 의하여 다른 것으로 확정된 때
- 소득 기타 과세물건의 귀속을 제3자에게로 변경시키는 결정 또는 경정이 있은 때
- 조세조약의 규정에 의한 상호합의가 최초의 신고 · 결정 또는 경정의 내용과 다르게 이루어진 때
- 결정 또는 경정으로 인하여 해당 결정 또는 경정의 대상이 되는 과세기간 외의 과세기간에 대하여 최초의 신고한 소득세의 과세표준 및 세액이 세법에 의하여 신고하여야 할 과세표준 및 세액을 초과한 때
- 법정신고기한 경과 후에 최초의 신고 · 결정 또는 경정에 있어서 과세표준 및 세액의 계산근거가 된 거래 또는 행위 등의 효력에 관계되는 관청의 허가, 기타의 처분이 취소된 때
- 법정신고기한 경과 후에 최초의 신고 · 결정 또는 경정에 있어서 과세표준 및 세액의 계산근거가 된 거래 또는 행위 등의 효력에 관계되는 계약이 해제권의 행사에 의하여

해제되거나 해당 계약의 성립 후 발생한 부득이한 사유로 인하여 해제되거나 또는 취소된 때

• 법정신고기한 경과 후에 최초의 신고 · 결정 또는 경정에 있어서 장부 및 증빙서류의 압수, 기타 부득이한 사유로 인하여 과세표준 및 세액을 계산할 수 없었으나 그 후 해당 사유가 소멸한 때

○ 경정 등 및 통지

과세표준 및 세액에 대한 결정 또는 경정의 청구를 받은 세무서장은 그 청구를 받은 날부터 2개월 이내에 과세표준 및 세액을 결정 또는 경정하거나 결정 또는 경정하여야 할 이유가 없다는 뜻을 그 청구한 자에게 통지하여야 한다.

□ 기한 후 신고

기한 후 신고의 대상 및 신고기한 등에 대한 내용은 [표 6-15]와 같다.

| 표 6-15 | 기한 후 신고의 대상, 신고기한 등

구분	내용
대상	법정신고기한 내에 과세표준확정신고서를 제출하지 아니한 자
신고기한	관할세무서장이 과세표준과 세액(가산세 포함)을 결정하여 통지하기 전까지 기한 후 과세표준신고서 제출가능
납부	기한 후 과세표준신고서를 제출한 자로서 납부할 세액이 있는 자는 신고서의 제출과 동시에 해당 세액을 납부하여야 함.
결정기한	관할세무서장은 신고일로부터 3개월 이내에 과세표준과 세액을 결정(납부할 세액이 있는 경우에는 그 세액을 납부한 경우만 해당)하여야 한다. 다만, 그 과세표준과 세액을 조사할 때 조사 등에 장기간이 걸리는 등 부득이한 사유로 신고일부터 3개월 이내에 결정할 수 없는 경우에는 그 사유를 신고인에게 통지하여야 한다.
감면	법정신고기한이 지난 후 1개월 이내에 기한 후 신고 · 납부를 한 경우 무신고가산세를 50% 감면함.

다. 과세전적부심사청구제도

과세처분 이전 단계에서 과세관청의 세무조사결과 및 과세예고통지의 적정 여부를 판단하여 구제함으로써 사후 불복청구를 축소하고 납세자의 시간적 · 경제적 부담을 줄여 주는 사전권리구제제도이다.

□ 적용대상

다음의 어느 하나에 해당하는 통지를 받은 자는 통지를 받은 날부터 30일 이내에 통지를 한 세무서장이나 지방국세청장에게 통지내용의 적법성에 관한 심사(이하 '과세전적부심사'라 한다)를 청구할 수 있다.

- 세무조사결과에 대한 서면통지
- 과세예고통지

다만, 법령과 관련하여 국세청장의 유권해석을 변경하여야 하거나 새로운 해석이 필요한 경우 등에 대해서는 국세청장에게 청구할 수 있다.

- 법령과 관련하여 국세청장의 유권해석을 변경하여야 하거나 새로운 해석이 필요한 것
- 국세청장의 훈령 · 예규 · 고시 등과 관련하여 새로운 해석이 필요한 것
- 세무서 또는 지방국세청에 대한 국세청장의 업무감사결과(현지에서 시정조치하는 경우는 제외한다)에 따라 세무서장 또는 지방국세청장이 하는 과세예고통지에 관한 것
- 그 외 과세전적부심사 청구금액이 10억 원 이상인 것

□ 적용제외대상

다음의 어느 하나에 해당하는 경우에는 과세전적부심사 적용대상에 해당하지 아니한다.

- 「국세징수법」 제14조에 규정된 납기전징수의 사유가 있거나 세법에서 규정하는 수시부과의 사유가 있는 경우
- 「조세범처벌법」 위반으로 고발 또는 통고처분하는 경우
- 세무조사 결과통지 및 과세예고통지를 하는 날부터 국세부과 제척기간의 만료일까지의 기간이 3개월 이하인 경우

□ 결과통지

과세전적부심사청구를 받은 세무서장, 지방국세청장 또는 국세청장은 각각 국세심사위원회의 심사를 거쳐 결정을 하고 그 결과를 청구받은 날부터 30일 이내에 청구인에게 통지하여야 한다.

□ 결정내용

과세전적부심사청구에 대한 결정은 다음의 구분에 따른다.

- 청구가 이유 없다고 인정되는 경우: 채택하지 아니한다는 결정
- 청구가 이유 있다고 인정되는 경우: 채택하거나 일부 채택하는 결정 또는 통지내용의 적법성에 관하여 재조사하여 그 결과에 따라 당초 통지내용을 수정하거나 유지하는 등의 통지를 하도록 하는 재조사 결정
- 청구기간이 지났거나 보정기간에 보정하지 아니한 경우: 심사하지 아니한다는 결정

라. 불복청구

□ 직접적인 권리나 이익을 침해당한 자

「국세기본법」 또는 세법에 따른 처분으로서 위법 또는 부당한 처분을 받거나 필요한 처분을 받지 못함으로 인하여 권리나 이익을 침해당한 자는 「국세기본법」의 규정에 따라 그 처분의 취소 또는 변경을 청구하거나 필요한 처분을 청구할 수 있다.

□ 이해관계자

「국세기본법」 또는 세법에 따른 처분에 의하여 권리나 이익을 침해당하게 될 이해관계인으로서 다음의 어느 하나에 해당하는 자는 위법 또는 부당한 처분을 받은 자의 처분에 대하여 이 법의 규정에 따라 그 처분의 취소 또는 변경을 청구하거나 그 밖에 필요한 처분을 청구할 수 있다.

- 제2차 납세의무자로서 납부통지서를 받은 자

- 물적 납세의무를 지는 자로서 납부통지서를 받은 자
- 보증인

□ 이의신청

처분이 국세청장이 조사 · 결정 또는 처리하거나 하였어야 할 것인 경우를 제외하고는 그 처분에 대하여 심사청구 또는 심판청구에 앞서 이의신청을 할 수 있다.

□ 불복제외대상

다음의 처분은 처분에 포함되지 아니한다.

- 이의신청 · 심사청구 또는 심판청구에 대한 처분(당초 처분의 적법성에 관하여 재조사하여 그 결과에 따라 과세표준과 세액을 경정하거나 당초 처분을 유지하는 등의 처분을 하도록 하는 결정에 따른 처분을 포함한다). 다만, 이의신청에 대한 처분에 대하여 심사청구 또는 심판청구를 하는 경우는 제외한다.
- 「조세범처벌절차법」에 따른 통고처분
- 「감사원법」에 따라 심사청구를 한 처분이나 그 심사청구에 대한 처분

동일한 처분에 대해서는 심사청구와 심판청구를 중복하여 제기할 수 없다.

마. 기한의 연장

□ 기한연장사유

천재 · 지변이나 그 밖에 다음에 해당하는 사유로 「국세기본법」 또는 세법에서 규정하는 신고, 신청, 청구, 그 밖에 서류의 제출, 통지, 납부를 정해진 기한까지 할 수 없다고 인정하는 경우나 납세자가 기한연장을 신청한 경우에는 관할세무서장은 그 기한을 연장할 수 있다.

- 납세자가 화재, 전화, 그 밖의 재해를 입거나 도난을 당한 경우
- 납세자 또는 그 동거가족이 질병으로 위중하거나 사망하여 상중인 경우

- 납세자가 그 사업에서 심각한 손해를 입거나, 그 사업이 중대한 위기에 처한 경우(납부의 경우만 해당한다)
- 정전, 프로그램의 오류, 그 밖의 부득이한 사유로 한국은행(그 대리점을 포함한다) 및 체신관서의 정보통신망의 정상적인 가동이 불가능한 경우
- 금융회사 등(한국은행 국고대리점 및 국고수납대리점인 금융회사 등만 해당한다) 또는 체신관서의 휴무, 그 밖의 부득이한 사유로 정상적인 세금납부가 곤란하다고 국세청장이 인정하는 경우
- 권한 있는 기관에 장부나 서류가 압수 또는 영치된 경우
- 납세자의 형편, 경제적 사정 등을 고려하여 기한의 연장이 필요하다고 인정되는 경우로서 국세청장이 정하는 기준에 해당하는 경우(납부의 경우만 해당한다)

□ 담보제공

납부기한을 연장하는 경우 관할세무서장은 납부할 금액에 상당하는 담보의 제공을 요구할 수 있다. 다만, 다음에 해당하는 사유가 발생한 경우에는 그러하지 아니하다.

- 납세자가 화재, 전화, 그 밖의 재해를 입거나 도난을 당한 경우
- 정전, 프로그램의 오류, 그 밖의 부득이한 사유로 한국은행(그 대리점을 포함한다) 및 체신관서의 정보통신망의 정상적인 가동이 불가능한 경우
- 금융회사 등(한국은행 국고대리점 및 국고수납대리점인 금융회사 등만 해당한다) 또는 체신관서의 휴무, 그 밖의 부득이한 사유로 정상적인 세금납부가 곤란하다고 국세청장이 인정하는 경우
- 권한 있는 기관에 장부나 서류가 압수 또는 영치된 경우

바. 징수유예

□ 납기 시작 전의 징수유예

세무서장은 납기가 시작되기 전에 납세자가 다음의 어느 하나에 해당하는 사유로 국세를 납부할 수 없다고 인정할 때에는 납세고지를 유예하거나 결정한 세액을 분할하여 고지

할 수 있다.

- 재해 또는 도난으로 재산에 심한 손실을 입은 경우
- 사업에 현저한 손실을 입은 경우
- 사업이 중대한 위기에 처한 경우
- 납세자 또는 그 동거가족의 질병이나 중상해로 장기치료가 필요한 경우
- 「국제조세조정에 관한 법률」에 따른 상호합의절차(이하 '상호합의절차'라 한다)가 진행 중인 경우

□ 고지된 국세 등의 징수유예

세무서장은 납세자가 납세의 고지 또는 독촉을 받은 후에 다음의 어느 하나에 해당하는 사유로 고지된 국세 또는 체납액을 납부기한까지 납부할 수 없다고 인정할 때에는 납부기한을 다시 정하여 징수를 유예할 수 있다. 다만, 상호합의절차가 진행 중일 때에는 「국제조세조정에 관한 법률」 제24조 제3항부터 제6항까지에서 정하는 징수유예의 특례에 따른다.

- 재해 또는 도난으로 재산에 심한 손실을 입은 경우
- 사업에 현저한 손실을 입은 경우
- 사업이 중대한 위기에 처한 경우
- 납세자 또는 그 동거가족의 질병이나 중상해로 장기치료가 필요한 경우
- 「국제조세조정에 관한 법률」에 따른 상호합의절차(이하 '상호합의절차'라 한다)가 진행 중인 경우

납세자는 고지된 국세 등의 징수의 유예를 받으려는 때에는 세무서장에게 신청할 수 있고, 세무서장은 고지된 국세 등의 징수를 유예하였을 때에는 즉시 납세자에게 그 사실을 통지하여야 한다.

제 7 장

창업기업 지원책

1. 자금지원제도
2. 중소기업 세제지원

1. 자금지원제도

가. 자금지원목적

창업자금을 지원하는 목적은 건실한 산업구조의 구축, 지역 간 균형성장, 중소기업설립의 촉진, 벤처기업의 육성 및 중소기업의 발전에 있으며, 이를 위하여 창업지원법을 제정·운영함으로써 현재의 대기업 중심의 국가산업기반 구축에서 탈피하여 중소기업이나 벤처기업 중심의 산업구조를 통하여 국가경쟁력 향상과 고용창출에 기여하고자 하는 것이다.

나. 자금지원종류

□ 창업 초기 기업 육성자금

창업 초기 기업의 육성자금은 크게 융자와 지원금으로 구별된다. 중소기업진흥공단은 융자형태로 자금을 지원하며, 자금지원대상은 창업기업지원, 1인 창조기업지원, 재창업, 청년전용창업으로 구분되는데 각기 개별적으로 지원대상과 조건이 상이하다. 자금은 시설자금과 운전자금에 대한 지원을 하고 있다. 창업진흥원은 자금지원형태로 지원하며, 예비창업자 또는 창업 후 1년 이내인 자로 최대 5천만 원까지 지원한다.

□ 소상공인창업자금

소상공인창업자금은 소상공인지원센터 및 중소기업진흥공단을 통해서 지원되는데 다음의 업종에 대해 업체당 최고 5천만 원 이내로 지원한다.

- 제조업, 건설업, 운송업, 광업(상시종업원 10인 미만 업체)
- 도소매업 등 각종 서비스업(상시종업원 5인 미만 업체로 중소기업청장이 정한 교육과정 및 컨설팅과정을 이수한 소상공인(단, 금융보험업, 사치·향락적 소비나 투기를 조장하는 업종은 지원대상이 될 수 없음)

□ 우수발명 시작품 제작지원

특허청과 한국발명진흥회에서는 우수특허기술의 사업화에 앞서 시작품 제작을 지원함으로써 발명의욕을 촉진시켜 국가산업발전에 기여하고자 우수발명 시작품 제작을 지원한다. 지원자격은 개인 또는 「중소기업법」에 의한 중소기업가로서 발명고안 디자인(「특허법」, 「실용신안법」 및 「디자인보호법」에 의해 등록된 발명)으로 시작품 제작지원 신청일 현재 권리의 존속기간(예정) 만료일이 3년 이상인 발명에 한한다.

□ 지방자치단체의 창업지원자금

지방중소기업의 육성발전 및 창업의 활성화를 위하여 지역 내의 창업자에 대해서 창업자금을 지원하고 있다. 시 · 도에서 지원하는 창업자금은 중앙정부와 지방정부가 매칭펀드로 자금을 조성하여 대체로 2년 이내의 기업을 대상으로 금리는 연 7%이하, 3년의 거치기간을 포함하여 최장 8년 이내의 기간 동안 7억 원을 한도로 지원된다.

□ 신기술사업금융회사의 투융자지원

신기술사업금융회사가 신기술을 개발하거나 이를 사업화하려는 중소기업가를 지원하는 방법으로 주식 또는 전환사채를 인수하는 방법을 취하고 투자액의 상환은 이익배당과 기업이 성공한 후 서로 협의하여 자본을 회수하고 있다. 신기술을 개발하거나 이를 응용하여 사업화하려는 중소기업에 대해 투융자목적으로 설립된 신기술사업금융회사는 현재까지 정부와 전경련이 공동출자한 한국종합기술금융(주), 산업은행이 출자한 한국기술금융(주), 7개 단자회사가 공동출자한 한국개발투자(주), 기술신용보증기금이 출자한 한국기술진흥(주), 총 4개가 있다.

□ 창업투자회사에 의한 지원

창업투자회사의 투융자지원은 자금력과 담보력이 취약한 창업자에 대하여 창업투자회사가 납입자본의 50% 이내의 범위에서 직접 투자하여 지원하는 제도로 창업투자회사는 투자를 하더라도 창업자가 가지고 있는 경영권은 지배할 수 없다. 따라서 창업투자회사는 주로 무담보의 주식인수 또는 약정투자, 전환사채인수 등의 방법으로 투자하게 된다.

투자가 이루어진 후에는 투자자금 이외에 단기자금융자, 경영 및 기술지원 등 전문적인 후속지원을 계속함으로써 창업자의 조속한 성장을 지원하고, 창업이 성공하여 이윤이 발생할 때 투자한 지분에 따라 이윤을 배분받으며, 궁극적으로는 기업공개를 통한 자본수익 취득을 목적으로 하는 벤처캐피탈 형식의 지원이다.

다. 자금지원절차

□ 자금지원의 공고 및 신청서 접수

정책자금을 운영하는 기관에서 관련정부부처로부터 자금운영에 관한 구체적인 지침을 받아 운영계획을 수립하고, 신문이나 인터넷 등을 통해서 자금지원대상의 범위, 내용, 신청방법, 접수일정 등에 대한 세부사항을 공고하면 기업은 일정에 맞추어 필요한 구비서류를 소정의 양식에 맞게 작성하여 신청한다.

□ 사업성평가 및 심의

서류를 접수받은 자금운용기관에서는 회사선정을 위해서 사업심의 및 평가에 착수하는데, 필요한 경우 해당 기관의 담당자가 신청회사를 직접 방문하여 현장실사과정을 거친 후에 신청회사의 사업성을 종합적으로 평가하여 선정할 수도 있다. 대상기업이 선정되고 나면 해당 기업에 선정결과를 통지하고 기업에서 대출받고자 하는 거래은행에도 해당 기업에 대한 융자추천을 통보한다.

□ 정책자금의 대출

정책자금 지원대상 기업으로 선정되면 결정된 자금에 대해서 일정기간 내에 거래은행으로부터 자금을 대출받아야 한다. 만일 부동산 등의 담보가 요구될 경우에 담보가 없거나 부족할 경우에는 신용보증기관을 통하여 신용보증서를 발급받는 절차를 추가로 거쳐야 하므로, 사전에 담보 등에 관한 정보를 미리 파악하여 준비하는 것이 신속한 자금대출에 도움이 된다.

라. 자금지원기관

□ 중소기업청

중소기업청은 체계적이고 효율적인 중소기업지원체계를 구축하고 중소기업의 경쟁력을 높이기 위해서 설립된 기관으로 중소기업지원체제 구축, 자금, 인력, 수출, 판로확대 등 중소기업의 성장지원, 중소기업의 육성 및 창업활성화, 그리고 전통시장 등 소상공인지원을 목적으로 한다.

□ 중소기업진흥공단

중소기업진흥공단은 기술력과 사업성을 갖춘 예비창업자와 중소벤처기업을 적극 발굴하고 지원하여 중소벤처기업의 창업을 촉진하고, 창업 초기 중소기업을 육성함으로써 산업 발전 및 고용창출을 도모하고자 중소벤처창업을 지원한다. 지원대상은 창업을 준비 중인 자 또는 「중소기업창업지원법 시행령」에 의한 사업개시일로부터 신청 · 접수일 기준 3년 미만인 중소기업이며, 제조업을 영위하거나 영위하고자 하는 자는 공장등록증을 보유하거나 소유할 수 있어야 한다.

□ 창업진흥원

중소기업청 산하기관으로 기업가정신 함양 및 창업교육, 유망한 예비창업자의 발굴, 창업촉진, 창업자의 우수한 아이디어 사업화, 창업기업의 경쟁력 제고에 필요한 지원, 국내외 창업진흥 우수사례 조사 · 연구 및 전파, 중소 · 벤처기업의 창업진흥을 위한 기획 · 조사 · 연구 · 정책개발과 관련된 각종 사업을 수행하고 있다. 창업진흥원의 지원사업에는 창업사업화지원사업, 창업인프라지원, 중소지식서비스기업 육성사업, 청년창업인턴 지원사업이 있다.

□ 소상공인진흥원

소상공업을 창업하고자 하는 제조업, 광업, 건설업, 운송업, 도소매업, 기타 서비스를 대상으로 하며, 창업 외에도 경영개선을 하고자 하는 기존 사업체 인수, 이전 · 확장 또는 업종 · 업태 변경, 사업장 시설개선 또는 설비구입 등에 대한 지원이 이루어지나 사치성향적 소비나 투기를 조장하는 업종, 금융기관의 불량거래자 혹은 불량거래처로 규정 중인 예비창업자에 대한 지원은 제한된다.

□ 한국여성경제인협회

한국여성경제인협회는 창업을 희망하는 저소득 여성가장으로 자격기준에 해당하는 여성을 대상으로 지원하며, 신청자가 원하는 점포를 한국여성경제인협회가 계약당사자로 직접 임차하여 신청자에게 대여한다.

□ 근로복지공단

근로복지공단은 창업을 희망하는 산재근로자를 대상으로 지원하는 자립전포 임대지원, 3개월 이상 실업상태에 있는 장기실업자를 대상으로 장기실업자 자영업 창업지원, 그리고 여성가장 등을 대상으로 하는 실직여성가장 자영업지원사업 등을 수행하고 있다.

2. 중소기업 세제지원

가. 「법인세법」상 세제지원

□ 대손 적용특례

법인은 부도발생일부터 6개월 이상 지난 수표 또는 어음상의 채권에 대해서는 해당 법인이 채무자의 재산에 대하여 저당권을 설정하고 있는 경우를 제외하고는 결산조정에 의해 대손으로 손금처리할 수 있다.

6개월 이상 지난 수표 또는 어음상의 채권 → 중소기업을 포함한 모든 법인: 결손조정에 의해 가능

외상매출금의 경우 대손금 소멸시효기간(3년)이 경과한 이후에 결산조정에 의해 대손금으로 손금이 가능하다.

> 외상매출금 → 중소기업을 제외한 법인: 대손금 소멸시효기간 경과 후 결손조정에 의해 가능

그러나 중소기업의 경우 부도발생일부터 6개월 이상 지난 수표 또는 어음상의 채권뿐만 아니라 외상매출금으로서 부도발생일 이전의 것에 대해 6개월 이상 경과한 외상매출금에 대해서도 결산조정에 의해 대손으로 손금처리할 수 있다.

> 부도발생일 이전의 것에 대해 6개월 이상 경과한 외상매출금 → 중소기업: 결산조정에 의해 손금가능

□ 접대비 손금불산입 적용특례

내국법인이 각 사업연도에 지출한 접대비로서 다음의 금액을 합한 금액(① + ②)을 초과하는 금액은 해당 사업연도의 소득금액을 계산할 때 손금에 산입하지 아니한다.

① 1천200만 원에 해당 사업연도의 월수를 곱하고 이를 12로 나누어 산출한 금액

> • 중소기업: 1천 800만 원에 해당 사업연도의 월수를 곱하고 이를 12로 나누어 산출한 금액
> • 중소기업 제외 법인: 1천 200만 원에 해당 사업연도의 월수를 곱하고 이를 12로 나누어 산출한 금액

② 해당 사업연도의 기업회계기준에 따라 계산한 매출액에 [표 7-1]에 규정된 적용률을 곱하여 산출한 금액

| 표 7-1 | 접대비 한도 계산 시 매출액별 적용률

매출액(수입금액)	적용률
100억 원 이하	20/10,000
100억 원 초과 500억 원 이하	2천만 원 + 100억 원을 초과하는 금액의 1만분의 10
500억 원 초과	6천만 원 + 500억 원을 초과하는 금액의 1만분의 3

* 「법인세법」 제52조 제1항에 따른 특수관계인과의 거래에서 발생한 수입금액에 대하여는 그 수입금액에 적용률을 곱하여 산출한 금액의 100분의 10에 상당하는 금액으로 한다.

「조세특례제한법 시행령」 제2조의 규정에 의한 중소기업의 경우에는 위와 같이 접대비 손금산입한도를 적용하되 ①에 대해서는 1천800만 원에 해당 사업연도의 월수를 곱하고 이를 12로 나누어 산출한 금액으로 적용함에 따라 중소기업은 수입금액이 동일한 중소기업이 아닌 기업에 비해 600만 원 정도의 접대비 한도범위가 확대되어 비용으로 인정받을 수 있다.

□ 용역제공 등에 의한 손익의 귀속 사업연도 적용특례

건설 · 제조 기타 용역(도급공사 및 예약매출을 포함하며, 이하 '건설 등' 이라 한다)의 제공으로 인한 익금과 손금은 그 목적물의 건설 등의 착수일이 속하는 사업연도부터 그 목적물의 인도일(용역제공의 경우에는 그 제공을 완료한 날)이 속하는 사업연도까지 그 목적물의 건설 등을 완료한 정도(이하 '작업진행률' 이라 한다)를 기준으로 하여 계산한 수익과 비용을 각각 해당 사업연도의 익금과 손금에 산입한다.

다만, 중소기업인 법인이 수행하는 계약기간이 1년 미만인 건설 등의 경우에는 그 목적물의 인도일이 속하는 사업연도의 익금과 손금에 산입할 수 있다.

- 건설 · 제조, 기타 용역(도급공사 및 예약매출을 포함하며, 이하 '건설 등' 이라 한다)의 제공으로 인한 익금과 손금
  - 법인: 작업진행률 기준
  - 중소기업법인: 계약기간 1년 미만인 경우 인도일 기준

□ 자산의 판매손익 등의 귀속 사업연도 적용특례

법인이 장기할부조건으로 자산을 판매하거나 양도한 경우로서 판매 또는 양도한 자산의 인도일이 속하는 사업연도의 결산을 확정함에 있어서 해당 사업연도에 회수하였거나 회수할 금액과 이에 대응하는 비용을 각각 수익과 비용으로 계상한 경우에는 그 할부조건에 따라 각 사업연도에 회수하였거나 회수할 금액과 이에 대응하는 비용을 각각 해당 사업연도의 익금과 손금에 산입한다.

다만, 중소기업인 법인이 장기할부조건으로 자산을 판매하거나 양도한 경우에는 그 장기할부조건에 따라 각 사업연도에 회수하였거나 회수할 금액과 이에 대응하는 비용을 각각 해당 사업연도의 익금과 손금에 산입할 수 있다.

□ 업무와 관련 없는 지출의 손금불산입 적용특례

해당 법인이 직접 사용하지 아니하고 다른 사람(주주 등이 아닌 임원과 소액주주 등인 임원 및 사용인은 제외)이 주로 사용하고 있는 장소 · 건축물 · 물건 등의 유지비 · 관리비 · 사용료와 이와 관련되는 지출금은 업무와 관련 없는 지출로 손금으로 인정받을 수 없다.

다만, 법인이 「대 · 중소기업 상생협력 촉진에 관한 법률」 제35조에 따른 사업을 중소기업(제조업을 영위하는 자에 한한다)에 이양하기 위하여 무상으로 해당 중소기업에 대여하는 생산설비와 관련된 지출금 등은 업무와 관련 없는 지출범위에서 제외하고 있다.

- 다른 사람(주주 등이 아닌 임원과 소액주주 등인 임원 및 사용인은 제외)이 주로 사용하고 있는 장소 · 건축물 · 물건 등의 유지비 · 관리비 · 사용료와 이와 관련되는 지출금
  - 원칙: 손금으로 인정되지 아니한다.
  - 예외: 손금인정[중소기업(제조업을 영위하는 자에 한한다)에 이양하기 위하여 무상으로 해당 중소기업에 대여하는 생산설비와 관련된 지출금]

□ 결손금 소급공제

결손금은 각 사업연도에 속하는 손금의 총액이 그 사업연도에 속하는 익금의 총액을 초

과하는 경우에 그 초과하는 금액으로 결손금이 차기로 이월된 경우 이를 이월결손금이라고 한다. 이러한 결손금은 결손금이 발생한 사업연도의 다음 사업연도 이후의 소득에서 공제하여 납부할 세액을 줄여주는 방법인 이월공제하는 것이 원칙이다.

그러나 「조세특례제한법 시행령」 제2조의 규정에 의한 중소기업에 대해서는 결손금을 직전 사업연도의 소득에서 소급공제하여, 직전 사업연도에 납부한 법인세를 환급받을 수 있도록 하고 있다. 이 경우 소급공제한 결손금은 공제받은 금액으로 보므로 이후 사업연도에는 과세표준 계산상 다시 공제하지 아니한다.

- 결손금 공제
  - 원칙: 이월공제
  - 예외: 중소기업에 한해 소급공제

□ 구분경리 적용특례

○ 합병의 경우

다른 내국법인을 합병하는 법인은 다음의 구분에 따른 기간 동안 자산 · 부채 및 손익을 피합병법인으로부터 승계받은 사업에 속하는 것과 그 밖의 사업에 속하는 것을 각각 다른 회계로 구분하여 기록하여야 한다.

- 합병등기일 현재 제13조 제1호의 결손금이 있는 경우 또는 제45조 제2항에 따라 피합병법인의 이월결손금을 공제받으려는 경우: 그 결손금 또는 이월결손금을 공제받는 기간
- 그 밖의 경우: 합병 후 5년간

다만, 「법인세법」 제25조 제1항 제1호의 중소기업 간에 합병하는 경우에는 회계를 구분하여 기록하지 아니할 수 있다.

○ 분할합병의 경우

내국법인이 분할합병하는 경우 분할신설법인 등은 다음의 구분에 따른 기간 동안 자산 · 부채 및 손익을 분할법인 등으로부터 승계받은 사업에 속하는 것과 그 밖의 사업에 속

하는 것을 각각 별개의 회계로 구분하여 기록하여야 한다.

- 분할법인 등의 이월결손금을 공제받으려는 경우: 그 이월결손금을 공제받는 기간
- 그 밖의 경우: 분할 후 5년간

다만, 「법인세법」 제25조 제1항 제1호(「조세특례제한법 시행령」 제2조의 규정에 의한)의 중소기업 간에 분할합병하는 경우에는 회계를 구분하여 기록하지 아니할 수 있다.

□ 분납 적용특례

내국법인이 각 사업연도의 소득에 대한 법인세로 납부할 세액(가산세 및 감면분 추가납부세액을 제외한 금액)이 1천만 원을 초과하는 경우에는 다음에 해당하는 납부할 세액을 납부기한이 지난 날부터 1개월 이내에 분납할 수 있다.

- 납부할 세액이 2천만 원 이하 : 1천만 원 초과 금액
- 납부할 세액이 2천만 원 초과: 50% 이하의 금액

그러나 「법인세법」 제25조 제1항 제1호에 따른(「조세특례제한법 시행령」 제2조의 규정에 의한) 중소기업의 경우에는 납부기한이 지난 날부터 2개월 이내에 분납할 수 있다.

- 분납기간
  - 원칙: 1개월
  - 예외: 중소기업 2개월

나. 「국세기본법」상 세제지원

「국세기본법」에서는 중소기업에 대해 가산세 한도적용 시 특례를 적용할 수 있도록 규정하고 있다. 이를 구체적으로 살펴보면 다음의 어느 하나에 해당하는 가산세에 대해서는 그 의무위반의 종류별로 각각 5천만 원(「중소기업기본법」 제2조 제1항에 따른 중소기업이 아닌 기업은 1억 원)을 한도로 한다.

• 가산세 개별 한도
 – 원칙: 1억 원
 – 예외: 중소기업 5천만 원

그러나 해당 의무를 고의적으로 위반한 경우에는 그러하지 아니한다.

| 표 7-2 | 「소득세법」 제81조 제1항, 제3항부터 제6항까지 및 제12항에 따른 가산세

구분	가산세 내용
「소득세법」 제81조 제1항	지급명세서 제출 불성실 가산세
「소득세법」 제81조 제3항	계산서 불성실 가산세, 면세사업자 매입처별 세금계산서 합계표 미제출 가산세
「소득세법」 제81조 제4항	법정증명서류 미수취 가산세
「소득세법」 제81조 제5항	영수증수취명세서 미제출 가산세
「소득세법」제81조 제6항	사업장현황신고 불성실 가산세
「소득세법」 제81조 제12항	기부금영수증 불성실 가산세

| 표 7-3 | 「법인세법」 제76조 제3항, 제5항부터 제7항까지, 제9항(제4호는 제외한다) 및 제10항에 따른 가산세

구분	가산세 내용
「법인세법」 제76조 제3항	주주 등의 명세서 제출 불성실 가산세
「법인세법」 제76조 제5항	법정증명서류 미수취 가산세
「법인세법」 제76조 제6항	주식 등 변동상황명세서 제출 불성실 가산세
「법인세법」 제76조 제7항	지급명세서 제출 불성실 가산세
「법인세법」 제76조 제9항	계산서 불성실 가산세(미발급, 가공, 위장수수관련 가산세는 제외), 면세사업자 매입처별 세금계산서 합계표 미제출 가산세
「법인세법」 제76조 제10항	기부금영수증 불성실 가산세

| 표 7-4 | 「부가가치세법」 제60조 제1항(같은 법 제68조 제2항에서 준용되는 경우를 포함한다), 같은 조 제2항 제1호 · 제3호부터 제5호까지 및 같은 조 제5항부터 제8항까지의 규정에 따른 가산세

구분	가산세 내용
「부가가치세법」 제60조 제1항	미등록 가산세, 타인명의사업자등록 가산세
「부가가치세법」 제60조 제2항 제1호	세금계산서 지연발급 가산세
「부가가치세법」 제60조 제2항 제3호	전자세금계산서 발급명세 지연전송 가산세
「부가가치세법」 제60조 제2항 제4호	전자세금계산서 발급명세 미전송 가산세
「부가가치세법」 제60조 제2항 제5호	세금계산서 기재 불성실 가산세
「부가가치세법」 제60조 제5항	신용카드 매출전표 등 경정제출확인 매입세액공제 가산세
「부가가치세법」 제60조 제6항	매출처별 세금계산서합계표 제출 불성실 가산세
「부가가치세법」 제60조 제7항	매입처별 세금계산서합계표 제출 불성실 가산세
「부가가치세법」 제60조 제8항	현금매출명세서 또는 부동산임대공급가액명세서 제출 불성실 가산세

| 표 7-5 | 「상속세 및 증여세법」 제78조 제3항 · 제5항(같은 법 제50조 제1항 및 제2항에 따른 의무를 위반한 경우만 해당한다) · 제12항 및 제13항에 따른 가산세

구분	가산세 내용
「상속세 및 증여세법」 제78조 제3항	공익법인출연재산보고서 제출 불성실 가산세
「상속세 및 증여세법」 제78조 제5항	공익법인 등 외부전문가의 세무확인에 대한 보고의무 불성실 가산세
「상속세 및 증여세법」 제78조 제12항 및 제13항	지급명세서 불성실 가산세

| 표 7-6 | 「조세특례제한법」 제30조의5 제5항 및 제90조의2 제1항에 따른 가산세

구분	가산세 내용
「조세특례제한법」 제30조의5 제5항	창업자금명세서 제출 불성실 가산세
「조세특례제한법」 제90조의2 제1항	세금우대자료 제출 불성실 가산세

다. 「상속세 및 증여세법」상 세제지원

□ 중소기업 등에 대한 가업상속공제

피상속인이 영위하던 중소기업 등의 사업을 상속인들이 계속 승계할 수 있도록 상속세 부담을 경감하기 위해 일정요건을 갖춘 경우 상속세과세가액에서 공제해 주고 있다.

○ 가업상속공제 적용대상 가업의 범위

상속개시일이 속하는 과세연도(「조세특례제한법」 제2조 제1항 제2호에 따른 과세연도)의 직전 과세연도 말 현재 「조세특례제한법」 제5조 제1항에 따른 중소기업[1] 또는 규모의 확대 등으로 중소기업에 해당하지 아니하게 된 기업으로서 피상속인이 10년 이상 계속하여 경영한 기업을 말한다.

다만, 상속이 개시되는 사업연도의 직전 사업연도의 매출액이 3천억 원을 초과하는 기업 및 상호출자제한기업집단 내 기업은 제외한다.

가업상속공제를 위해서는 피상속인과 상속인 모두 일정요건을 갖춘 경우에만 적용이 가능하다.

○ 피상속인의 요건

피상속인이 가업의 최대주주 또는 최대출자자인 경우로서 피상속인과 그의 특수관계인의 주식 등을 합하여 해당 기업의 발행주식총수 등의 100분의 50(한국거래소에 상장되어 있는 법인이면 100분의 30) 이상을 계속하여 보유하여야 한다.

또한 피상속인이 가업의 영위기간 중 100분의 60 이상의 기간을 대표이사(개인사업자인 경우 대표자)로 재직하거나, 10년 이상의 기간(상속인이 피상속인의 대표이사 등의 직을 승계하여 승계한 날부터 상속개시일까지 계속 재직한 경우로 한정한다)을 대표이사로

1) 다만, 「조세특례제한법 시행령」 제2조 제1항 각 호 외의 부분 본문을 적용할 때 다음 ①의 사업은 제외하고 ②의 사업은 포함한다.
① 「상속세 및 증여세법」 제18조 제2항 제2호{영농[양축(養畜), 영어(營漁) 및 영림(營林)을 포함]}의 적용을 받는 사업
② 통계청장이 고시하는 한국표준산업분류에 따른 음식점업. 다만, 「개별소비세법」 제1조 제4항에 따른 과세유흥장소는 제외한다.

재직하거나 상속개시일부터 소급하여 10년 중 5년 이상의 기간을 대표이사로 재직한 경우에 해당한다.

○ 상속인의 요건

상속인은 다음의 요건을 모두 갖추어야 한다.

① 상속개시일 현재 18세 이상인 경우

② 상속개시일 2년 전부터 계속하여 직접 가업에 종사[2)]한 경우
다만, 천재지변, 인재 등으로 인한 피상속인의 사망으로 부득이한 사유가 있는 경우에는 그러하지 아니하다.

③ ① 및 ②의 요건을 모두 갖춘 상속인 1명이 해당 가업의 전부를 상속받아 상속세 과세표준신고기한까지 임원으로 취임하고, 상속세 신고기한부터 2년 이내에 대표이사 등으로 취임한 경우

○ 공제금액

가업상속에 해당하는 경우 다음에 따른 금액을 상속세 과세가액에서 차감한다.

- 가업상속 재산가액에 상당하는 금액. 다만, 그 금액이 200억 원을 초과하는 경우에는 200억 원을 한도로 하되, 피상속인이 15년 이상 계속하여 경영한 경우에는 300억 원, 피상속인이 20년 이상 계속하여 경영한 경우에는 500억 원을 한도로 한다.

○ 사후관리

상속인이 상속개시일부터 10년 이내에 정당한 사유 없이 다음의 어느 하나에 해당하게 되면 가업상속공제받은 금액을 상속개시 당시의 상속세 과세가액에 산입하여 상속세를 부과한다.

- 해당 가업용 자산의 100분의 20(상속개시일부터 5년 이내에는 100분의 10) 이상을 처분한 경우
- 해당 상속인이 가업에 종사하지 아니하게 된 경우

---

2) 상속개시일 2년 전부터 가업에 종사한 경우로서 상속개시일부터 소급하여 2년에 해당하는 날부터 상속개시일까지의 기간 중 「상속세 및 증여세법」 제6항 제2호 다목에 따른 사유로 가업에 종사하지 못한 기간이 있는 경우에는 그 기간은 가업에 종사한 기간으로 본다.

- 주식 등을 상속받은 상속인의 지분이 감소한 경우. 다만, 상속인이 상속받은 주식 등을 「상속세 및 증여세법」 제73조에 따라 물납(物納)하여 지분이 감소한 경우는 제외하되, 이 경우에도 상속인은 「상속세 및 증여세법」 제22조 제2항에 따른 최대주주나 최대출자자에 해당하여야 한다.
- 각 사업연도의 정규직 근로자(「통계법」 제17조에 따라 통계청장이 지정하여 고시하는 경제활동인구조사의 정규직 근로자를 말한다. 이하 같다) 수의 평균이 상속이 개시된 사업연도의 직전 2개 사업연도의 정규직 근로자 수의 평균(이하 이 조에서 '기준고용인원' 이라 한다)의 100분의 80에 미달하는 경우
- 상속이 개시된 사업연도 말부터 10년간 각 사업연도 말 기준 정규직 근로자(「통계법」 제17조에 따라 통계청장이 지정하여 고시하는 경제활동인구조사의 정규직 근로자) 수의 평균이 상속이 개시된 사업연도의 직전 사업연도 말 정규직 근로자 수의 100분의 100(규모의 확대 등으로 중소기업에 해당하지 아니하게 된 기업의 경우에는 100분의 120)에 미달하는 경우

○ 제출서류

가업상속공제를 받으려는 자는 가업상속재산명세서 및 가업상속사실을 입증할 수 있는 서류[3]를 「상속세 및 증여세법」 제64조에 따른 상속세 과세표준신고(이하 '상속세 과세표준신고')와 함께 납세지 관할세무서장에게 제출하여야 한다.

이 경우 납세지 관할세무서장은 가업상속공제의 적정 여부와 사후관리 해당 여부를 매년 관리하고 위반사항 발생 시 원래 공제한 금액을 상속개시 당시의 상속세 과세가액에 산입하여 상속세를 부과하여야 한다.

□ 중소기업 가업상속에 대한 연부연납특례

가업상속에 따른 상속세의 경우 가업승계를 지원하기 위해 일정한 거치기간을 허용하고 분납기간을 연장할 수 있도록 하고 있다.

3) 최대주주 또는 최대출자자에 해당하는 자임을 입증하는 서류 및 기타 상속인이 당해 가업에 직접 종사한 사실을 입증할 수 있는 서류

○ 일반적인 연부연납

납세지 관할세무서장은 상속세 납부세액이나 증여세 납부세액이 2천만 원을 초과하는 경우 납세의무자의 신청을 받아 연부연납 허가일부터 5년 범위에서 연부연납을 허가할 수 있다.

○ 가업상속 특례

가업상속의 경우 연부연납허가 후 2년이 되는 날부터 5년 범위에서 연부연납을 허가할 수 있다. 다만, 상속재산(상속인이 아닌 자에게 유증한 재산은 제외) 중 가업상속재산이 차지하는 비율이 100분의 50 이상인 경우에는 연부연납허가 후 3년이 되는 날부터 12년 범위에서 연부연납을 허가할 수 있다.

$$\frac{\text{연부연납 특례대상}}{\text{상속세액}} = \text{상속세 납부세액} \times \frac{\text{가업상속재산}}{\text{총상속재산가액}}$$

□ 중소기업 창업자금 증여세 과세특례

60세 이상의 부모로부터 중소법인을 창업할 목적으로 창업자금을 증여받는 경우 중소기업의 창업을 지원하기 위해 증여세 과세가액에서 일정금액을 공제하고 낮은 세율을 적용할 수 있도록 「조세특례제한법」에서 규정하고 있다.

○ 지원대상 창업자금

18세 이상인 거주자가 「상속세 및 증여세법 시행령」 제15조에 따른 중소기업(이하 '창업자금중소기업')을 창업할 목적으로 60세 이상의 부모로부터 증여받는 창업자금을 말한다.[4)]

다만, 창업자금에는 토지 · 건물 등 「소득세법」 제94조(양도소득의 범위) 제1항에 따른 재산을 제외한다. 창업자금은 증여세 과세가액 30억 원을 한도로 하며, 창업자금을 2회 이상 증여받거나 부모로부터 각각 증여받는 경우에는 각각의 증여세 과세가액을 합산하여 적용한다.

4) 증여 당시 아버지나 어머니가 사망한 경우에는 그 사망한 아버지나 어머니의 부모를 포함한다.

○ 창업의 범위

창업이라 함은 「소득세법」 제168조 제1항, 「법인세법」 제111조 제1항 또는 「부가가치세법」 제8조 제1항 및 제5항에 따라 납세지 관할세무서장에게 등록하는 것을 말한다.

| 표 7-7 | 세법에 따른 창업 개념

구분	내용
「소득세법」 제168조 제1항	새로 사업을 시작하는 사업자는 사업장 소재지 관할세무서장에게 등록하여야 한다.
「법인세법」 제111조 제1항	신규로 사업을 시작하는 법인은 납세지 관할세무서장에게 등록하여야 한다.
「부가가치세법」 제8조 제1항 및 제5항	사업자는 사업장마다 사업개시일부터 20일 이내에 사업장 관할세무서장에게 사업자등록을 신청하여야 한다.

창업자금을 증여받은 자는 증여받은 날부터 1년 이내에 창업을 하여야 한다. 다만, 다음의 어느 하나에 해당하는 경우는 창업으로 보지 아니한다. 이 경우 창업자금을 증여받아 창업을 한 자가 새로 창업자금을 증여받아 당초 창업한 사업과 관련하여 사용하는 경우에는 ③ 및 ④를 적용하지 아니한다.

① 합병 · 분할 · 현물출자 또는 사업의 양수를 통하여 종전의 사업을 승계하거나 종전의 사업에 사용되던 자산을 인수 또는 매입하여 같은 종류의 사업을 하는 경우
② 거주자가 하던 사업을 법인으로 전환하여 새로운 법인을 설립하는 경우
③ 폐업 후 사업을 다시 개시하여 폐업 전의 사업과 같은 종류의 사업을 하는 경우
④ 사업을 확장하거나 다른 업종을 추가하는 등 새로운 사업을 최초로 개시하는 것으로 보기 곤란한 경우, 그 밖에 이와 유사한 것으로서 창업자금을 증여받기 이전부터 영위한 사업의 운용자금과 대체설비자금 등으로 사용하는 경우

○ 창업자금의 사용

창업자금을 증여받은 자는 증여받은 날부터 3년이 되는 날까지 창업자금을 모두 해당 목적에 사용하여야 한다. 창업자금을 증여받은 자가 창업하는 경우에는 다음에 해당하는 날에 증여받은 창업자금의 내역 및 증여받은 창업자금의 사용내역 및 이를 확인할 수 있는 사항이 포함된 창업자금 사용명세를 증여세 납세지 관할세무서장에게 제출하여야 한다.

- 창업일이 속하는 달의 다음 달 말일
- 창업일이 속하는 과세연도부터 4년 이내의 과세연도(창업자금을 모두 사용한 경우에는 그날이 속하는 과세연도)까지 매 과세연도의 과세표준신고기한

이 경우 창업자금 사용명세를 제출하지 아니하거나 제출된 창업자금 사용명세가 분명하지 아니한 경우에는 그 미제출분 또는 불분명한 부분의 금액에 1,000분의 3을 곱하여 산출한 금액을 창업자금 사용명세서 미제출 가산세로 부과한다.

○ 세제지원

창업자금에 대해서는 「상속세 및 증여세법」 제53조(증여재산공제)에도 불구하고 증여세 과세가액에서 5억 원을 공제한다. 또한 「상속세 및 증여세법」 제56조(증여세 세율 10~50%)에도 불구하고 세율을 100분의 10으로 하여 증여세를 부과한다.

위와 같은 창업자금에 대한 증여세 과세특례를 적용받고자 하는 자는 증여세 과세표준신고기한까지 증여세 과세표준신고와 함께 창업자금 특례신청서 및 사용내역서를 납세지 관할세무서장에게 제출하여야 한다. 이 경우 그 신고기한까지 특례신청을 하지 아니한 경우에는 이 특례규정을 적용하지 아니한다.

○ 사후관리

창업자금을 증여받은 경우로서 다음의 어느 하나에 해당하는 경우에는 해당되는 금액에 대하여 「상속세 및 증여세법」에 따라 증여세와 상속세를 각각 부과한다. 이 경우 이자상당액을 그 부과하는 증여세에 가산하여 부과한다.

- 1년 내에 창업하지 아니한 경우에는 창업자금을 증여세 및 상속세 과세대상으로 한다.
- 창업자금으로 창업자금중소기업에 해당하는 업종 외의 업종을 경영하는 경우 창업자금중소기업에 해당하는 업종 외의 업종에 사용된 창업자금을 증여세 및 상속세 과세대상으로 한다.
- 새로 증여받은 창업자금을 당초 창업한 사업과 관련하여 사용하지 아니한 경우에는 해당 목적에 사용되지 아니한 창업자금을 증여세 및 상속세 과세대상으로 한다.
- 창업자금을 증여받은 날부터 3년이 되는 날까지 모두 해당 목적에 사용하지 아니한

경우에는 해당 목적에 사용되지 아니한 창업자금을 증여세 및 상속세 과세대상으로 한다.

- 증여받은 후 10년 이내에 창업자금(창업으로 인한 가치증가분 포함)을 해당 사업용도 외의 용도로 사용한 경우에는 해당 사업용도 외의 용도로 사용된 창업자금 등을 증여세 및 상속세 과세대상으로 한다.
- 창업 후 10년 이내에 해당 사업을 폐업하는 경우 등에 해당하는 경우에는 창업자금(창업으로 인한 가치증가분을 포함)을 증여세 및 상속세 과세대상으로 한다.

증여세에 가산하여 부과하는 이자상당액은 다음 ①의 규정에 따른 금액에 ②의 규정에 따른 기간과 ③의 규정에 따른 비율을 곱하여 계산한 금액으로 한다.

① 「조세특례제한법」 제30조의5 제6항 각 호 외의 전단의 규정에 따라 결정한 증여세액
② 당초 증여받은 창업자금에 대한 증여세의 과세표준신고기한의 다음 날부터 추징사유가 발생한 날까지의 기간
③ 1일 1만분의 3

□ 가업의 승계에 따른 증여세 과세특례

중소법인경영자가 생전의 자녀에게 주식을 증여하여 가업을 승계하는 경우 기업경영의 영속성을 지원하기 위해 증여세 과세가액에서 일정금액을 공제하고 낮은 세율을 적용할 수 있도록 「조세특례제한법」에서 규정하고 있다.

○ 지원대상주식

「상속세 및 증여세법」 제18조 제2항 제1호에 따른 가업을 10년 이상 계속하여 경영한 60세 이상의 부모로부터 해당 가업의 승계를 목적으로 주식 또는 출자지분으로 증여세 과세가액 30억 원을 한도로 한다. 이 경우 증여자에 해당하는 부모에는 증여 당시 아버지나 어머니가 사망한 경우에는 그 사망한 아버지나 어머니의 부모를 포함한다.

다만, 가업의 승계 후 가업의 승계 당시 해당 주식 등의 증여자 및 「상속세 및 증여세법」 제22조 제2항에 따른 최대주주 또는 최대출자자에 해당하는 자(가업의 승계 당시 해당 주식 등을 증여받는 자는 제외한다)로부터 증여받는 경우에는 그러하지 아니하다.

○ 수증자의 요건

18세 이상인 거주자가 가업승계대상 중소기업주식을 2013년 12월 31일까지 증여받고 해당 수증자가 「상속세 및 증여세법」 제68조에 따른 증여세 과세표준신고기한까지 가업에 종사하고 증여일부터 5년 이내에 대표이사에 취임하여 가업을 승계하여야 한다.

○ 세제지원내용

가업의 승계에 대해서는 「상속세 및 증여세법」 제53조(증여재산공제)[5]에도 불구하고 증여세 과세가액에서 5억 원을 공제한다.

또한 「상속세 및 증여세법」 제56조(증여세 세율 10~50%)에도 불구하고 세율을 100분의 10으로 하여 증여세를 부과한다. 「상속세 및 증여세법」 제56조에 따른 세율은 [표 7-8]과 같다.

| 표 7-8 | 「상속세 및 증여세법」에 따른 세율

과세표준	세율
1억 원 이하	과세표준의 100분의 10
1억 원 초과 5억 원 이하	1천만 원 + (1억 원을 초과하는 금액의 100분의 20)
5억 원 초과 10억 원 이하	9천만 원 + (5억 원을 초과하는 금액의 100분의 30)
10억 원 초과 30억 원 이하	2억 4천만 원 + (10억 원을 초과하는 금액의 100분의 40)
30억 원 초과	10억 4천만 원 + (30억 원을 초과하는 금액의 100분의 50)

○ 사후관리

가업의 승계에 대한 증여세 과세특례를 받기 위해 주식 등을 증여받은 자가 「상속세 및 증여세법」 제68조에 따른 증여세 과세표준신고기한까지 가업에 종사하고 증여일부터 5년 이내에 대표이사에 취임하지 아니하거나 가업을 승계한 후 주식 등을 증여받은 날부터 10년 이내에 정당한 사유 없이 다음의 어느 하나에 해당하게 된 경우에는 그 주식 등의 가액에 대하여 「상속세 및 증여세법」에 따라 증여세를 부과한다. 이 경우 이자상당액을 증여세

5) 「상속세 및 증여세법」에 따른 증여재산공제는 다음과 같다.
- 배우자: 6억 원
- 직계존비속: 5천만 원(미성년자의 경우 2천만 원)
- 기타친족: 5백만 원

에 가산하여 부과한다.

① 가업에 종사하지 아니하거나 가업을 휴업하거나 폐업하는 경우

다음의 어느 하나에 해당하는 경우를 포함한다.

- 수증자가 주식 등의 증여일부터 5년 이내에 대표이사로 취임하지 아니하거나 10년까지 대표이사직을 유지하지 아니하는 경우
- 「조세특례제한법」 제30조의6 제1항에 따른 가업(이하 '가업')의 주된 업종을 한국표준산업분류에 따른 세분류가 다른 업종으로 변경하는 경우
- 가업을 1년 이상 휴업(실적이 없는 경우를 포함한다)하거나 폐업하는 경우

② 증여받은 주식 등의 지분이 줄어드는 경우

증여받은 주식 등의 지분이 줄어드는 경우에는 다음의 어느 하나에 해당하는 경우를 포함한다.

- 수증자가 증여받은 주식 등을 처분하는 경우. 다만, 합병 · 분할 등 조직변경에 따른 처분으로서 수증자가 「상속세 및 증여세법 시행령」 제15조 제3항에 따른 최대주주 등(이하 이 조에서 '최대주주 등'이라 한다)에 해당하는 경우는 그러하지 아니하다.
- 증여받은 주식 등을 발행한 법인이 유상증자 등을 하는 과정에서 실권 등으로 수증자의 지분율이 낮아지는 경우. 다만, 해당 법인의 시설투자 · 사업규모의 확장 등에 따른 유상증자로서 수증자의 특수관계인(「상속세 및 증여세법 시행령」 제12조의2 제1항 각 호의 어느 하나에 해당하는 자를 말한다) 외의 자에게 신주를 배정하기 위하여 실권하는 경우로서 수증자가 최대주주 등에 해당하는 경우는 그러하지 아니하다.
- 수증자와 특수관계에 있는 자의 주식처분 또는 유상증자 시 실권 등으로 지분율이 낮아져 수증자가 최대주주 등에 해당되지 아니하는 경우

□ 중소기업 최대주주 등의 소유주식 평가특례

경영권이 포함된 주식은 자산가치보다 높은 가액으로 거래되므로 기업경영권이 세대이전이 되는 상속 또는 증여에 대해 적정하게 과세하기 위해 경영권이 포함된 최대주주의 주식에 대해서는 일정가액을 가산하여 평가한다.

따라서 「상속세 및 증여세법」에 의해 주식 등을 평가할 때 최대주주 및 그의 특수관계자에 대해 시가로 인정되는 가액 또는 보충적 평가액에 일정률을 가산하도록 하고 있으나 평가기준일이 속하는 사업연도 전 3년 이내의 사업연도부터 계속하여 「법인세법」 제14조 제2항에 따른 결손금이 있는 법인의 주식 등은 제외한다.

이 경우 해당 법인이 중소기업에 해당되는지 여부에 따라 가액에 할증되는 비율이 달리 적용된다.

○ 할증평가

① 최대주주 등이 해당 법인의 발행주식총수 등의 100분의 50 이하를 보유하는 경우

「상속세 및 증여세법」 제60조(평가의 원칙 등) 제2항 또는 「상속세 및 증여세법」 제63조(유가증권의 평가) 제1항 제1호 및 제2항에 의해 주식 등을 평가할 때 최대주주 또는 최대출자자 및 그의 특수관계인에 해당하는 주주 또는 출자자(이하 '최대주주 등')의 주식 등에 대해서는 「상속세 및 증여세법」 제63조 제1항 제1호 및 제2항에 따라 평가한 가액 또는 같은 법 제60조 제2항에 따라 인정되는 가액에 그 가액의 100분의 20을 가산한다.

그러나 「중소기업기본법」 제2조에 따른 중소기업의 경우 최대주주 등의 주식 등에 대해서는 100분의 10을 가산한다. 이 경우 최대주주 또는 최대출자자는 주주 등 1인과 그의 특수관계인의 보유주식 등을 합하여 그 보유주식 등의 합계가 가장 많은 경우의 해당 주주 등 1인과 그의 특수관계인 모두를 말한다.

② 최대주주 등이 해당 법인의 발행주식총수 등의 100분의 50을 초과하여 보유하는 경우

최대주주 등이 해당 법인의 발행주식총수 등의 100분의 50을 초과하여 보유하는 경우에는 「상속세 및 증여세법」 제63조 제1항 제1호 및 제2항에 따라 평가한 가액 또는 같은 법 제60조 제2항에 따라 인정되는 가액에 그 가액의 100분의 30을 가산한다.

그러나 「중소기업기본법」 제2조에 따른 중소기업의 경우 최대주주 등의 주식 등에 대해서는 100분의 15를 가산한다.

○ 중소기업 최대주주 등의 주식 할증평가 적용특례

기술력과 경쟁력이 있는 중소기업의 원활한 가업승계를 지원하기 위해 2005년 1월 1일부터 2014년 12월 31일까지 중소기업의 최대주주 등의 주식에 대한 상속 또는 증여 시 할증평가를 제외하도록 「조세특례제한법」에서 규정하고 있다.

따라서 「상속세 및 증여세법」 제63조를 적용하는 경우 같은 법 제63조 제3항에 따른 중소기업의 최대주주 또는 최대출자자 및 그와 특수관계에 있는 주주 또는 출자자의 주식 또는 출자지분을 2014년 12월 31일 이전에 상속받거나 증여받는 경우에는 같은 법 제63조 제3항에도 불구하고 같은 법 제63조 제1항 제1호 및 제2항에 따라 평가한 가액에 따른다.

라. 「조세특례제한법」상 세제지원

「조세특례제한법」은 중소기업에 대해 창업단계, 사업단계 및 투자단계로 나누어 다음과 같이 중소기업의 창업 · 유지 · 발전을 위해 맞춤식 지원을 하고 있다.

| 표 7-9 | 단계별 세제지원

구분	적용대상
창업단계	• 창업중소기업 세액감면 • 창업벤처중소기업 세액감면
사업단계	• 중소기업 특별세액감면
투자단계	• 고용창출 투자세액공제 • 중소기업 투자세액공제 • 연구 및 인력개발비 세액공제

□ 창업단계

○ 창업중소기업에 대한 세액감면

중소기업의 창업을 지원하기 위해 일정요건을 갖추어 창업하는 중소기업에는 일정기간 동안 법인세 또는 소득세 세액감면을 해주고 있다.

① 창업중소기업 세액감면대상 기업

■ 세액감면대상 기업

창업중소기업 세액감면대상 기업은 수도권과밀억제권역 외의 지역에서 창업한 중소기업(창업중소기업)과 「중소기업창업지원법」 제6조 제1항에 따라 창업보육센터사업자로 지정받은 내국인이다. 따라서 중소기업의 경우 수도권과밀억제권역을 제외한 수도권과 비수도권 지역에 창업하여야 창업중소기업 세액감면을 적용할 수 있다.

또한 창업지원기관의 활성화를 통하여 중소기업의 창업을 간접적으로 지원하기 위해 창업자에게 시설 · 장소를 제공하는 경영 · 기술분야에 대하여 지원하는 것을 주된 목적으로 하는 창업보육센터사업자로 지정받은 내국인을 창업중소기업 세액감면대상에 포함하고 있다.

■ 적용방법

- 창업중소기업은 창업 당시부터 수도권과밀억제권역 외의 지역에서 창업하는 자에 한하여 적용한다.
- 창업지역이 행정구역변경으로 수도권과밀억제권역에 해당된 경우: 창업 당시 수도권과밀억제권역 외의 지역이었으나 그 후 행정구역의 변경으로 인하여 수도권과밀억제권역으로 변경된 경우에는 계속하여 창업중소기업으로 본다.
- 사업장 이전 및 지점 설치의 경우: 창업중소기업이 창업중소기업 세액감면을 받던 중 다음의 어느 하나에 해당하는 사유가 발생한 경우에는 그 발생일이 속하는 과세연도 이후부터는 감면을 적용받을 수 없다.
  - 수도권과밀억제권역으로 이전하여 사업을 영위하는 경우 그 이전일
  - 수도권과밀억제권역에 지점을 설치한 경우 그 설치일

다만, 잔존감면기간 중 수도권 외의 지역으로 다시 이전하거나 수도권지역에 설치한 지점을 폐쇄하는 경우에는 그 사유가 발생한 날이 속하는 과세연도부터 잔존감면기간 동안 세액감면을 받을 수 있다.

② 창업중소기업 세액감면 적용업종

창업중소기업 세액감면을 받고자 하는 중소기업은 광업, 제조업, 건설업 등 법정하는 업

종을 경영하는 중소기업으로 한다.

③ 세액감면내용

창업중소기업에 대한 세액감면은 기간제한이 있는 세액감면으로 2015년 12월 31일 이전에 창업한 경우 해당 사업에서 최초로 소득이 발생한 과세연도와 그 다음 과세연도의 개시일부터 4년 이내에 끝나는 과세연도까지 해당 사업에서 발생한 소득에 대한 소득세 또는 법인세의 100분의 50에 상당하는 세액을 감면한다.

이 경우 사업개시일부터 5년이 되는 날이 속하는 과세연도까지 해당 사업에서 소득이 발생하지 아니하는 경우에는 5년이 되는 날이 속하는 과세연도와 그 다음 과세연도의 개시일부터 4년 이내에 끝나는 과세연도까지 해당 사업에서 발생한 소득에 대한 소득세 또는 법인세의 100분의 50에 상당하는 세액을 감면한다.

④ 감면신청

■ 신청

창업중소기업 등에 대해 소득세 또는 법인세를 감면받으려는 경우 과세표준신고와 함께 세액감면신청서를 납세지 관할세무서장에게 제출하여야 한다. 이 경우, 감면신청은 감면요건을 확인하여 신고하는 것으로, 과세표준신고와 같은 성격으로 볼 수 있다.

■ 신청유형

감면신청은 '신청이 없는 경우 적용하지 아니한다' 의 규정이 있는 감면신청과 단순히 감면신청만 하도록 규정한 감면신청으로 구분되어진다.

■ 유형에 따른 효과

- 중소기업 창업자금에 대한 증여세 과세특례의 경우 '신고기한까지 신청이 없는 경우 적용하지 아니한다' 는 규정에 의하여 신청 자체를 감면요건으로 볼 수 있어 감면신청이 없는 감면을 적용할 수 없다.
- 창업중소기업 등에 대한 세액감면은 감면신청을 하도록만 규정하고 있어 감면신청 그 자체는 감면요건이 아니다.

⑤ 감면대상소득의 범위

감면대상소득 계산 시 이자수익, 유가증권처분이익, 유가증권처분손실 등은 포함하지 아니한다.

⑥ 창업중소기업의 합병 시 세액감면승계

창업중소기업에 대한 세액감면을 적용받고 있는 법인이 감면기간이 경과되기 전에 합병으로 소멸하는 경우 합병으로 존속하는 법인이 중소기업에 해당하는 때에는 소멸한 창업중소기업에서 발생하는 소득에 한하여 잔존기간에 대한 세액감면을 승계하여 적용받을 수 있다.

○ 창업벤처중소기업 세액감면

① 감면적용대상 기업

「벤처기업육성에 관한 특별조치법」 제2조 제1항에 따른 벤처기업 중 다음에 해당하는 기업으로서 창업 후 3년 이내에 같은 법 제25조에 따라 2015년 12월 31일까지 벤처기업으로 확인받은 기업(창업벤처중소기업)을 대상으로 한다.

■ 벤처중소기업의 유형

- 「벤처기업육성에 관한 특별조치법」 제2조의2의 요건을 갖춘 중소기업에 해당하는 벤처캐피탈 투자기업, 기술우수평가기업
- 연구개발 및 인력개발을 위한 비용이 당해 과세연도의 수입금액의 100분의 5 이상인 중소기업

■ 창업 후 3년 이내 벤처기업 확인

창업 후 3년 이내 벤처기업 확인요건의 검토를 위해서는 창업일과 벤처기업 확인을 받는 날에 대한 개념을 명확히 이해하여야 한다. 창업일에 대해 「조세특례제한법」에서는 구체적으로 언급하지 않고 있으나 예규 등을 통해 「중소기업기본법 시행령」에 따른 창업일을 인용하고 있다.

「중소기업기본법 시행령」에 따르면 창업일은, 법인사업자의 경우는 법인설립등기일, 법인이 아닌 사업자(「소득세법」 제168조나 「부가가치세법」 제8조에 따라 사업자등록을 한

사업자)의 경우는 사업자등록을 한 날로 하고 있다.

또한 벤처기업 확인을 받은 날이란 벤처기업 확인서에 기재된 유효기간 초일을 의미한다(재경부 조세지출예산과 46019-122, 2001. 7. 27).

- 벤처기업 확인관련 사례(개인사업자가 법인전환한 경우): 개인사업자가 창업 후 법인전환한 경우에는 개인사업의 창업일로부터 3년 이내에 벤처기업으로 확인받은 경우에는 창업에 대한 감면적용이 가능하다.
- 벤처기업의 확인이 취소된 경우: 감면기간 중 벤처기업의 확인이 취소된 경우에는 취소일이 속하는 과세연도부터 감면을 적용하지 아니한다.

■ 감면적용업종

창업벤처기업 세액감면을 받고자 하는 중소기업은 창업중소기업 세액감면이 적용되는 업종과 동일한 업종을 경영하여야 한다.

■ 창업지역 검토

창업벤처중소기업은 수도권과밀억제권역 외의 지역에서 설립한 경우에만 감면이 가능한 창업중소기업과 달리 감면적용 시 창업하는 지역에 대한 제한이 없다.

② 감면내용

벤처기업으로 확인받은 날 이후 최초로 소득이 발생한 과세연도와 그 다음 과세연도의 개시일부터 4년 이내에 끝나는 과세연도까지 해당 사업에서 발생한 소득에 대한 소득세 또는 법인세의 100분의 50에 상당하는 세액을 감면한다.

다만, 해당 기업이 벤처기업으로 확인받은 날부터 5년이 되는 날이 속하는 과세연도까지 해당 사업에서 소득이 발생하지 아니하는 경우에는 5년이 되는 날이 속하는 과세연도와 그 다음 과세연도의 개시일부터 4년 이내에 끝나는 과세연도까지 해당 사업에서 발생한 소득에 대한 소득세 또는 법인세의 100분의 50에 상당하는 세액을 감면한다.

□ 사업단계

창업중소기업 등의 세액감면은 창업 후 일정기간 동안만 세액감면을 받기 때문에 그 감면기간이 종료되었을 때 대기업에 비해 열악한 중소기업의 경영여건을 감안하여 중소기업이 일정요건을 갖춘 경우 중소기업 특별세액감면을 적용받아 5~30%에 상당하는 세액을 감면받을 수 있도록 하였다.

○ 중소기업 특별세액감면

① 적용대상업종

중소기업이 영위하는 업종 중 제조업, 도매 및 소매업 등 법정하는 특정 업종에 대해서만 중소기업 특별세액감면을 적용받을 수 있다.

② 소기업과 중기업 구분

중소기업 특별세액감면 적용 시 해당 중소기업이 소기업 또는 중기업 해당 여부에 따라 업종별, 지역별 구분에 따라 세액감면비율 등이 달라진다. 소기업과 중기업은 상시 사용하는 종업원 수에 따라 업종별로 [표 7-10]에 해당하는 기준에 부합한 경우에는 소기업, 그러하지 아니한 경우에는 중기업으로 구분한다.

| 표 7-10 | 업종별 소기업 기준 종업원 수

주된 사업	소기업 대상 고용 종업원 수
제조업	100명 미만
축산업 · 광업 · 건설업 · 출판업 · 물류산업 또는 운수업 중 여객운송업	50명 미만
기타의 사업	10명 미만

다만, 업종별 상시종업원 수가 소기업 기준에 부합하더라도 매출액이 100억 원 이상인 경우에는 유예기간 적용 없이 소기업으로 보지 아니한다.

③ 감면비율

중소기업 특별세액감면은 중소기업을 업종, 소기업 · 중기업, 사업장별로 구분하여 감면비율이 다음과 같이 차등적으로 적용된다.

■ 소기업, 중기업 구분에 따른 감면비율

소기업, 중기업 구분에 따른 중소기업 특별세액감면 업종별 및 지역별 감면비율은 [표 7-11]과 같다.

| 표 7-11 | 중소기업 특별세액감면 업종별 및 지역별 감면비율

소기업		중기업	
업종	비율	업종	비율
도매 및 소매업, 의료업(이하 '도매업 등')	10%	중기업이 수도권 외의 지역에서 도매업 등을 경영하는 사업장	5%
알뜰주유소 경영 중소기업	20%	알뜰주유소 경영 중소기업	20%
수도권에서 도매업 등을 제외한 업종을 경영하는 사업장	20%	중기업의 사업장으로서 수도권에서 지식기반산업을 경영하는 사업장	10%
수도권 외의 지역에서 도매업 등을 제외한 업종을 경영하는 사업장	30%	중기업이 수도권 외의 도매업 등을 제외한 업종을 경영하는 사업장	15%

■ 사업장에 따른 감면비율

사업장과 관련하여 중소기업 특별세액감면대상 여부 및 감면비율은 사업연도 종료일 현재 기준으로 [표 7-12]에 해당하는 감면비율을 적용한다.

| 표 7-12 | 수도권 및 비수도권 감면비율

구분	수도권		비수도권	
	업종	비율	업종	비율
소기업	도매업 등	10%	도매업 등	10%
	도매업 외 감면업종	20%	도매업 외 감면업종	30%
중기업	지식기반산업	10%	-	-
	-	-	도매업 등	5%
			도매업 외 감면업종	15%

④ 감면대상소득 구분 계산

중소기업 특별세액감면은 중소기업이 경영하는 제조업 등 감면업종에서 발생하는 소득에 한정하여 적용된다. 만약 중소기업이 중소기업 특별세액감면 대상업종과 중소기업 특별세액감면이 적용되지 아니하는 과세대상업종을 경영하는 경우에는 감면대상소득을 구분하여 계산하여야 한다.

또한 감면대상업종을 경영하더라도 해당 업종과 직접 관계가 없는 이자수입 등은 감면대상소득에 해당하지 아니한다.

□ 투자단계

○ 고용창출 투자세액공제

설비투자에 대하여 일률적으로 지원하는 임시투자세액공제(1982~2011년)를 고용과 연계되지 않은 기본공제와 고용과 연계된 추가공제로 구성된 고용창출 투자세액공제로 전환하여 기본적으로 투자에 대한 기본적인 세액공제뿐만 아니라 투자로 일자리를 늘리면 추가로 세액공제를 받을 수 있도록 하였다.

① 적용대상업종

제조업, 광업 등에 해당하는 사업을 영위하는 내국인이 사업용자산에 해당하는 시설을 새로이 취득하기 위해 사업에 사용하는 투자에 대해 고용창출 세액공제를 받을 수 있다.

② 투자대상

법정하는 사업용자산 등에 해당하는 시설을 새로이 취득하여 사업에 사용하기 위한 투자는 공제대상에 해당한다. 다만, 중고품, 내국인에게 자산을 대여하는 것으로서 금융리스를 제외한 리스에 의한 투자 및 수도권과밀억제권역 내에 투자하는 경우에는 제외한다.

③ 세액공제금액

내국인이 2014년 12월 31일까지 투자를 하는 경우로서 다음의 구분에 따라 계산한 금액을 더한 금액을 해당 투자가 이루어지는 각 과세연도의 소득세(사업소득에 대한 소득세만 해당한다) 또는 법인세에서 공제한다.

이 경우 해당 과세연도의 상시근로자 수가 직전 과세연도의 상시근로자 수보다 감소하지 아니한 경우에는 세액공제가 가능하다.

투자세액공제 = 기본공제금액 + 추가공제금액

■ 기본공제금액

중소기업은 해당 투자금액의 100분의 4에 상당하는 금액으로 한다. 다만, 중소기업이 아닌 자의 기본공제금액은 다음에서 정한 바에 따른다.

- 「수도권정비계획법」 제6조 제1항 제2호의 성장관리권역 또는 같은 항 제3호의 자연보전권역 내에 투자하는 경우에는 해당 투자금액의 100분의 1(중견기업의 경우 100분의 2)에 상당하는 금액
- 수도권 밖의 지역에 투자하는 경우에는 해당 투자금액의 100분의 2(중견기업의 경우 100분의 3)에 상당하는 금액

| 표 7-13 | 고용창출 투자세액공제 중 기본공제비율

구분	중소기업 (수도권과밀억제권역 제외)	중소기업이 아닌 기업	
		수도권 중 성장관리권역 및 자연보전권역 내 투자	수도권 밖의 지역 투자
공제비율	4%	1% (중견기업 2%)	3% (중견기업 3%)

■ 추가공제금액

해당 투자금액의 100분의 3에 상당하는 금액으로 한다. 다만, 그 금액이 다음의 ㉮부터 ㉰까지의 금액을 순서대로 더한 금액에서 ㉱의 금액을 뺀 금액을 초과하는 경우에는 그 초과하는 금액은 없는 것으로 한다(추가공제한도).

추가공제금액 = 적은 금액 [투자금액 × 3%, (㉮ + ㉯ + ㉰) − ㉱]

㉮ 해당 과세연도에 최초로 근로계약을 체결한 상시근로자 중 산업수요맞춤형 고등학교 등의 졸업생 수 × 2천만 원

㉯ 해당 과세연도에 최초로 근로계약을 체결한 ㉮ 외의 상시근로자 중 청년근로자, 장애인근로자, 60세 이상인 근로자 수 × 1천 500만 원

㉰ (해당 과세연도의 상시근로자 수 − 직전 과세연도의 상시근로자 수 − ㉮에 따른 졸업생 수 − ㉯에 따른 청년근로자, 장애인근로자, 60세 이상인 근로자 수) × 1천만 원

㉱ 해당 과세연도에 「조세특례제한법」 제144조(세액공제액의 이월공제) 제3항(고용창출 투자세액공제의 이월공제한도)에 따라 이월공제받는 금액

④ 투자금액의 계산

투자금액은 다음 ㉮의 금액에서 ㉯의 금액을 뺀 금액으로 한다.

㉮ 총투자금액에 「법인세법 시행령」 제69조 제1항에 따른 작업진행률에 따라 계산한 금액과 해당 과세연도까지 실제로 지출한 금액 중 큰 금액

㉯ 다음의 금액을 더한 금액(㉠ + ㉡)

㉠ 해당 과세연도 전에 「조세특례제한법」 제26조(고용창출 투자세액공제) 제1항 제1호(기본공제금액)를 적용받은 투자금액

㉡ 해당 과세연도 전의 투자분으로서 ㉠의 금액을 제외한 투자분에 대하여 ㉮를 준용하여 계산한 금액

⑤ 사후관리

고용창출 투자세액공제 또는 고용창출 투자세액공제 이월공제로 소득세 또는 법인세를 공제받은 자가 그 공제받은 과세연도 종료일부터 2년이 되는 날이 속하는 과세연도 종료일까지의 기간 중 각 과세연도의 상시근로자 수가 공제받은 과세연도의 상시근로자 수보다 감소한 경우에는 공제받은 세액에 상당하는 금액을 소득세 또는 법인세로 납부하여야 한다.

⑥ 이월공제

고용창출 투자세액공제 추가공제의 경우 한도초과로 투자연도에 공제받지 못한 금액과 고용창출 투자세액의 사후관리에 따라 납부한 소득세 또는 법인세는 해당 투자 과세연도의 다음 과세연도 개시일로부터 5년 이내에 끝나는 각 과세연도에 이월하여 공제한다.

⑦ 중소기업 특례

고용창출 투자세액공제는 고용증가와 연계되므로 해당 과세연도의 상시근로자 수가 직

전 과세연도의 상시근로자 수보다 감소하지 아니한 경우에만 세액공제가 가능하다.

하지만 중소기업의 경우 해당 과세연도의 상시근로자 수가 직전 과세연도의 상시근로자 수보다 감소한 경우에도 고용창출 투자세액공제 중 기본공제를 적용할 수 있도록 하였다. 이 경우 중소기업은 기본공제의 금액에서 감소한 상시근로자 1명당 1천만 원씩 뺀 금액으로 하며, 해당 금액이 음수(陰數)인 경우에는 영(0)으로 한다.

○ 중소기업 투자세액공제

대기업에 비해 투자여력이 부족한 중소기업의 설비투자촉진을 위해 중소기업이 기계장치 등 사업용자산, 판매시점 정보시스템 설비 및 정보보호시스템 설비를 새로 취득하기 위해 투자하는 경우 투자완료일이 속하는 과세연도의 법인세 또는 소득세에서 투자금액 중 일정금액에 대해 세액공제를 받을 수 있다.

① 세액공제대상 투자자산

중소기업을 경영하는 내국인(「소득세법」에 따른 거주자 및 「법인세법」에 따른 내국법인 포함)이 2015년 12월 31일까지 기계 등 사업용 유형자산, 판매시점 정보관리시스템 설비, 정보보호시스템 설비에 투자하는 경우 중소기업 투자세액공제를 적용받을 수 있다. 그러나 중고품 및 금융리스 외의 리스에 의한 투자, 기존설비에 대한 보수 및 자본적 지출은 중소기업 투자세액공제대상에서 제외된다.

② 중소기업 대상업종과 기타의 사업에 공동으로 사용되는 투자

중소기업이 「조세특례제한법 시행령」 제2조(중소기업의 범위) 제1항의 규정에 의한 업종에 해당하는 사업과 기타의 사업에 공동으로 사용되는 사업용자산, 판매시점 정보관리 시스템 설비 및 정보보호시스템 설비를 취득한 경우에는 당해 자산은 그 자산을 주로 사용하는 사업의 자산으로 본다.

이 경우 주로 사용하는 사업에 대한 판단은 해당 자산의 사용시간 또는 사업정도를 비교하여 그 사용비율이 큰 사업으로 한다.

③ 투자세액공제

중소기업 투자세액공제는 다음에 해당하는 금액에 대해 그 투자를 완료한 날이 속하는 과세연도에 공제한다.

세액공제액 = 사업용 고정자산 등 투자금액 × 3%

투자가 2개 이상의 과세연도에 걸쳐서 이루어지는 경우 그 투자가 이루어지는 과세연도마다 해당 과세연도에 투자한 금액에 대하여 투자세액공제를 적용받을 수 있다.

④ 투자세액공제의 신청

투자세액공제를 받고자 하는 자는 투자완료일이 속하는 과세연도 또는 투자가 이루어지는 과세연도마다 해당 과세연도에 투자한 금액에 대하여, 당해 투자가 이루어지는 각 과세연도의 과세표준신고와 함께 투자세액공제신청서를 납세지 관할세무서장에게 제출하여야 한다.

○ 연구 및 인력개발비 세액공제

기업의 대외경쟁력을 향상시키기 위해 기업이 지출한 연구 및 인력개발비에 대해 세액공제를 통해 지원하고 있다. 이 경우 연구 및 인력개발비 세액공제를 적용함에 있어 대기업에 비해 열악한 중소기업, 중견기업이 지출한 연구 및 인력개발비에 대해서는 보다 높은 공제율을 적용할 수 있도록 하였다.

① 세액공제 적용대상

내국인이 각 과세연도에 연구 · 인력개발비가 있는 경우에는 이를 해당 과세연도의 소득세(사업소득에 대한 소득세만 해당한다) 또는 법인세에서 공제한다.

② 공제대상 연구 · 인력개발비 구분

연구 및 인력개발비 세액공제대상 연구 및 인력개발비는 다음과 같이 3가지로 나누어지고 그 구분에 따라 공제기한 등에 대해 차등하여 세제지원이 이루어진다.

따라서 신성장동력연구개발비 및 원천기술연구개발비에 대해 세액공제를 적용하고자 하는 내국인은 신성장동력연구개발비, 원천기술연구개발비 및 일반연구 · 인력개발비를 각각 별개의 회계로 구분경리하여야 한다.

이 경우 신성장동력연구개발비 또는 원천기술연구개발비가 일반연구 · 인력개발비와 공통되는 경우에는 해당 비용 전액을 일반연구 · 인력개발비로 한다.

- 신성장동력연구개발비(2015년 12월 31일까지 발생한 경우에 한함): 신성장동력연구개발비는 연구소 또는 전담부서에서 신성장동력산업 분야별 대상기술의 연구개발업무에 종사하는 연구원 및 이들의 연구개발업무를 직접적으로 지원하는 사람에 대한 인건비와 신성장동력산업연구개발업무를 위하여 사용하는 견본품, 부품, 원재료와 시약류 구입비를 말한다.
- 원천기술연구개발비(2015년 12월 31일까지 발생한 경우에 한함): 원천기술연구개발비는 연구소 또는 전담부서에서 원천기술 분야별 대상기술의 연구개발업무에 종사하는 연구원 및 이들의 연구개발업무를 직접적으로 지원하는 사람에 대한 인건비 및 원천기술연구개발업무를 위하여 사용하는 견본품, 부품, 원재료와 시약류 구입비를 말한다.
- 일반연구 · 인력개발비: 연구 · 인력개발비 중 신성장동력연구개발비 및 원천기술연구개발비에 해당하지 아니하거나, 신성장동력연구개발비 및 원천기술연구개발비를 선택하지 아니한 내국인의 연구 · 인력개발비를 말한다. 연구 · 인력개발비는 연구개발 및 인력개발을 위한 비용으로 그 구체적인 내역은 「조세특례제한법 시행령」 [별표 6]에서 규정하고 있다.

③ 세액공제금액

- 신성장동력연구개발비: 해당 과세연도에 발생한 신성장동력연구개발비에 100분의 20, 중소기업의 경우에는 100분의 30을 곱하여 계산한 금액으로 한다.
- 원천기술연구개발비: 해당 과세연도에 발생한 원천기술연구개발비에 100분의 20, 중소기업의 경우에는 100분의 30을 곱하여 계산한 금액으로 한다.
- 일반연구 · 인력개발비: 일반연구 · 인력개발비에 대한 세액공제금액은 다음의 ㉮와 ㉯의 금액 중 선택할 수 있다. 다만, 해당 과세연도의 개시일부터 소급하여 4년간 일반연구 · 인력개발비가 발생하지 아니하거나 직전 과세연도에 발생한 일반연구 · 인력개발비가 해당 과세연도의 개시일부터 소급하여 4년간 발생한 일반연구 · 인력개발비의 연평균 발생액보다 적은 경우에는 ㉯에 해당하는 금액으로 한다.

  ㉮ 해당 과세연도에 발생한 일반연구 · 인력개발비가 직전 과세연도에 발생한 일반연

구 · 인력개발비를 초과하는 경우 그 초과하는 금액의 100분의 40(중소기업의 경우에는 100분의 50)

㉯ 해당 과세연도에 발생한 일반연구 · 인력개발비 × 해당 비율

| 표 7-14 | 적용비율

<table>
<tr><th colspan="2">구분</th><th>적용비율</th></tr>
<tr><td colspan="2">㉠ 중소기업(유예기간 4년 포함)</td><td>100분의 25</td></tr>
<tr><td rowspan="2">㉡ 최초로 중소기업이 아니게 된 경우*</td><td>최초로 중소기업에 해당하지 아니하게 된 과세연도의 개시일로부터 3년 이내에 끝나는 과세연도까지(유예기간 이후 1~3년)</td><td>100분의 15</td></tr>
<tr><td>위의 기간 이후부터 2년 이내에 끝나는 과세연도까지(유예기간 이후 4~5년)</td><td>100분의 10</td></tr>
<tr><td colspan="2">㉢ 중견기업이 ㉡에 해당하지 아니한 경우</td><td>100분의 8</td></tr>
<tr><td colspan="2">㉣ ㉠, ㉡ 및 ㉢에 해당하지 아니한 경우</td><td>100분의 3 + 해당 과세연도의 수입금액에서 일반연구 · 인력개발비가 차지하는 비율 × 2분의 1(100분의 4 한도)</td></tr>
</table>

* 중소기업이 규모확대로 졸업기준에 해당하거나, 중소기업 기준초과 등으로 중소기업에 해당하지 아니하게 된 사유가 발생한 날이 속하는 과세연도와 그 다음 3개 과세연도가 경과하여 최초로 중소기업에 해당하지 아니하게 된 때를 말한다.

④ 세액공제 시 제출서류

연구 및 인력개발비 세액공제를 적용받고자 하는 내국인은 과세표준신고서를 제출할 때 세액공제신청서, 연구 및 인력개발비명세서, 연구개발계획서 등 증거서류를 납세지 관할 세무서장에게 제출하여야 한다.

[저자약력]

문성훈

연세대학교 경영학과 졸업
연세대학교 대학원 경영학과 졸업(경영학 석사)
서울시립대학교 세무전문대학원 졸업(세무학 박사)
삼성금융연구소 근무
삼성증권 PB연구소 근무
현) 한림대학교 경영학과 부교수
　세무사, CFP

백승민

명지대학교 전기공학과 졸업
(주)신보창업투자 근무
(주)한국벤처투자 근무
현) (주)세종벤처파트너스 상무이사

김준국

국민대학교 정보관리학과 졸업
연세대학교 대학원 경영학과 졸업(경영학 석사)
서경대학교 대학원 생명공학과 졸업(공학 박사)
현) (주)에프앤비스퀘어 대표

최규환

서울대학교 경제학과 졸업
서울시립대학교 세무전문대학원 졸업(세무학 석사)
서울시립대학교 세무전문대학원 졸업(세무학 박사)
삼일회계법인 근무
Pricewaterhouse Coopers Los Angeles Office 근무
안진회계법인 근무
현) 법무법인 율촌
　세무사, 공인회계사

창업금융론

2015년 12월 1일 1판 1쇄 인쇄
2015년 12월 5일 1판 1쇄 발행

저　자 | 문성훈 · 백승민 · 김준국 · 최규환
발행인 | 이수영
발행처 | 도서출판 청람
　서울시 마포구 독막로 288(대흥동, 세양상가 109호)
전　화 | 02)3272-2601~2
팩　스 | 02)3272-2603
이메일 | crbooks@hanmail.net
홈페이지 | www.crbooks.co.kr
등　록 | 2000년 8월 26일 제6-0509호

ISBN 978-89-5972-489-5 93320 [정가 19,000원]